Collection **guides marabout**

Y. SIMONOVNA
G. VLADIMIROVITCH

Le guide marabout **du piano**

Comprend des pièces musicales
de la méthode Vasarely

■ **Le piano : anatomie, achat, entretien** 11

■ **Solfège élémentaire** 55

■ **Le piano par la pratique** 115

■ **L'espace musical (les gammes, les accords, etc...)** 141

Bibliographie et table des matières 312

marabout

Cet ouvrage a paru précédemment
dans la collection marabout service (MS 485).

Préface

Les spectateurs du film «Rencontre du troisième type» ont tous été fort impressionnés par un même passage. Contrairement à ce qu'on pourrait penser, pour beaucoup, ce phénomène n'a pas été déclenché par un des nombreux artifices techniques de ce film, mais bien par une petite musique toute simple. Le seul moyen de communication possible entre des hommes, des races ou des espèces - qui ne se comprennent pas - passe par quelques notes de musique...

Quel meilleur moyen d'illustrer l'universalité de la musique et son gigantesque pouvoir!

Déjà les Gètes, peuple thrace vaincu par Alexandre le Grand, n'envoyaient jamais d'émissaires sans qu'ils eussent la harpe à la main. Ces peuples barbares et belligérants savaient qu'un échange de musique était signe d'alliance et d'amitié.

Ils ne furent pas les seuls à employer la musique pour témoigner de leurs sentiments. Celle qui, quelquefois, endort la méfiance a souvent été utilisée pour conquérir pacifiquement les cœurs. Les dieux et les hommes y ont recours!

La musique n'est pas sans danger : endormant les méfiances, elle réveille la sexualité, la lascivité. Durant le Moyen-Age il était interdit aux musiciens de jouer certain intervalle (le triton) réputé lascif (Diabolus in Musica). Aujourd'hui, la musique est toujours utilisée lorsqu'il faut endormir la méfiance (action sur les consommateurs dans les grandes surfaces) et pour son pouvoir sur les sens de l'homme (musicothérapie).

L'homme, pour Jean Jacques Rousseau*, est un corps résonnant et, une mélodie « en imitant les inflexions de la voix, exprime les plaintes, les cris de douleur ou de joie, les menaces, les gémissements... ». Il n'est donc guère étonnant que la musique soit utilisée comme moyen privilégié de communication lorsque la parole est impossible (« Rencontre du troisième type », communication avec les malades, les animaux ou, même, avec les plantes!). Quelquefois seul moyen de communication, la musique est aussi le moyen de communion par excellence, lorsque le sentiment dépasse la parole. Mode de relation divin, l'artiste, suivant saint Augustin (premier théoricien chrétien de la musique), « est le truchement entre Dieu et les hommes ».

Dans une de ses très belles chansons, Barbara, manquant de mots pour s'adresser à son amant dit : « ... au piano je pourrais te le dire... ». Moyen de communication privilégié, la musique, au cours des siècles, a multiplié ses moyens d'expression. Cette multiplication, qui est avant tout un perfectionnement, porte tant sur l'écriture musicale que sur les instruments musicaux.

Le piano, orchestre à lui tout seul, culmine.

On ne peut goûter pleinement de cet instrument sans une certaine préparation. Il est vain de proposer un guide du piano qui fasse abstraction de la musique. Nous traiterons donc dans ce petit volume non seulement du piano mais aussi de l'acoustique, des mathématiques, de la mélodie, de l'harmonie, de la musicothérapie, de la facture des instruments de musique, etc...

Tout ceci dans un but essentiellement didactique : comprendre pour apprendre ! Nous reprenons à notre compte cette phrase exprimée par Jean-Jacques Rousseau (dans son « Examen des deux principes avancés par M. Rameau ») : « J'avoue, avec plaisir que, faute de choses savantes, je suis réduit à n'en dire que de raisonnables; et je n'envie à personne le profond savoir qui n'engendre que des écrits inintelligibles. »

Nous espérons que, la lecture de ce guide achevée, le lecteur trouvera certains ouvrages, aujourd'hui inintelligi-

* J.J. Rousseau, *Ecrits sur la Musique*, Stock Musique, 1979, page 229

bles, beaucoup plus abordables ; la bibliographie lui donnera, nous l'espérons, l'envie et les moyens de compléter son savoir.

Avertissement

On pourrait reprocher à ce volume un usage trop généreux de la représentation graphique du clavier. Le musicien, objecteront certains, doit être capable de lire rapidement une partition, et les nombreuses représentations graphiques sont un encouragement à la paresse.

Telle n'est pas notre opinion.

L'utilisation généreuse de la représentation graphique a plus d'avantages que d'inconvénients.

D'abord, la visualisation du clavier permet de décrire en quelques lignes ce qui autrement demanderait des pages. Ensuite, il ne faut pas l'oublier, l'écriture musicale n'est qu'un moyen pour indiquer à l'instrumentiste ce qu'il doit faire. La lecture de la partition n'est que le premier pas vers l'exécution. En associant dans l'esprit et la mémoire du lecteur l'écriture et sa représentation sur le clavier nous l'aidons à acquérir des réflexes de lecture.

Enfin, cet ouvrage a pour but essentiel de permettre à quiconque, même dépourvu du plus élémentaire bagage musical, d'acquérir les notions de bases nécessaires à la compréhension de la musique, et de s'initier au jeu du piano. Cela, sans l'aide d'aucun maître. Ce volume remplaçant le professeur, il est donc naturel qu'il se substitue entièrement à lui. Et quel enseignant ne commence sa leçon en montrant, directement au clavier, à l'élève ce qu'il doit faire ?

Présentation de l'ouvrage

Ce volume est divisé en quatre parties. Chacune de ces parties s'inscrit dans la suite logique de ce qui l'a précédé, mais constitue, également, un bloc homogène qui peut être consulté tel quel.

■ **La première partie** sera centrée sur le piano en tant qu'instrument de musique. Nous y décrirons, brièvement, la grande famille des instruments de musique, et la place privilégiée qu'y occupe le piano, orchestre à lui tout seul.

Nous y répondrons également aux principales questions que se pose le pianiste en herbe avant l'achat de son instrument (neuf ou occasion, entretien, etc...)

■ **Dans la deuxième partie** nous traiterons du solfège élémentaire. La matière de cette partie, véritable initiation à la grammaire musicale, sera traitée sous forme de leçons. Cette partie pourra être négligée, sans inconvénients, par nos lecteurs déjà instruits des bases musicales.

Le dernier chapitre de cette partie sera consacré au métronome, petit instrument indispensable au débutant et fort utile à tout pianiste.

■ **La troisième partie** est constituée par une méthode originale d'enseignement du piano. Nous avons demandé à D. Vasarely, qui enseigne le piano depuis plus de quinze ans aux enfants et aux adultes, de la rédiger spécialement pour cet ouvrage.

Dans un chapitre distinct, nous répondrons aux questions que ne manqueront pas de se poser les jeunes pianistes (comment se tenir au piano, durée des leçons, etc...)

■ **Dans la quatrième partie** nous traiterons de manière plus approfondie des choses musicales. Nous y décrirons les bases acoustiques de la musique et disséquerons les intervalles, les accords, la gamme, etc..

■ **Une importante bibliographie** doit permettre au lecteur désireux de parfaire ses connaissances de trouver l'ouvrage qui l'intéresse.

Les chiffres entre parenthèses s'y rapportent. Le premier chiffre indique le numéro de référence de l'ouvrage, le second la page de l'extrait. Les citations extraites des dictionnaires sont précédées de la lettre « D ». Le lecteur consultera la bibliographie ad hoc.

Pédagogie de l'enseignement du piano

Le lecteur trouvera donc dans ce volume (en troisième partie) une méthode de piano tout à fait originale, et qui est l'œuvre d'un fin pédagogue. Cette méthode est destinée à créer chez l'enfant (et chez l'adulte) le désir de jouer, en lui procurant directement une émotion musicale : c'est bien. Les premiers pas dans l'apprentissage d'un instrument sont souvent fort ingrats, le grand mérite de D. Vasarely est d'avoir compris cela et d'épargner à l'élève les exercices tristes et lassants en lui donnant directement la possibilité de s'exprimer dans des exercices qui sont de petites pièces musicales. Cette méthode, basée sur le plaisir esthétique, ne serait sans doute pas désapprouvée par H. Neuhaus, l'ancien directeur du Conservatoire de Moscou, qui forma l'élite des pianistes russes du vingtième siècle (tels S. Richter, E. Guilels et bien d'autres). Dans son ouvrage consacré à l'Art du Piano on peut lire le passage suivant : « Que se passera-t-il si un enfant, au lieu d'une étude sèche, joue une œuvre artistique, aussi élémentaire soit-elle ? D'abord son état d'âme sera différent, plus élevé qu'en travaillant des exercices de pur mécanisme et d'arides études, ce qui est primordial. Ensuite, il sera plus commode de lui inculquer les tempi, les nuances, les sonorités, les accelerandos, les rallentendos. » (42-21) Ceci correspond exactement, le lecteur aura l'occasion de s'en rendre compte, à la pédagogie de la méthode proposée dans ce volume.

Néanmoins, les meilleurs parmi nos lecteurs voudront, après quelques mois, encouragés et motivés par leurs succès, travailler leur technique. On ne peut, alors, que leur recommander de jouer des gammes et des exercices. Les gammes, ainsi que le doigté correct, figurent dans ce volume (en quatrième partie) ; en dehors des exercices proposés, le futur « pianiste virtuose » trouvera une bibliographie des exercices écrits par les grands maîtres. S'il n'est pas nécessaire de jouer ses gammes pour devenir un artiste, ainsi qu'en témoigne le passage suivant que Neuhaus consacre au grand pianiste Godovski... cela aide !

Louant, le pianiste Godovski, Neuhaus rapporte qu'il « disait en classe qu'il n'avait jamais étudié les gammes, ce qui était la stricte vérité. N'empêche qu'il les jouait avec un brio, un rythme et une beauté de son inégalables. Je crois n'avoir jamais entendu de gammes pareilles. En s'appliquant à jouer le mieux possible les gammes qu'il rencontrait dans les œuvres qu'il étudiait, il avait appris à jouer à la perfection la gamme en tant que telle. » (42-22).

Les gammes sont la base des œuvres musicales ; comprendre cela c'est déjà pouvoir jeter un regard neuf sur la musique. Qu'il les étudie en tant que telles, ou dans les œuvres musicales, tôt ou tard, l'artiste y est confronté. Alors, pourquoi ne pas se plonger dès le départ dans ce monde enchanté ?

PREMIERE PARTIE

Le piano : anatomie, achat, location, entretien...

Les ancêtres du piano

«... L'instrument est à la musique ce que les ailes sont au vol...»

(J. Bril, 6-15)

L'enfant et l'adulte, qui s'installent pour la première fois devant un clavier, sont l'un et l'autre émerveillés par l'ingénieuse mécanique et se posent la même question : «comment ça marche ?».

Tous deux peuvent, faute de trouver la réponse adéquate à leur question, gommer le point d'interrogation et ne plus se préoccuper de l'aspect mécanique de l'instrument... jusqu'au premier problème technique (touche qui ne s'enfonce plus, pédale inefficace,...) !

L'un et l'autre peuvent devenir de bons artistes sans rien comprendre à leur instrument, mais nous pensons que c'est dommage. La pleine maîtrise physique, intellectuelle et émotionnelle de l'instrument ne peut se contenter d'une ignorance totale de son anatomie et de sa physiologie.

Aucun artisan génial n'aurait été capable de résoudre seul les multiples problèmes qui se sont posés pour aboutir au chef-d'œuvre qu'est le piano. Le piano est le fruit d'une longue évolution. Il a des ancêtres mais aussi des cousins... pas toujours très réussis !

Il est impossible d'apprécier toutes les qualités de ce merveilleux instrument sans rencontrer ses parents et grands-parents, sans assister à sa naissance, sans suivre son adolescence, sans analyser sa maturité...

Ainsi, nous invitons, tout d'abord, le lecteur à faire connaissance avec la grande famille des instruments de musique.

Les variétés d'instruments de musique

La science des instruments de musique ou *organologie* est

une science relativement récente. Elle s'occupe de la description, de l'origine et de la classification des instruments de musique. Science aux multiples facettes, l'organologie s'inscrit également parmi les sciences de l'homme et des civilisations. En effet, de nombreux chercheurs tentent de ramener l'origine de tel ou tel instrument à un mythe, à une figure mythologique ou plus simplement à la forme du corps humain. Le lecteur intéressé par ces recherches lira une récente parution (*A corps et à Cri*; biblio : 6) consacrée à ce problème. En ce qui nous concerne, l'origine et la description du piano sont traitées ailleurs, dans des chapitres distincts. Il nous semble, cependant, intéressant de situer le piano parmi les autres instruments de musique.

De nombreuses classifications ont été proposées pour regrouper les instruments de musique*. Ces classifications sont apparues comme nécessaires lors de la rédaction des catalogues descriptifs des musées instrumentaux.

La classification ci-dessous est la plus simple et la plus utilisée (avec quelques variations suivant les auteurs). De plus, cette classification montre bien la place occupée par le piano.

Les instruments sont classés en cinq catégories. Notons, cependant, que les instruments musicaux étant trop complexes que pour être enfermés, autrement que d'autorité, dans l'une ou l'autre classification, plusieurs instruments sont rangés, arbitrairement, dans l'un ou l'autre groupe. Ainsi, certains instruments participent de l'une ou l'autre catégorie, comme c'est le cas pour l'appareil vocal humain.

La classification actuelle tient compte non seulement de la nature de l'élément vibrant, mais également du mode de vibration. On distingue ainsi : les idiophones, les aérophones, les membraphones et les cordophones. A cette classification habituelle on devrait ajouter, aujourd'hui, les synthétiseurs qui produisent des sons par des procédés électroniques.

■ **Les idiophones :** le son est produit par la matière même de

* Les Chinois classaient les instruments en fonction du matériau (métal, pierre, terre, bois, bambou, calebasse, peau, soie) utilisé dans la fabrication. Ils obtenaient ainsi huit classes d'instruments.

l'instrument. Le plus naturel des idiophones est la *voix humaine*. On range également parmi les idiophones les instruments les plus primitifs comme les **castagnettes**.

■ **Les aérophones** : le son est produit par la vibration de l'air. L'exemple type est la *flûte*.

■ **Les membraphones** : le son est produit par la mise sous tension d'une membrane fortement tendue. On peut proposer comme exemple le *tambour*.

■ **Les cordophones** : le son est produit par la vibration de cordes tendues entre des points fixes. Le *piano* est un cordophone, la *guitare* aussi.

■ **Les synthétiseurs** : les sons sont produits de manière totalement artificielle.

L'ancêtre des cordophones : l'arc musical

L'arc musical* est le premier instrument de musique au monde utilisant une corde pour produire des sons. C'est donc l'ancêtre de tous les cordophones et, ainsi, également, celui du piano.

On trouve une représentation de l'arc musical dans une grotte des Pyrénées françaises (grotte des Trois-Frères). Ce document musical (le plus ancien que l'on connaisse) daterait d'il y a 15.000 ans. Le dessin, gravé sur un rocher, représente

* Il est intéressant de noter que tant à l'époque grecque qu'au Moyen-Age, chaque instrument de musique avait une fonction propre, mystique et allégorique. Cette fonction était souvent déterminée par la forme de l'instrument ; un exemple frappant est l'opposition entre la cithare et le psalterion : « le psaltérion est, parmi les instruments à cordes, le seul dont la construction ne révèle aucune ligne courbe, en outre, la résonance ne réside pas, comme dans la lyre et la cithare, dans la partie inférieure de l'instrument, mais dans sa partie supérieure. Le psaltérion représente donc les choses spirituelles, la cithare les choses terrestres. Saint Augustin en conclura qu'avec la cithare il faut faire pénitence, tandis que le psaltérion servira à louer Dieu. » (Th. Gérold, *La Musique au Moyen-Age*, page 9).

un homme, derrière un troupeau de rennes, vêtu d'une peau de bête à cornes, dansant, en s'accompagnant de l'arc musical.

On pense, aujourd'hui, que l'arc musical a dû précéder l'arc du chasseur. Ce qui correspond d'ailleurs assez bien à la destinée générale des nouvelles techniques : l'utilisation pour la chasse, pour la guerre, est généralement l'étape ultime de la découverte.

Notons que les arcs musicaux sont encore aujourd'hui utilisés dans certaines sociétés primitives d'Afrique, d'Asie ou d'Amérique.

■ Construire un arc musical

Il existe plusieurs variétés d'arcs musicaux ; nous vous proposons de construire l'*arc en bouche*, ce type d'arc est surtout utilisé en Afrique du Sud.

Dans son petit ouvrage consacré à La Musique, Jacques Chailley explique comment le construire ; nous lui empruntons ce passage : « Prenez une liane, par exemple en fibre de rempailleur de chaises, ou à la rigueur une ficelle, et fixez-la aux deux bouts d'un bois flexible (coudrier) courbé et tendu fortement ; fendez l'extrémité pour fixer. Tenez le bois d'une main en mettant la liane devant votre bouche ouverte, et de l'autre main frappez la liane à coups rapides et répétés avec un bâton. Vous entendrez un son. En cherchant le bon emplacement et la bonne ouverture de la bouche, ce son sera amplifié et changera quand vous modifierez l'ouverture de la bouche : ce sont des harmoniques du son principal émis par la corde frappée. Vous pourrez alors fabriquer un air.

On entend même deux sons : celui de la corde frappée, fixe, et celui du résonateur de la bouche, mobile. En touchant la corde du doigt, les joueurs d'arc musical font aussi varier (souvent d'un ton) la hauteur de la corde. Certains arrivent même à chanter en jouant ». (J. Chailley, 8 b.-20)

Une définition compliquée

Le piano est un instrument à cordes frappées, à clavier tempéré et possédant un jeu de pédales. Cette définition demande des éclaircissements : ce sera l'objet du présent chapitre.

□ *Le piano n'est pas le seul instrument à cordes;* il y a aussi la guitare, la harpe, le clavecin, le violon, etc. Il n'a pas non plus le monopole des cordes frappées; ce groupe comprend également le cymbalum, le clavicorde.

□ *Le piano n'est pas le seul instrument à clavier.* L'orgue, le clavecin, l'accordéon, etc... possèdent même, quelquefois, plusieurs claviers.

□ *Le piano n'est pas non plus le seul instrument tempéré.* Par tempérament on entend la modification, l'altération de certaines notes dans le but d'accorder l'instrument le mieux possible. Le tempérament c'est tenter de concilier (par la tempérance) l'inconciliable; c'est-à-dire la musique, l'harmonie, les mathématiques et la justesse des sons. Nous reviendrons, en détail, sur cette notion, fort importante, plus tard. Aujourd'hui, tous les instruments sont tempérés de gré (s'ils participent à un groupe d'instruments) ou de force (de par leur structure même).

□ *Le piano n'est pas, non plus, le seul instrument possédant des pédales;* le clavecin, l'orgue et la harpe en sont également munis, mais dans ces cas les pédales fonctionnent comme une extension du clavier tandis que dans le piano les pédales modifient la sonorité de l'instrument (voir le paragraphe consacré au jeu de la pédale).

□ *La caractéristique du piano est d'être le seul instrument à cordes frappées, à clavier tempéré et dont la sonorité est modifiée par l'action des pédales.* Ceci étant posé, il est intéressant d'analyser, moins sommairement, ces diverses caractéristiques. Nous nous intéresserons d'abord aux cordes et au clavier pour nous préoccuper ensuite de la facture du piano et de l'action des pédales. Le tempérament sera étudié plus tard.

Les instruments à cordes

Le premier instrument de musique fut soit un instrument à corde (dans la préhistoire, on imagine facilement un chasseur pinçant la corde de son arc et en tirant, à son émerveillement, un son...) soit encore un instrument à vent (flûte taillée dans un roseau,...).

Actuellement de nombreux instruments de musique utilisent les propriétés de la corde vibrante pour produire des sons. Sans entrer dans les détails, signalons les trois grandes familles, nées des trois possibilités d'excitation d'une corde. Une corde peut être pincée, frottée ou frappée ; d'où trois catégories d'instruments de musique :

■ **Cordes pincées :** c'est la façon la plus simple d'agir sur une corde. On rencontre dans ce groupe les instruments les plus populaires (*guitare*) mais aussi les plus rares (*harpe*). Notons qu'il est loisible de pincer la corde avec le seul usage des doigts (*guitare*), mais aussi à l'aide d'un plectre (en os, ivoire, plume ou matière synthétique), comme c'est l'usage pour la *lyre*, la *mandoline* ou *la guitare de jazz*. Le plectre peut également être relié, grâce à un mécanisme, à un clavier comme c'est le cas pour le *clavecin* ou l'*épinette*.

■ **Cordes frottées :** la structure de l'archet qui frotte les cordes est fort variable et détermine également la qualité du son. Les *violes* ont eu leur heure de gloire du XVIe au XVIIIe siècles. Actuellement, les éléments les plus représentatifs de cette famille sont le *violon* et le *violoncelle*.

■ **Cordes frappées :** ce groupe comprend également de nombreux instruments. Nous verrons que Pythagore, déjà, se servait d'un instrument (le *monocorde*) à cordes frappées pour fixer l'échelle des sons. Les cordes du *psaltérion* (ancêtre du *piano*) pouvaient être pincées ou frappées. Le premier instrument construit uniquement pour être joué en frappant les cordes est le *tympanon* ; aujourd'hui encore utilisé dans le folklore hongrois sous le nom de *cymbalum*.

Nous reviendrons sur ces notions dans le chapitre consacré à la naissance du piano.

Les instruments à clavier

L'idée du clavier est naturellement postérieure à l'idée de frapper les cordes pour en obtenir un son.

Notons que les premiers claviers n'ont pas toujours été

composés de touches. Les premiers organistes jouaient debout et les sons étaient produits en actionnant des tirettes.

Déjà dès le douzième siècle, des claviers simples apparaissent sur l'*orgue*, qui fut, ainsi, le premier instrument à en bénéficier.

Jusqu'au milieu du quinzième siècle, les touches étaient fort larges et ne comportaient que des notes blanches (**clavier diatonique**, voir page 56). Les premies **claviers chromatiques** (touches blanches et noires) apparaissent vers le milieu du XVe siècle, ainsi que l'attestent des tableaux d'époque.

Les tableaux des primitifs flamands (Hugo van der Goes, Hans Memling) montrent des claviers d'orgue fort semblables à ceux d'aujourd'hui.

Le clavier fut adapté tout d'abord au *tympanon* qui devint ainsi le *clavicorde* dont l'existence est prouvée dès le XIVe siècle. Quelques dizaines d'années plus tard apparaît un nouvel instrument à clavier qui devait prendre de nombreuses formes : le *virginal*. Instrument de musique, il était aussi, le plus souvent, œuvre d'art, et les amoureux des belles choses rêveront longtemps encore à la vue de l'un ou l'autre particulièrement bien réussi. Notons qu'il était quelquefois possible d'assembler un virginal (mère) à un autre (fille) pour obtenir un instrument à deux claviers (virginal double).

Dans tous ces instruments, le clavier est parallèle aux cordes. Avec l'apparition du *clavecin*, le clavier devient perpendiculaire aux cordes. Notons, sans entrer dans les détails, les avantages du clavecin par rapport à ses prédécesseurs : cordes souvent doubles, registres permettant d'en modifier le timbre et, surtout, un clavier plus étendu. Le mécanisme du clavecin (cordes pincées) ne permettait pourtant pas un jeu fort nuancé et quelques compositeurs (malgré ses nombreux handicaps) lui préféraient le clavicorde.

Celui-ci, véritable ancêtre du piano, subit de nombreuses transformations jusqu'à en faire un autre instrument à clavier : le *piano*.

Notons que si les claviers sont, aujourd'hui, fort étendus (pour le piano plus de sept octaves : 88 touches) il n'en fut pas toujours de même. Les premiers pianos n'avaient que quatre octaves, et le piano de concert de Mozart n'en possédait que cinq. Même les œuvres de Chopin et Schumann ne nécessitent pas un instrument de plus de six octaves et demie. Ce n'est qu'à partir de Liszt que les compositeurs utilisent plus de sept octaves. A titre d'anecdote, signalons qu'il est quelquefois possible de déterminer sur quel piano fut composé une œuvre. Ainsi Beethoven avait à sa disposition plusieurs pianos dont les claviers n'avaient pas tous la même étendue. Ainsi, les quatre dernières sonates ont un ambitus de six octaves et demie, sauf l'une d'entre elles (Opus 110) composée sur un piano à six octaves.

La facture du piano

La facture d'un instrument (du latin facere = faire) est sa fabrication. Le piano, nous l'avons vu, a de nombreux ancêtres. Le plus direct est le clavicorde. Nous avons déjà indiqué comment l'adjonction d'un clavier au tympanon le transforma en clavicorde. Nous avons également signalé que les limites du clavecin incitaient certains compositeurs à écrire pour le clavicorde (une partie importante de l'œuvre de C.Ph.E. Bach était destinée à cet instrument), et les facteurs à en améliorer les qualités. Dans la genèse de la facture du piano, le clavicorde occupe donc une place de choix, et mérite qu'on s'y attarde quelque peu.

Le clavicorde

Il a pour ancêtre le *monocorde*. Rappelons que le célèbre mathématicien grec Pythagore utilisait cet instrument pour démontrer les rapports entre les divers sons. On pense que l'instrument lui-même a une origine bien plus lointaine et date des premières civilisations égyptiennes. Instrument pédagogique chez les Grecs, le monocorde est présent dans toutes les civilisations. Durant le Moyen-Age on l'utilise pour apprendre à chanter juste ou pour accorder un instrument (il est donc aussi l'ancêtre de notre diapason !)

□ *Le monocorde primitif* consiste en une corde (généralement du boyau) tendue et fixée sur une planche ou sur une caisse de résonance (qui peut très bien être une simple noix de coco!) à l'aide de deux chevalets. Un troisième chevalet, mobile, permet de varier la longueur de la corde et de démontrer l'influence de la variation de celle-ci sur la production des sons.

□ *Les premiers clavicordes sont très proches de ce monocorde;* simplement, au lieu du chevalet mobile, on trouve des lamelles métalliques, appelées tangentes, qui frappent la corde en dessous, en divers endroits, et la divisent en deux parties inégales. En frappant une corde (AB) en un endroit (C), la lamelle métallique (tangente) provoque la vibration des segments AC et BC. Si on désire empêcher la vibration parasite d'un des segments, il suffit de disposer sur ce segment un feutre qui en empêche la vibration. C'est la solution utilisée pour le clavicorde.

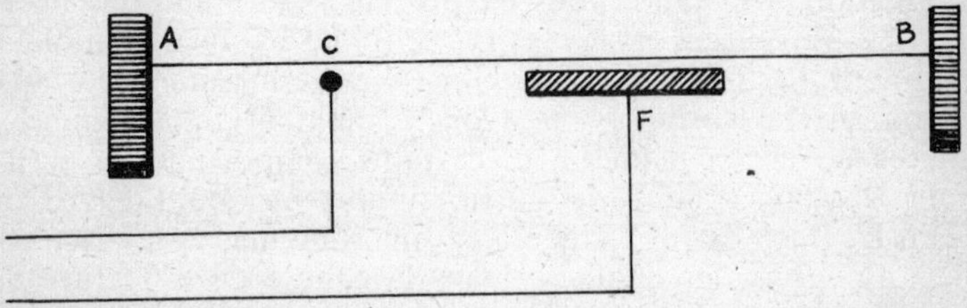

La corde AB est frappée au point C. Pour éviter que le segment CB ne vibre, on applique le feutre F.

□ Dans les premiers clavicordes plusieurs touches correspondaient à une seule corde et il n'était donc pas possible de produire simultanément deux sons appartenant à la même corde (*clavicordes liés*).

□ Plus tard, l'instrument fut construit de telle manière que chaque touche ait sa corde (*clavicorde libre*; Tobias Faber, 1725) et, dans certains instruments «haut de gamme», les touches correspondant aux notes graves frappaient une paire de cordes.

□ *Les premiers clavicordes possédaient un clavier* s'étendant sur deux octaves et demie; ensuite ils eurent trois, quatre et même cinq octaves au XVIIe siècle (50 touches). Les clavicordes avaient des touches blanches et des touches noires. Notons que dans les premiers clavicordes les touches noires remplaçaient certaines touches blanches (c'est ce qu'on appelle l'octave courte ou octave brisée*) et n'avaient pas, comme aujourd'hui, la valeur de notes complémentaires (chromatiques). D'autre part, comme d'ailleurs sur certains clavecins, la couleur des touches était, quelquefois, inversée. Les touches étaient aussi plus courtes et plus étroites que celles de nos pianos actuels. Instrument de petite dimension, il se posait facilement sur une table et pouvait être aisément transporté. Si C.Ph.E. Bach le préférait au clavecin, Mozart et Haydn s'en servaient pour composer... en tous lieux.

□ *La sonorité du clavicorde* est très douce (à quelques mètres on ne l'entend plus) mais permet un jeu extraordinairement expressif et nuancé : l'amplitude du son était proportionnelle à la force de frappe et ainsi des variétés de frappe rendaient des variétés de sons. D'autre part, puisque la tangente restait en contact avec la corde, tant que la touche était enfoncée (ce qui n'est pas, nous le verrons, le cas au piano), on pouvait produire de légers vibratos.

□ *Les derniers clavicordes avaient un clavier de six octaves et même, pour certains un pédalier.* Pourtant, malgré ces perfectionnements, le clavicorde allait céder la place à son héritier, mais aussi concurrent, le piano.

□ Notons, encore, que puisque la corde est mise en mouvement à l'extrémité de sa partie vibrante libre (et non pas, comme au piano, en un endroit quelconque), *toutes les harmoniques supérieures*** *peuvent s'exprimer* et le timbre du clavicorde est, dès lors, très riche. Nous reviendrons sur cette notion dans le paragraphe consacré aux harmoniques.

Le clavecin

Le piano, héritier direct du clavicorde (aussi appelé, quelquefois, *manicordion* ou *épinette sourde*), a également bénéficié

* L'octave grave était incomplète (souvent le Si bémol et le Do manquaient), et certaines notes (comme le Mi) étaient produites par les touches noires (ceci permettait, par ailleurs, un doigté intéressant).

** Les harmoniques sont les sons «satellites» d'un son de base. Ainsi, si je joue un Do sur un clavier, je produis également une infinité d'autres sons (avec, bien entendu, moins de volume !). Ces sons donnent au son initial sa richesse, sa couleur, c'est-à-dire son timbre.

des progrès techniques du clavecin. Il n'est donc pas sans intérêt de décrire également celui-ci.

☐ Le clavecin, nous l'avons vu, est *un instrument à clavier et à cordes pincées* (ou, plus exactement, grattées). La corde est grattée au moyen d'un plectre dont le matériau est variable suivant les siècles : os, plume, cuir, matière synthétique, etc...

☐ *Le clavecin, lui-même, est l'héritier du psaltérion, proche parent du tympanon.* L'un a donné naissance au clavecin, l'autre au piano. Notons que les cordes du psaltérion peuvent également être frappées.

☐ Les premiers instruments à clavier et à cordes pincées avaient, comme le clavicorde, *les cordes perpendiculaires aux touches*; ces instruments sont connus sous le nom de *virginal* ou d'*épinette*.

☐ Ensuite, on imagina de *placer les cordes dans le prolongement des touches* : c'est le clavecin.

☐ *Le pincement des cordes* ne permettait pas un jeu fort nuancé et le clavecin se trouvait, d'une certaine manière, désavantagé par rapport au clavicorde. Aussi, les facteurs ont imaginé diverses astuces pour enrichir ses possibilités par des modifications de son timbre. Les nombreux registres (réalisés grâce à des jeux de cordes de timbres différents, mais aussi par l'utilisation d'étouffoirs, petits feutres placés aux extrémités des cordes) ne furent pas les seules innovations du clavecin. On construisit des clavecins à plusieurs claviers et les pédales (héritières des tirettes) rendirent l'utilisation des registres plus aisée.

☐ Le clavecin a été quelque temps en concurrence avec le piano, mais les incontestables qualités de ce dernier ont vite supplanté son rival. *Actuellement, on assiste à une certaine renaissance du clavecin.*

Le pianoforte

Héritier du clavicorde, cousin du clavecin, le piano est arrivé aujourd'hui à un état de quasi-perfection. Du premier piano de Cristofori au Bösendorfer d'aujourd'hui de nombreuses étapes jalonnent sa longue évolution. Certaines se sont montrées décisives, d'autres sont tombées dans l'oubli ou ont avorté.

Le piano, écrit. E. Leipp, c'est d'abord sa mécanique!

□ *La première innovation mécanique* de cet instrument qui en connut beaucoup, celle qui transforma le modeste clavicorde en un somptueux pianoforte est l'œuvre du génial B. Cristofori. Il construisit son premier «cembalo a martelletti» en 1698 et en donna (en 1709 et 1711) des versions améliorées. La mécanique de Cristofori, très simple, et pourtant géniale, n'a connu que des perfectionnements sans que son principe même ait été modifié. Cette mécanique, base de tous les pianos modernes, mérite que nous nous y attardions quelque peu.

□ *Le problème à résoudre était le suivant :* si on enfonce mollement une touche (reliée à un marteau par un mécanisme) le marteau ne frappe pas la corde; par contre, si on frappe fort le clavier, le marteau rebondit plusieurs fois sur la corde. Il restait à trouver un mécanisme empêchant le marteau de frapper une seconde fois la corde tout en lui rendant l'indépendance pour une éventuelle seconde attaque. S'échapper, son coup fait, pour revenir prestement : difficile problème de tactique.

□ *Le système d'échappement :* le mécanisme élémentaire de tout piano est composé de trois pièces :

— un marteau articulé,

— un système d'échappement,

— un jeu d'étouffoirs.

Le premier piano de Cristofori possédait ce mécanisme; la séquence des événements lorsqu'on frappe une touche est la suivante :

— libération de l'étouffoir : ceci permettra à la corde de vibrer librement (les autres cordes toujours étouffées ne le peuvent pas);

— si la touche est frappée avec une certaine énergie, le marteau se désolidarise du mécanisme (il s'échappe), frappe la corde et revient en position de repos, prêt à une nouvelle attaque. Rappelons que sur le clavicorde le marteau restait contre la corde tant que la touche était enfoncée. Dans le mécanisme de Cristofori, le marteau ne bloque jamais la corde (ce qui empêche le «vibrato» comme au clavicorde).

Le remarquable succès de Cristofori passe pourtant inaperçu, et il faut attendre une trentaine d'années pour que le piano renaisse une seconde fois. En 1725, G. Silbermann construit ses deux premiers pianos qu'il présente à J.S. Bach qui ne s'en montre guère satisfait.

Ces années connaissent une âpre lutte entre le clavecin et le pianoforte et tout laisse croire que le clavecin l'emporte. En effet, des pianoforte sont reconvertis en clavecin et en 1774 Voltaire pouvait encore écrire : «Le pianoforte n'est qu'un instrument de chaudronnier en comparaison du majestueux clavecin». Voltaire, sans doute, ne connaissait pas les remarquables progrès accomplis durant les quelques années qui précèdent son envolée.

Revenons à Silbermann. Il avait perfectionné le mécanisme de Cristofori, mais — Dieu sait pourquoi — avait supprimé l'étouffoir individuel et n'avait pas compris toutes les ressources de l'échappement.

En 1740, Stein, qui travaillait avec Silbermann, conscient des défauts de l'instrument, reprend les principes du mécanisme de Cristofori, et ajoute au mécanisme de Silbermann l'échappement et l'étouffoir individuel de Cristofori. Il recouvre également les marteaux d'une mince membrane qui en améliore le timbre et apporte un soin particulier à la table d'harmonie. Les qualités de l'instrument augmentent et en 1747, Bach, à Potsdam, revient sur sa première impression et se déclare fort satisfait des pianos qu'on lui présente. Rendant visite à Stein, en 1777, Mozart, lui, est réellement émerveillé par ces pianos dont il deviendra un ardent défenseur.

□ Stein reprendra encore à Cristofori son mécanisme de *déplacement latéral du clavier* (le marteau ne frappe alors qu'une ou deux cordes au lieu de trois, et le son est moins ample ; c'est l'action de la pédale de gauche sur nos pianos actuels). En 1789, *il remplace les genouillères par des pédales :* le piano moderne est vraiment né. Le reste n'est plus qu'une affaire de perfectionnement. Bien sûr, si l'on nous présentait, aujourd'hui, l'un de ces instruments nous serions fort surpris de lui trouver peu de qualités par rapport à nos pianos actuels.

□ *Les progrès suivants* sont dus à un génial facteur de piano français, Sébastien Erard. Durant de longues années, la mention «piano Erard» indiquait un instrument de très haute qualité. Pourtant, Erard eut de nombreuses difficultés à ses débuts. En effet, au XVIIIe siècle, les diverses corporations protégeaient leurs membres, et il était interdit de travailler tous les matériaux. Erard, qui voulait façonner lui-même le bois et le métal de ses pianos outrepassait ses droits. Ainsi, «en 1781, après une action en justice, on lui saisit dans son atelier un pianoforte et deux boîtes en construction. Il fallut un brevet de Louis XVI, du 5 février 1785, lui octroyant le droit de façonner tous matériaux utiles à son art, pour qu'il puisse exercer librement sa profession*.

Le piano

L'acquisition de lettres de noblesse (tous les compositeurs écrivent pour lui, et on l'appelle le roi des instruments) le rend plus simple et il perd une partie de son nom. Le pianoforte a vécu : vive le piano**.

Il prend de l'ampleur : de quatre octaves il passe à cinq, cinq et demie... pour enfin posséder les sept octaves et quelque de nos pianos actuels (88 touches). Notons, au passage, que certains pianos, aujourd'hui encore, ne possèdent que sept octaves (85 touches) et un seul, le Bösendorfer «Impérial» possède quelques touches supplémentaires de couleur noire (huit octaves).

Extérieurement, il se diversifie : on voit des pianos carrés (surtout à l'époque de Balzac), des pianos droits, des pianos girafe, des pianos lyre, des pianos buffet, des pianos à queue, etc... De tous ces modèles seuls nous sont restés les pianos droits et plusieurs variétés de piano à queue.

Loué et sollicité, le piano est également critiqué et toutes ses faiblesses sont répertoriées. L'une de celles-ci préoccupe beaucoup les facteurs : l'allongement du marteau (qui favorise la force) et la précision de la mécanique (qui contrôle le marteau presque jusqu'au bout de sa course) rendent le

* M. Robin. *Histoire des claviers* in Métiers d'Art numéro 10-11 d'avril 1980 consacré à la facture instrumentale (page 107).

** Le terme «piano» remplace celui de «pianoforte» à partir des pianos d'Erard pourvus du mécanisme à «double effet» (1822).

toucher beaucoup moins sensible.

En 1822, un facteur français, Sébastien Erard, qui s'était déjà taillé une belle réputation, imagine un mécanisme qui permet de rejouer très rapidement la note sans que l'étouffoir ne soit plaqué contre la corde.

Grâce à ce mécanisme, il devenait donc possible, soit de laisser la touche revenir à sa position initiale et à l'étouffoir d'être plaqué contre les cordes; soit, en ne laissant pas la touche revenir à sa position initiale, de rattraper le marteau et d'empêcher l'action de l'étouffoir. «Cette double possibilité, qui enrichit musicalement l'instrument, a fait dire qu'il s'agissait d'une mécanique à «double échappement», alors qu'en fait, elle n'est qu'à «double effet» ou à «double action»...» (E. Leipp, 36-206).

Dans les années qui suivent les inventions se multiplient : le cadre en bois est complété par un cadre métallique (Babcock : 1825), la peau des marteaux est remplacée par du feutre (Pape : 1826), les cordes sont croisées (Pape : 1862), la pédale de prolongation (pédale de droite) fait son apparition (Montal : 1862; brevet Steinway).

Entre 1830 et 1840 on assiste à la naissance du piano droit, tel que nous le connaissons aujourd'hui, et à la disparition du piano carré («Faites venir un piano droit, pas un carré, je ne puis les souffrir...» écrivait F. Liszt vers 1840!). Depuis lors, les progrès, mineurs mais sensibles, se sont portés sur l'étude des bois, des colles, du mécanisme, etc... pour aboutir au piano «presque parfait» que nous connaissons aujourd'hui.

Les grands facteurs, responsables des progrès, ont pour nom Pleyel, Steinway, Bösendorfer, Gaveau, Bechstein, etc... Sans parler des facteurs japonais (un piano japonais figurait déjà à l'Exposition Universelle de 1867), belges (Gunther,...), etc.

La description de tous les perfectionnements dépasserait largement les limites de ce petit volume. Le lecteur intéressé par l'histoire de la facture du piano trouvera dans la bibliographie plusieurs excellents volumes consacrés à ce sujet.

Anatomie et physiologie du piano

Comprendre comment les diverses pièces d'un piano s'articulent pour produire le son n'est pas inutile. Bien que la plupart des musiciens ignorent absolument tout de ce fonctionnement, cette étude peut aider à faire le choix entre deux pianos neufs (qui semblent identiques) ou encore à éviter l'achat d'un piano d'occasion (dont le revendeur n'assure pas la garantie). La place nous manque malheureusement pour entrer dans les détails, aussi nous nous contenterons d'un rapide survol... Celui-ci sera déjà fort utile pour guider l'acheteur dans la lecture des dépliants des constructeurs.

Nous prendrons pour exemple le piano droit; cependant les structures (bien que différemment disposées) sont identiques sur un piano à queue.

Le piano est composé, grosso modo, des structures suivantes : le meuble, le barrage, le clavier, la table d'harmonie, le sommier et le chevalet, le cadre métallique, les cordes, la mécanique, les pédales.

■ Le meuble

Il est fait dans les bois les plus divers qui vont de l'aggloméré à l'acajou. On distingue des *pianos droits* (ou pianos buffets) et des *pianos à queue*. Les dimensions des pianos sont variables tant pour les pianos droits que pour les pianos à queue (on parlera de *quart-queue*, *demi-queue*, etc...). Le schéma page suivante reprend les principales dimensions usuelles.

Au cours de son histoire le piano a présenté d'autres formes : piano carré, piano-lyre, piano girafe, piano à double clavier, etc... Aujourd'hui seuls le piano droit et le piano à queue sont encore fabriqués.

Le bois du meuble n'intervient en principe pas dans sa sonorité; par contre ses dimensions influencent le son.

■ Le barrage

En retournant le piano droit, pour examiner son dos, on

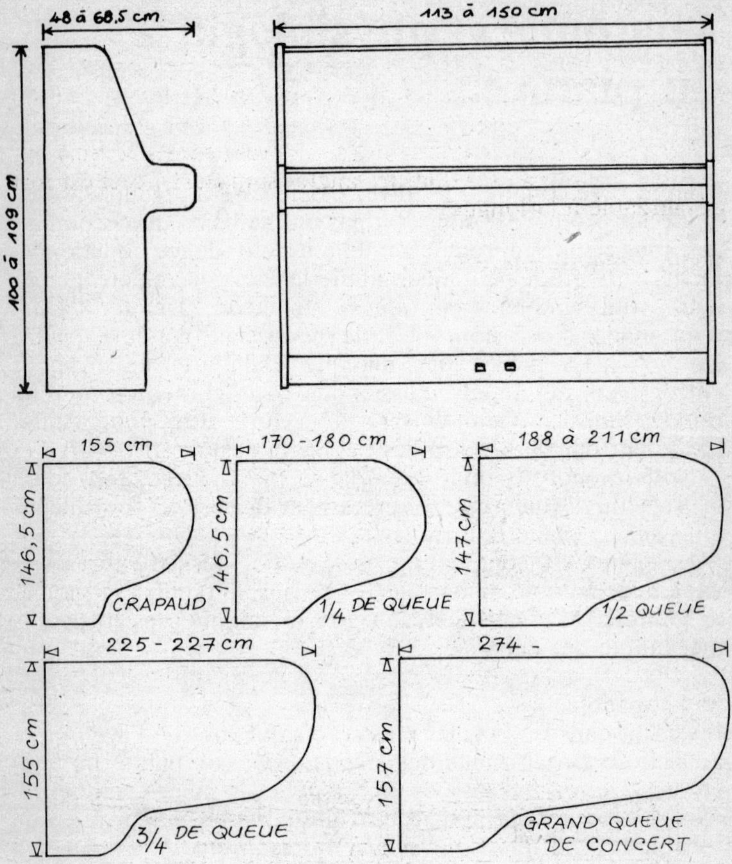

constate la présence de nombreuses traverses de bois. Celles-ci ont pour rôle de consolider l'instrument en supportant la table d'harmonie et le sommier (sur lequel sont fixées les chevilles qui soutiennent les cordes). Certains pianos droits ne possèdent pas de barrage.

■ Le clavier

C'est lui qui permet d'agir sur la mécanique et de frapper les cordes pour produire le son. Les claviers actuels ont généralement 88 touches (sept octaves un quart) ; certains pianos « bas de gamme » n'en possèdent que 85 tandis que le Bösendorfer Impérial possède une octave supplémentaire (huit octaves). Les touches du clavier étaient jadis en ivoire et en ébène ; aujourd'hui elles sont le plus souvent en plastique.

Les pianos mal terminés (piano chinois, coréens, etc.) ont des touches rugueuses dont les angles sont durs : ceci est fort désagréable à la longue.

■ La table d'harmonie

Une corde qui vibre produit un son d'intensité assez limitée.

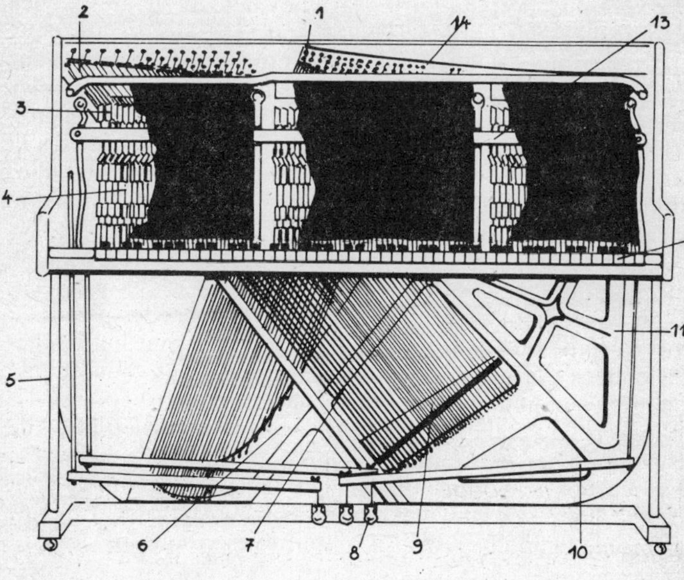

1 — **cordes médium**
2 — **cordes graves**
3 — **marteaux**
4 — **mécanique**
5 — **meuble**
6 — **table d'harmonie**
7 — **cordes croisées**
8 — **pédales**
9 — **chevalet**
10 — **levier de sourdine**
11 — **cadre en fonte**
12 — **clavier**
13 — **sourdine**
14 — **chevilles**

Par contre si cette corde est solidaire d'une surface vibrante (la table d'harmonie) l'ampleur du son sera beaucoup plus importante. Il est donc indispensable que la table d'harmonie soit fabriquée dans un matériau dont les qualités vibratoires soient excellentes, et que sa surface (comme celle d'une guitare) soit légèrement bombée. Le bois convient fort bien pour cet usage. On comprend que **la table d'harmonie soit un des éléments déterminants dans les qualités d'un piano** et que sa construction comme sa pose requièrent beaucoup de temps et de soins... Ce qui se répercute sur le prix de l'instrument.

■ Le sommier et le chevalet

□ *Le sommier* doit supporter les chevilles autour desquelles sont enroulées les cordes : il doit donc être de qualité pour supporter tout le poids des cordes. On utilise généralement du bois stratifié mêlé de textiles résistants. Un bon sommier assure une excellente tenue des chevilles et ainsi de l'accord.

□ *Le chevalet* est une grosse barre de bois collée et fixée à la partie inférieure du piano et qui, comme son nom l'indique, soutient les cordes et transmet leurs vibrations à la table d'harmonie. Si le chevalet est décollé (ce qui arrive parfois sur des pianos anciens) la table d'harmonie ne vibre plus et le piano manque de sonorité.

C'est le moment de remarquer que la plupart des pièces du piano (plus de 80 %) sont en bois et qu'elles sont habituellement collées : le piano craint ainsi les variations climatiques! En général, même les pièces vissées sont d'abord collées. Le soin apporté au collage est gage d'une longue conservation de l'instrument.

Les cordes sont ainsi fixées, en haut, au sommier (par l'intermédiaire des chevilles) et, en bas, au chevalet. La table d'harmonie solidaire reçoit et amplifie les vibrations des cordes.

■ Cadre métallique (ou châssis)

Il est aujourd'hui en fonte, moulé d'une seule pièce, et capable de supporter une tension répartie de près de vingt tonnes (c'est-à-dire la tension totale de 220 cordes, ayant chacune une tension de près de 80 kg).

La tension des cordes (responsable des sons inharmoniques : voir plus loin) est en cause dans la sonorité de l'instrument.

■ Les cordes

Elles sont au nombre d'environ 220. Dans les pianos modernes elles sont en acier, et croisées sur le cadre ce qui permet d'allonger leur longueur. Certaines cordes sont entourées d'un fil de cuivre, ce qui augmente leur calibre : on dira qu'elles sont filées.

Chaque note est en rapport avec une, deux ou trois cordes. Dans les basses les cordes sont simples, elles sont doubles dans le médium et triples dans les aigus.

■ La mécanique

C'est elle qui permet le jeu du pianiste en transmettant l'impulsion de la touche au marteau qui frappe la corde. Dans les pianos droits les cordes sont verticales et les marteaux frappent les cordes horizontalement, tandis que dans les pianos à queue les cordes sont horizontales et les marteaux frappent les cordes de bas en haut. Cette petite différence explique déjà que le mécanisme sera supérieur dans les pianos à queue (le poids du marteau le fait revenir très rapidement). De très nombreux perfectionnements ont été apportés au piano au

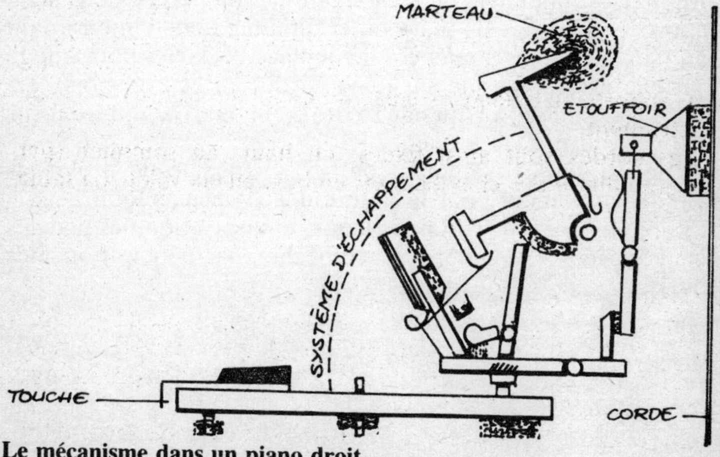

Le mécanisme dans un piano droit

cours des siècles ; ces perfectionnements sont essentiellement de nature mécanique et consistent surtout à permettre au pianiste de rejouer très rapidement une note. C'est depuis le mécanisme à « double effet », de Erard, qui a permis au piano de devenir réellement un instrument répondant à toutes les sollicitations, que le piano est devenu un instrument extrêmement populaire (il a d'ailleurs, dès cet instant, perdu son nom de pianoforte pour devenir simplement le piano...).

Grosso modo, le mécanisme d'un piano se compose de la touche qui transmet, grâce à diverses pièces, l'impulsion au marteau qui frappe la corde. La vibration des cordes est étouffée par une petite pièce en feutre, et, lorsqu'on joue la note, le porte-étouffoir s'écarte pour permettre la vibration de la note. L'étouffoir étant levé, le marteau frappe la corde. L'échappement est simplement une petite pièce qui, son nom le dit, s'échappe lorsque la tête du marteau est à mi-course. Ceci permet ainsi de rejouer immédiatement la note.

Nous consacrons ailleurs (voir page 37) quelques lignes aux différentes mécaniques.

■ Les pédales

Elles sont au nombre de deux ou de trois. La pédale de droite lève tous les étouffoirs et permet donc à toutes les cordes de vibrer (c'est la pédale de prolongation). La pédale de gauche rapproche les têtes de marteau et diminue donc l'intensité du son (sur les pianos à queue, elle déplace le clavier pour que le marteau ne frappe que sur deux cordes au lieu de trois). La pédale du milieu (lorsqu'elle existe) joue un rôle différent sur les pianos droits ou à queue.

Elle est respectivement étouffoir ou pédale de prolongation exclusivement pour la note jouée (voir plus loin).

Petite astuce, sur certains pianos, la disposition des pédales est conçue de manière à empêcher la pénétration des souris....

Le choix et l'entretien d'un piano

On n'acquiert pas un piano comme on achète un transistor. Cette première étape de la vie du futur pianiste est extrêmement importante car elle sera riche en influences sur sa future «carrière» musicale. En effet, comment donner le goût de la musique à un jeune enfant qui ne dispose, pour développer ce dernier, que d'un instrument dont seul l'aspect extérieur évoque encore le piano? Combien n'avons-nous pas vu de jeunes enfants obligés de faire leurs gammes sur des instruments aux claviers incomplets, et dont la sonorité des notes «jouables» évoquait surtout la ferraille. Comment, dès lors, espérer leur faire entendre que toutes les gammes sont construites sur le même modèle, fait d'une succession hiérarchisée de tons et de demi-tons, alors qu'ils ne retrouvent absolument pas cette hiérarchie fixe sur leur instrument? Comment espérer éduquer le goût musical, alors que ce qu'ils entendent c'est du bruit? Demander à un enfant d'apprendre le piano sur un instrument depuis longtemps moribond n'est guère différent d'espérer créer un champion de tennis en lui apprenant à jouer avec une balle carrée en bois...

Il est indispensable de fournir au jeune enfant un instrument qui soit juste et dont la mécanique soit bien réglée. Nous reviendrons en détail sur ces deux points plus tard.

Insistons, une fois encore, sur l'importance de la qualité de l'instrument de musique. Affirmer, comme on l'entend quelquefois : «Ca n'a pas d'importance que l'instrument soit bon : c'est pour apprendre...» constitue la plus grossière erreur pédagogique que l'on puisse commettre. Mais il n'est pas pour autant nécessaire d'offrir à l'enfant le meilleur piano qui soit, car il serait certainement incapable de reconnaître les qualités de ce dernier.

Il existe deux moyens pour acquérir un piano : l'achat ou la location. Nous envisagerons successivement ces deux moyens.

L'achat d'un piano neuf

Le pianiste confirmé, ou le débutant éclairé, connaît, en général, l'instrument qu'il désire, ou espère, acquérir. La gamme des prix est suffisamment large pour contenter tout le monde. De plus, chaque piano possède un timbre (c'est-à-dire une coloration musicale) qui lui est propre, exactement comme chaque voix humaine possède, elle aussi, son timbre caractéristique. Il est, dès lors, possible de tomber amoureux du timbre d'un quelconque instrument comme on tombe amoureux d'un timbre de voix. La subtile alchimie entre les élans du cœur et les harmoniques «célestes» reste encore un mystère tant pour le psychologue que pour le facteur d'instruments...

Habituellement, l'acheteur potentiel se rend chez un ou plusieurs revendeurs de pianos et essaye quelques instruments dans la gamme des prix qu'il s'était fixée. Ce n'est qu'après plusieurs essais qu'il se décide pour un modèle. Nous verrons, plus loin, comment le piano neuf sera «préparé» selon les indications de l'acheteur.

Le débutant qui désire s'offrir un piano neuf est quelquefois surpris par la grande variété des prix et il ne se rend pas bien compte de ce qui justifie cette différence. Ce petit paragraphe a pour but de l'éclairer, afin qu'il achète, en connaissance de cause, le piano qui s'adapte le mieux à ses aspirations et à son budget.

Plusieurs paramètres déterminent le prix d'un piano neuf :

— la qualité des matériaux utilisés,
— la qualité du service après vente,
— le prestige de la marque,
— le pays d'origine de l'instrument.

Analysons succinctement ces différents paramètres.

■ **Le pays d'origine**. Les salaires sont plus élevés dans les pays occidentaux que dans les pays de l'Est ou dans le continent asiatique. Ceci explique que les pianos fabriqués en Occident (Allemagne, France, Suède, Angleterre,...) soient plus chers que les pianos provenant de l'Est (Tchécoslovaquie, U.R.S.S., Allemagne de l'Est...) ou du continent asiatique (Chine, Corée,...). Cette différence de prix n'est, malheureusement, pas seulement justifiée par une différence dans le coût de la main-d'œuvre, mais également par une différence dans la qualité des matériaux utilisés et dans la finition.

□ En général, (mais il existe de nombreuses exceptions) l'achat d'un piano *en provenance du continent asiatique* n'est pas une bonne opération. Le prix est sensiblement moins élevé que celui d'un piano occidental, mais l'acheteur n'est pas absolument certain de conserver son instrument intact durant des dizaines d'années du fait de la médiocrité des matériaux utilisés.

□ Par contre, en achetant *des pianos provenant des pays de l'Est* (par exemple les pianos tchèques, Petrof, ou le Zimmermann de l'Allemagne de l'Est), il est possible de réaliser une excellente affaire. Il est intéressant de savoir que les pianos provenant d'Allemagne de l'Est n'ont pas subi l'inflation de ces dernières années, et ainsi, si la différence de prix entre un piano provenant de l'Est et un piano occidental, d'une bonne marque, n'était que de un à trois mille francs il y a dix ans; aujourd'hui, la différence de prix entre ces deux pianos peut être dans le rapport de un à deux. Il est donc encore fort intéressant, actuellement, de se tourner vers le marché des pianos de l'Est; d'autant plus qu'il est vraisemblable que leurs prix seront prochainement ajustés sur les prix occidentaux.

□ Notons que *le nom d'un piano ne préjuge en rien de son origine*... Certains pianos au nom bien français sont fabriqués en Corée et les grandes marques françaises sont presque toutes fabriquées en Allemagne. Il n'existe, pour le moment, qu'une seule marque de piano fabriquée en France : Rameau.

■ **Le prestige de la marque, le service après vente, les garanties**. Le prestige de la marque intervient également dans le prix du piano. Une marque internationale possède un gros budget publicitaire, doit entretenir un personnel commercial et technique nombreux et compétent, doit avoir des locaux de prestige : tout cela se répercute sur le prix du piano. Par contre l'acheteur d'un piano de grande marque est assuré que son piano a subi toutes les vérifications avant de quitter l'usine, que le réglage a été fignolé et qu'au moindre problème, il pourra obtenir l'intervention rapide d'un technicien compétent. La mise en service, et le service après vente des pianos de grandes marques sont généralement absolument parfaits. De plus, il est important de noter, que les grandes marques accordent une garantie de longue durée sur leurs pianos. Cette garantie couvre tous les défauts du piano durant une période qui peut atteindre dix ans*.

■ **La qualité des matériaux utilisés** : dernier point dont il faut tenir compte. Le piano, nous l'avons vu, est constitué, grosso modo, d'un meuble (la caisse), d'un clavier, d'une table d'harmonie, d'un sommier, d'un cadre, de cordes et d'une mécanique. Chacune de ces parties peut être construite avec plus ou moins de finition, et composée de matériaux d'une plus ou moins grande qualité.

Il nous semble intéressant de décrire, rapidement, du point de vue du coût, les principaux constituants d'un piano.

Jadis également objet de décoration (que l'on songe aux merveilleux pianos ou clavecins de la Renaissance, ou encore aux pianos buffets de nos grands-parents!), le piano est aujourd'hui un meuble fonctionnel.

□ Malgré tout, les matériaux utilisés pour fabriquer *la caisse* peuvent, déjà, expliquer une différence de prix. Ces matériaux vont de l'aggloméré aux bois les plus nobles (acajou, cerisier, etc...). Il est à noter que le matériau de la caisse n'intervient pour ainsi dire pas dans les qualités sonores de l'instrument.

□ *Le clavier* est fabriqué en bois (tilleul ou sapin) et recouvert d'une pellicule de plastique. Jadis le clavier était recouvert d'ivoire et les touches noires étaient fabriquées en ébène. Pour certains pianos «haut de gamme» il est encore loisible d'obtenir (moyennant un généreux supplément) un clavier en ivoire.

□ *La table d'harmonie* est l'âme du piano : il est donc indispensable de lui consacrer le maximum de soins. Une bonne table d'harmonie est constituée en sapin, bois qui possède de

* Au sujet de la garantie il est important de noter que les pièces sont peu onéreuses... Une garantie de qualité doit donc comprendre également la main-d'œuvre.

hautes qualités sonores. On n'utilise pas n'importe quel sapin, mais des sapins provenant de régions très sèches. De plus, le bois n'est pas simplement débité mais il est soumis à un régime très sévère (mise à l'air libre, à l'épreuve des intempéries, durant cinq ans). Il est facile, en utilisant un bois de moins bonne qualité, en ne le mettant pas aussi longtemps à l'épreuve du temps, de réaliser de substantielles économies....

□ *Le sommier* qui supporte les chevilles autour desquelles sont enroulées les cordes est, lui aussi, composé de bois. Les grands facteurs utilisent généralement plusieurs variétés de bois pour sa confection.

□ *Le cadre métallique*, qui doit soutenir une tension de plusieurs tonnes, n'admet pas la médiocrité, aussi il est préférable de le soumettre durant un certain temps aux variations climatiques avant de l'utiliser. Le cadre doit être ajusté à la table d'harmonie. Celle-ci étant fabriquée en bois, matière vivante, il est nécessaire de suivre le comportement de celle-ci, et d'ajuster, éventuellement, la répartition de la charge, en fonction du comportement du bois. Ce travail est long et précis : il est facile de «brûler» certaines étapes. Le résultat n'apparaîtra éventuellement qu'après plusieurs années d'utilisation... mais l'acheteur sera, peut-être, séduit par le prix !

□ *La mécanique*, dit E. Leipp, c'est le piano. C'est, en effet, une des pièces maîtresses du piano : c'est elle qui transmet l'impulsion de la touche à la corde vibrante. Une mécanique précise est donc indispensable. La mécanique s'adapte sur le piano déjà achevé et il existe, ainsi, des fabriquants spécialisés. La meilleure mécanique sur le marché actuel (elle équipe la plupart des pianos occidentaux) est la mécanique Renner, fabriquée à Stuttgart. Renner fabrique ses mécaniques suivant les plans de chaque constructeur ; et, pour certaines marques, il est possible d'obtenir la mécanique Renner en option. En consultant les catalogues des constructeurs, le lecteur peut rencontrer les spécifications suivantes se rapportant à la mécanique :

— *Renner* (voir plus haut) ;

— *B.P.A. (British piano action)* : mécanique d'excellente qualité (bien que certaines pièces soient en plastique) ; elle

équipe les pianos Knight;
— *Schwander-Herburger-Langer* : cette mécanique équipe les pianos anglais, hollandais et les pianos Rameau (seule marque française à l'heure actuelle).
— *Flemming-Piannic* (R.D.A.) : elle équipe, entre autres, les pianos Zimmermann, Bluthner, etc...

Ce sont les mécaniques les plus usitées. Notons que Kawai et Yamaha possèdent des mécaniques propres (d'excellente qualité), ce qui est également le cas pour les modèles de l'Est ou asiatiques. Ces dernières mécaniques, montées rapidement, peuvent quelquefois poser des ennuis mineurs.

Nous ne décrirons pas davantage les pièces d'un piano : le lecteur sait déjà que le prix d'un piano est conditionné par la qualité des matériaux utilisés et par la précision du placement et du réglage des pièces. Ce sont des qualités qui échappent à la première analyse (rien qui ressemble davantage à un piano qu'un autre piano...) mais dont l'acheteur appréciera le prix (aux deux sens du terme) au cours des ans.

A titre d'illustration, notons pour terminer, que la firme Bösendorfer consacre soixante-deux semaines pour faire un piano et qu'elle utilise 250 artisans pour construire 750 pianos par an. Des chiffres (!) qui font rêver...

La préparation d'un piano neuf

Si vous achetez un piano neuf le marchand vous demandera quelques jours pour le préparer. Cette préparation comporte non seulement un dernier «check-up» du piano mais aussi quelques réglages. Ceux-ci consistent en trois opérations :
— accordage,
— harmonisation,
— réglage du poids d'enfoncement du clavier.

Le lecteur trouvera une brève étude consacrée à l'accordage et à l'harmonisation aux pages 39 et 47.

■ **La force nécessaire pour l'enfoncement du clavier** peut être réglée en fonction de la demande de l'acheteur. Habituellement ce travail n'est pas effectué pour les pianos droits mais seulement pour les pianos à queue.

Ce réglage consiste à enlever ou à ajouter des poids de plomb à l'intérieur des touches du piano. La plupart des pianos actuels nécessitent une force d'environ 60 grammes et nous ne conseillons pas à l'acheteur de faire modifier celle-ci : l'apprentissage sur un clavier mou rend les muscles paresseux ! S'il a l'habitude d'utiliser un piano ancien, il trouvera peut-être que l'enfoncement est dur, mais c'est excellent pour le travail des doigts....

■ L'harmonisation

Si vous essayez plusieurs pianos chez un même marchand (c'est-à-dire dans des conditions acoustiques identiques) vous vous rendrez facilement compte que tous les instruments n'ont pas le même timbre : certains sont « brillants », d'autres sont « sourds », d'autres, encore, ont un timbre plus « métallique ». Cette différence de coloration (le timbre) provient d'une texture différente du marteau.

Si vous achetez un piano neuf le marchand vous demandera quel timbre vous désirez, ou encore quel timbre conviendra le mieux aux conditions acoustiques de la pièce qui recevra l'instrument.

Si vous achetez un piano d'occasion il est, également, possible de modifier son timbre.

Après quelques années d'utilisation, si vous voulez conserver à l'instrument toutes ses qualités, vous devrez également procéder à une harmonisation.

L'harmonisation et l'accord sont les deux opérations d'entretien les plus importantes pour conserver à l'instrument ses qualités. Il est donc important de savoir en quoi consistent ces opérations.

La technique d'harmonisation est assez simple mais demande beaucoup de doigté ; elle ne devra donc être effectuée que par un spécialiste.

Le marteau qui frappe les cordes du piano est recouvert de feutre. Il est possible de modifier la forme et la texture de ce feutre. La modification de la forme interviendra si le marteau est usé, ancien. De plus, en lui donnant une forme plus pointue, on détermine un son très clair, par contre s'il est arrondi le son sera plus trouble.

Si on désire une sonorité claire on rendra le marteau plus

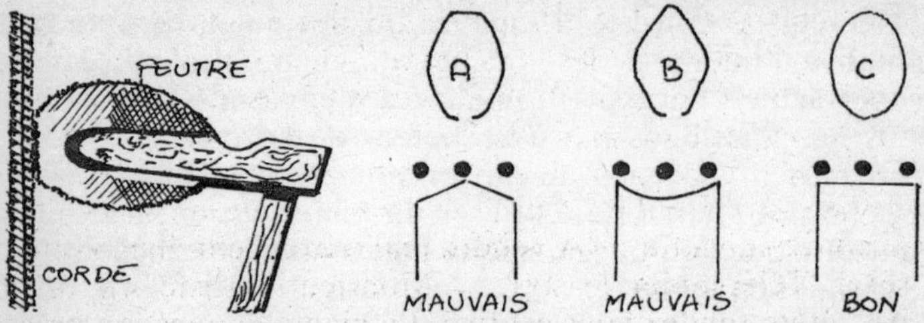

dur (fer chaud) tandis que si on désire un son plus faible, plus feutré, on piquera le feutre en divers endroits (c'est là qu'intervient le savoir faire du spécialiste).

Comme il est nécessaire d'obtenir le même timbre pour chaque note le travail portera sur chaque marteau. Dans un ancien piano, où certains marteaux seront plus usés que d'autres, le travail d'harmonisation sera complété par un travail d'égalisation des marteaux.

Les marteaux qui sont durs, pointus donnent un timbre métallique à l'instrument. Il faudra donc les poncer, les arrondir et les piquer.

Notons que l'harmonisation n'est jamais définitive et qu'en principe il faudrait harmoniser un piano tous les deux ans (les pianos de concert sont harmonisés mensuellement).

Regardez bien l'état des marteaux si vous achetez un piano d'occasion. Leur usure indique l'âge et le soin apporté à l'instrument…

L'achat d'un piano d'occasion

Vous avez décidé de vous offrir un piano d'occasion : bravo ! Les petites annonces vous tentent et naturellement vous espérez la « bonne affaire »… c'est possible, mais soyez prudents et ne faites pas comme Monsieur Artiste dont voici l'histoire.

Les enfants de Monsieur Artiste fréquentent depuis plusieurs mois l'Académie de Musique et montrent de réelles dispositions ; aussi leur père décide de leur offrir un piano. Amateur des « bonnes affaires », il préfère, plutôt que de s'adresser à un marchand, trouver son piano par le système des petites annonces. Les premiers contacts le déçoivent : il espérait trouver l'occasion pour quelques milliers de francs et tout ce qu'on lui propose dépasse de loin les 5 à 6.000 francs, le maximum qu'il s'était fixé. Bien sûr il a aussi vu des pianos moins chers mais la couleur ne lui plaisait pas et souvent les appliques (bougeoirs ou lampes électriques) étaient absentes... Et voilà qu'il lit dans son quotidien la petite annonce suivante : « A vendre piano excellent état, ayant peu servi. Téléphoner le soir... » Monsieur Artiste n'y manque pas, et un rendez-vous est fixé. Le piano en question présente bien, beau meuble joliment sculpté, il sonne un peu faux mais Monsieur Artiste, qui ne connaît rien à la musique, s'en soucie peu. Naturellement, après avoir tapoté sur quelques touches, il demande à examiner l'intérieur : tout semble correct. L'intérieur est même raffiné : tout en bois.Le bois, dont il connaît la noblesse, lui semble assurément supérieur à tous les matériaux modernes. Il achète donc, pour une somme qui lui semble raisonnable, le piano de ses rêves.

Malheureusement le rêve devient vite cauchemar... Il manque certaines cordes, d'autres doivent être remplacées, ce qui est fait : la musique impose bien des sacrifices. Malheureusement, peu de jours après le passage de l'accordeur (tiens pourquoi souriait-il en écoutant le récit de l'achat?), les sons semblent moins harmonieux et certaines notes sonnent franchement faux. On le fait revenir et il est bien obligé d'annoncer que le cadre est en bois... que le bois a travaillé... que les chevilles tournent fou... etc. La belle occasion se révèle une catastrophe !

■ Savoir bien acheter le piano d'occasion

□ Si vous désirez acheter un piano d'occasion, non pas chez un commerçant (qui vous offrira une garantie et ne vous vendra pas un piano inutilisable), mais par la voie des petites annonces, il est important de *pouvoir apprécier ses qualités.* Bien entendu nous n'aborderons pas les problèmes spécifiques du piano à queue... luxe inutile pour un débutant. De toutes façons méfiez-vous des « trop bonnes affaires », et demandez toujours à un expert de vous accompagner.

□ Si vous achetez votre piano chez un marchand, *exigez une garantie,* et ne faites confiance qu'à ceux qui garantissent le piano pour un minimum de deux ans.

☐ Vous trouverez sur le marché de l'occasion énormément de *pianos anglais*. Il y a à cela une raison fort simple. Il y a quelques années, les académies de musique de Grande-Bretagne ont été invitées, par une loi, à changer leurs pianos usagés contre des pianos neufs. Ainsi 40.000 pianos d'occasion (dont certains ne valaient plus rien...) se sont retrouvés dans les caves et les greniers... jusqu'à ce que certains marchands s'avisent qu'il y avait là un magnifique marché à prendre. Ils rachètent, pour quelques livres le piano, lui font traverser la Manche et le revendent au prix fort en France. Parmi ces pianos il existe d'excellentes pièces, mais, malheureusement, la plupart d'entre eux sont vendus en Europe parce qu'ils n'ont pu l'être en Angleterre. En présence d'une occasion anglaise il faut donc être doublement prudent.

☐ *Les principales qualités à exiger d'un piano d'occasion* sont les suivantes :

— cadre métallique,
— cordes croisées,
— mécanique normale,
— marque et modèles connus,
— prix intéressant.

☐ Il est intéressant de savoir que si votre piano d'occasion correspond au tableau décrit ci-dessus (marque connue, cadre métallique, etc...) *vous pouvez le remettre absolument à neuf...* mais pas sans frais. Si c'est votre intention, exigez toujours un devis complet, avant de vous lancer dans une réparation qui pourrait vous coûter plus cher qu'un piano neuf (ici, encore, l'expert peut vous rendre de grands services!). En comptant l'heure du réparateur à 70 frs (prix très moyen) et en calculant qu'il faut entre 5 et 30 heures pour un réglage (pièces non comprises), qu'un remplacement du clavier vous coûtera environ 1000 frs, que le montage de nouvelles cordes peut revenir à 2000 frs, etc... vous pouvez imaginer le prix de certains réglages et réparations.

☐ Vous avez donc tout intérêt à *comparer le prix que vous coûtera réellement le piano d'occasion et celui du piano neuf*. Tenez compte de ce que, pour un piano neuf, vous obtiendrez souvent une réduction (par exemple sous forme de la gratuité du siège), que le transport est, le plus souvent, gratuit et que les premières partitions (on appelle ainsi l'action d'accorder un piano) sont, elles aussi, gratuites. Pour un piano d'occasion les frais de transport sont souvent à votre charge. De plus, si vous achetez votre piano chez un particulier, vous devrez compter quelques milliers de francs de restauration ou de réparation. Le calcul mérite donc d'être fait minutieusement avant de s'embarquer dans l'occasion.

Pour ceux qui hésitent, entre le neuf et l'occasion, il existe une troisième possibilité : la location avec option d'achat, nous en discuterons plus loin.

■ Quelques trucs utiles pour reconnaître l'état d'un piano droit

N'hésitez jamais à démonter un piano d'occasion : son anatomie interne peut vous apprendre bien des choses sur son état. Nous vous proposons de procéder par étapes, de manière à ne rien oublier de fondamental (rappelons, une fois encore, que l'expert en saura toujours plus que vous...).

□ *Aspect extérieur :* si vous estimez que des travaux de restauration sont nécessaires, il faut en faire évaluer approximativement le coût (qui peut dépasser le prix de l'achat !).

□ *Soulevez le couvercle du clavier et jouez chaque note séparément :*

— le revêtement des touches est-il intact ?

— toutes les touches ont-elles le même enfoncement ?

— existe-t-il des touches muettes ou des touches bloquées ?

Ces vices ne sont pas rédhibitoires mais vont vous occasionner des frais.

□ *Les pédales :* les deux pédales doivent fonctionner, et sans bruit. Jouez trois notes, au hasard, sans utiliser la pédale ; jouez ensuite ces mêmes notes en utilisant la pédale de droite : le son doit être prolongé ; enfoncez, ensuite, la pédale de gauche : le son doit être assourdi. Si ce n'est pas le cas, il peut y avoir un problème majeur au niveau de la mécanique. Prenez conseil auprès d'un spécialiste.

□ *Rabattez la planche inférieure du piano, vous avez accès au cadre et aux cordes :*

— regardez l'intérieur du piano : poussière (séculaire ?), présence de crottes d'animaux (ce qui arrive dans certains pianos entreposés longuement dans des caves ; c'est plutôt de mauvais pronostic) ;

— regardez si certaines cordes tranchent par leur couleur (cela indique que le piano a déjà été restauré et peut, éventuellement, être un signe favorable) ;
— regardez si toutes les cordes sont présentes (celles-ci sont au nombre d'environ 220).

☐ *Soulevez le couvercle du piano et rabattez la planche supérieure, vous avez accès à la mécanique :*
— si on vous vend un piano « presque neuf, qui n'a jamais été utilisé » vous pouvez avoir une idée de l'honnêteté du vendeur en regardant les marteaux. Si le piano a été beaucoup utilisé, le feutre des marteaux présente la trace des cordes ;
— regardez si aucune pièce n'est fendue...

Le reste (qui demande l'utilisation d'une clé et de l'expérience) est affaire de spécialiste.

Ce rapide check-up peut déjà vous épargner certaines déceptions ultérieures...

La location d'un piano

Il existe deux formules de location :
— la location simple (ou location bail)
— la location avec option d'achat.

■ La première formule consiste simplement à **louer un piano.** La plupart des contrats prévoient un minimum de trois mois. Dans cette formule le transport du piano est à votre charge. Si vous n'habitez pas un rez-de-chaussée, le transport peut coûter assez cher : renseignez-vous d'abord.

Les pianos loués sont d'anciens pianos dont la qualité est souvent médiocre. C'est une formule à essayer si, vraiment, vous estimez que le piano ne fera qu'un passage fugitif dans votre demeure...

■ La seconde formule consiste à **louer un piano avec option d'achat.** Il existe plusieurs types de contrats et il est indispensable de bien lire les clauses de ceux-ci dans leur totalité. La formule la plus honnête consiste en un contrat permettant la location pour un minimum de 6 à 12 mois avec possibilité d'achat à la fin de la période probatoire. En cas de non achat les primes restent acquises au vendeur et vous devrez payer simplement le transport. Il est bien entendu que le prix de location pour ces pianos sera sensiblement supérieur au prix demandé pour un piano d'occasion.

En règle générale, la location d'un piano n'est pas une excellente affaire. Au bout de deux à trois ans la location rembourse totalement un piano d'occasion et coûte 50 % du prix d'un piano neuf. C'est une solution qui peut vous coûter plus cher que l'emprunt (et le versement de mensualités) pour l'achat d'un instrument.

Un conseil : prenez le temps de faire vos calculs et ne vous laissez pas influencer par l'apparente modicité des mensualités : multipliez-les par 36 (trois ans) et ajoutez-y le prix du transport...

Où placer un piano ?

La place d'un piano dans un appartement (ou une maison) doit répondre à des exigences acoustiques et climatiques. Le piano, vous le savez, est composé pour plus de 80 % de bois ; c'est donc un instrument qui craint les variations climatiques (humidité, chaleur, courants d'air). Il faudra en tenir compte.

Le piano vibre, les ondes sonores se déplacent, vont et viennent ; leur trajet dépend de la position du piano dans la pièce et de l'acoustique de celle-ci. Nous verrons comment en tenir compte.

■ Les exigences climatiques

On peut résumer celles-ci dans les cinq commandements ci-dessous :

1 — *Loin d'une source de chaleur* (à au moins 1,50 mètres d'un radiateur). Se méfier des endroits chauds (par exemple par suite d'une circulation d'eau chaude sous le sol ou derrière un mur...).

2 — *A l'abri des rayons solaires* (loin d'une verrière située plein sud).

3 — *Dans une pièce dont l'humidité oscille entre 50 et 65 %*

(l'achat d'un hygromètre n'est pas un luxe inutile... et commandera peut-être l'achat d'un humidificateur).
4 — *A l'abri des courants d'air* (qui amènent de l'air froid et humide).
5 — *A distance d'un point d'eau.*

■ Les exigences acoustiques

Elles peuvent se résumer dans les cinq commandements suivants :
1 — *Ne pas placer un piano droit contre un mur.*
2 — *Tenir compte de l'acoustique de la pièce* (un léger déplacement peut modifier considérablement le son).
3 — *Tenir compte des voisins* (éviter les endroits à trop grande réverbération, et, éventuellement, faire poser une sourdine)
4 — *Si l'acoustique est mauvaise, modifier l'emplacement des meubles.* Songer aux tentures et tapis...
5 — Si vous restez insatisfait, il est possible d'*harmoniser* (voir plus loin) *le piano en fonction de l'acoustique de votre pièce.*

Si vous respectez ces dix commandements, votre instrument vous sera fidèle de longues années. Les points 1 et 3 des commandements acoustiques méritent un mot d'explication.
□ *Il est peu conseillé de placer un piano contre un mur* pour deux raisons :
— cette disposition empêche, en effet, la circulation d'air, et y crée un microclimat qui peut être néfaste pour le bois (humidité, chaleur et même... termites ; celles-ci sont beaucoup plus fréquentes qu'on ne l'imagine, même dans le bassin parisien !) d'une part ;
— d'autre part, dans un piano droit, c'est la partie arrière qui vibre, et ainsi il est indispensable de laisser un espace entre le piano et le mur. Notons au passage que, si vous désirez obtenir le maximum de sonorité de votre instrument (par exemple pour un récital), il faudra diriger le dos du piano vers le public. C'est là, également, qu'il faut placer les micros.

Notons encore, pour terminer, que les pianos récents n'auront jamais la sonorité romantique des pianos anciens, car ils sont beaucoup plus lourds et l'ensemble du meuble ne résonne pas, comme c'était le cas dans les anciens pianos.

□ Si vous habitez un immeuble moderne, *vous devrez peut-être poser une sourdine à votre piano.* C'est une opération simple qui peut être exécutée sur n'importe quel piano neuf (coût entre 400 et 500 francs). La sourdine est simplement une épaisseur de feutre (plus l'épaisseur est importante, plus le piano est sourd) qui vient se placer entre les cordes et les marteaux. Cette barre de feutre est déplacée, suivant les besoins, par une manette placée sous le clavier*. La sourdine possède un double avantage :
— elle vous permet de jouer à toutes heures sans perturber le repos de votre famille, et de vos voisins,
— elle prolonge la vie des marteaux.

L'entretien du piano

Un piano vit. L'énorme traction des cordes, les variations climatiques, le jeu du pianiste vont provoquer des modifications de tension. Il est donc indispensable (si on désire conserver un instrument juste) de le faire régulièrement accorder. Il est également indispensable de le dépoussiérer, de l'harmoniser, etc... Les principales opérations de l'entretien sont reprises ci-dessous :
— accordage tous les six mois,
— nettoyage du clavier,
— nettoyage du meuble,
— nettoyage général,
— harmonisation (suivant besoins).

■ L'accordage du piano

□ *C'est une affaire de spécialiste.* Cette opération consiste à rendre une certaine justesse à l'instrument. Je dis une «certaine justesse» car la justesse véritable est impossible, pour plusieurs raisons :
— il est impossible, avec seulement douze notes par gamme,

* Sur certains pianos la sourdine est enclenchée par la pédale du milieu ou encore par une manette placée à l'extrémité du clavier.

de créer des intervalles entièrement justes. On doit donc toujours privilégier l'octave et «tricher» avec les quintes et les tierces (cette impossibilité physique d'obtenir un son juste sur un piano a fait dire à Raymond Queneau que le Bon Dieu n'aime pas le piano...)

— l'oreille est surtout sensible dans le médium du piano, et préférera des basses et des aiguës légèrement modifiées.

□ L'accordeur de piano, qui connaît bien son métier, tient compte, pour accorder l'instrument, non seulement des paramètres physiques, mais aussi *des caractéristiques physiologiques de l'oreille*. Il est donc préférable d'être en «communion acoustique» avec lui. On a voulu remplacer l'accordeur par une machine qui donne pour chaque note la fréquence exacte : le résultat en a été désastreux...

□ Il est indispensable de faire accorder son instrument au moins tous les 6 mois.

□ Aussi curieux que cela puisse paraître, *un piano ancien* (à moins d'être abîmé) *tiendra mieux l'accord qu'un piano neuf*. Il ne faudra pas s'étonner si un piano auquel on vient d'effectuer des réparations (par exemple changer des cordes) tient mal l'accord : il doit se stabiliser. C'est également la raison pour laquelle on attend quelques mois après un déménagement pour procéder à l'accordage. Il vaut mieux, également, attendre la pleine saison (été ou hiver) pour accorder l'instrument : en effet, il aura eu le temps de se stabiliser aux nouvelles conditions climatiques (chauffage, fenêtres ouvertes, etc...)

□ Notons, encore, que *l'accordeur commence* par faire ce qu'il appelle la partition* (c'est-à-dire le partage) d'une octave, et c'est en fonction de celle-ci qu'il va accorder le reste de l'instrument. Chacune des 200 cordes devra être accordée : c'est donc un travail considérable.

* Le lecteur intéressé par l'accord du piano et les différentes techniques utilisées (et qui sait?... qui désire accorder son instrument lui-même) lira avec profit l'ouvrage de S. Charrin, *la clé des sons ou comment accorder son piano*. Paru au Centre National de Documentation Pédagogique. Il lira également le compte rendu de la conférence de S. Cordier *(L'accordage des instruments à clavier)* paru dans les cahiers du Groupe d'Acoustique Musicale de l'Université Paris VI (1974). L'auteur y décrit une nouvelle méthode d'accordage qui «triche» non plus avec les quintes mais avec l'octave.

□ Pour répondre à une question fréquente, signalons que point n'est besoin d'une oreille parfaite pour être accordeur de piano. Il suffit (!) de n'être pas sourd et de *pouvoir entendre les battements engendrés par deux sons de fréquence très proche*. Rappelons qu'on appelle battements « une fluctuation périodique de l'intensité sonore, perçue comme une série d'accents régulièrement espacés, qui, selon la rapidité de leur succession, donnent une impression de roulement, d'ondulation ou de frottement. » (S. Charrin).

Le métier d'accordeur peut donc s'apprendre, mais un bon accordeur possède autre chose que le métier : l'amour de son travail !

■ **Le nettoyage du clavier** se fera régulièrement avec un chiffon légèrement humide. Le meilleur moyen de préserver son clavier et d'empêcher la poussière de pénétrer est encore tout simplement... de refermer le couvercle.

■ **Le nettoyage général** devra être effectué par un spécialiste. Il se fera habituellement au cours d'un accordage.

■ **L'harmonisation** (voir chapitre : préparation d'un piano neuf) se fera environ tous les deux ans.

■ **Le nettoyage du meuble** se pratiquera suivant les indications du vendeur et dépendra du traitement du bois (vernis, laqué, etc...)

■ Nous terminons cette énumération par **quelques petits conseils utiles** (que nous avons trouvés dans l'ouvrage de J. Pessard ; biblio. 43)

□ *Si votre piano est entreposé dans une pièce humide* et que les marteaux « paresseux » ne reviennent pas bien, laissez une lampe balladeuse (25 watts) durant une nuit à l'intérieur du piano, couvercle refermé. La chaleur dégagée supprimera la cause du problème : l'humidité.

□ *Si en frappant certaines notes vous obtenez des vibrations parasites*, recherchez-en d'abord la cause (il s'agit souvent d'un objet posé sur le piano ou non loin de celui-ci qui résonne par sympathie ; notons, ici, le danger des vases sur

les pianos...) : si vous ne la trouvez pas, elle provient sans doute d'un problème mécanique.
□ Surtout *ne tentez jamais de graisser cordes, chevilles, etc...* : vous seriez obligé, au minimum, de remplacer toutes les cordes ! Ce que vous pouvez faire se résume à ceci :
— mettre un peu de talc sur les feutres,
— utiliser de la paraffine pour les bâtons de pédale à l'endroit de frottement bois contre bois ;
— mettre une goutte d'huile sur les axes de pédales (fer contre fer).

Pour répondre aux questions souvent posées....

Cadre métallique, cordes croisées

Cette formule vous l'entendrez souvent et peut-être vous arrivera-t-il, téléphonant en réponse à une annonce, d'interroger l'interlocuteur sur la structure du cadre et la disposition des cordes, sans trop bien savoir de quoi il s'agit...

■ **Le cadre d'un piano** (pour les détails voir le chapitre consacré à la facture du piano) est en quelque sorte son châssis. Dans un piano droit il tient l'ensemble de l'instrument de haut en bas et supporte la traction des cordes.
□ *Jusqu'en 1825, il était toujours en bois* et, dès lors, se déformait rapidement rendant ainsi, l'accordage impossible.
□ *Actuellement, il est toujours en métal fondu* d'une seule pièce. Le « châssis » ne se déforme donc plus, l'accord tient et il supporte des cordes plus épaisses à forte tension (20 000 kg)*
□ *Un piano dont le cadre est en bois* (totalement ou partiellement) est donc toujours un très vieux piano dont l'accord ne tiendra pas, et son achat se révélera toujours une mauvaise opération financière.

* Un piano moderne est composé de plus de 200 cordes, chacune a une traction de 85 kg... au total, le cadre doit supporter une traction de près de 20 tonnes !

■ **Les cordes**
□ Les premiers pianos avaient toujours (comme la harpe) des *cordes parallèles*. Les dimensions du piano étaient, dès lors, impressionnantes. Les premiers pianos à cadre métallique avaient encore des cordes parallèles.
□ Ensuite, on se rendit compte qu'on pouvait diminuer les dimensions du piano (sans modifier sa sonorité) *en croisant les cordes graves et aiguës*. Depuis le début du siècle tous les pianos ont des cordes croisées et un cadre métallique.

Dimension et nombre des cordes

Il n'est pas seulement utile de demander à voir le haut du piano... un coup d'œil sur la partie inférieure est souvent révélateur. Rien ne vous empêche de compter les cordes, ni d'examiner si certaines sont récemment posées (la couleur en est différente).
□ *Le diamètre des cordes est variable suivant le son désiré.* Les cordes les plus fines (= cordes blanches) émettent les sons aigus. Aujourd'hui elles sont toutes en fonte d'acier, mais on a utilisé autrefois le laiton, le cuivre et même le fer forgé. Les sons graves sont émis par des cordes plus grosses (cordes filées) du fait d'un double enroulement de fer et de cuivre autour des cordes d'acier.
□ *Certaines notes ne nécessitent qu'une corde, d'autres en demandent deux ou trois.* Actuellement les cordes blanches sont toujours au nombre de trois tandis que les cordes filées sont monocordes, doubles ou triples. Les cordes sont fixées en haut et en bas. Les meilleurs pianos ont un montage par cordes séparées. Au total un piano récent est composé de 60 notes de trois cordes, 16 notes de 2 cordes et 12 notes à 1 corde ; soit un total de 224 cordes.

Le bois et le timbre

L'aspect extérieur du piano n'intervient généralement pas dans les critères de qualité. Le bois du meuble, en particulier n'a pas d'influence sur les qualités sonores d'un piano droit.

Remarquons que ceci n'est pas toujours vrai pour les pianos à queue; ainsi, dans la fabrication des pianos Bösendorfer le même bois sert à la fabrication de la table d'harmonie et de la ceinture. Ceci fait que la ceinture résonne solidairement avec la table d'harmonie. Mais il s'agit là du meilleur piano au monde! Depuis 1981, la firme Bösendorfer fabrique également un piano droit d'une facture aussi raffinée mais son prix le rend accessible seulement aux professionnels fortunés!

□ *Le timbre d'un instrument dépend de nombreux paramètres* : comme l'acoustique de la pièce, sa position, la reverbération des sons sur les murs, etc...

□ *Le timbre du piano, instrument à cordes frappées, dépend également de la structure des marteaux.* Si vous frappez une corde avec un objet métallique ou un objet en caoutchouc le son obtenu ne sera pas identique. Il en est de même pour les marteaux : des marteaux durs donnent un son métallique, s'ils sont mous la sonorité sera plus feutrée, voire sourde. Il est possible donc, en changeant les marteaux ou en les travaillant, de modifier le timbre d'un piano, (c'est ce qu'on appelle l'harmonisation, voir le chapitre consacré à la préparation d'un piano neuf).

Piano d'étude

On entend souvent dire d'un instrument «c'est un excellent piano d'étude» : ceci pourrait laisser croire que les pianos d'étude sont spécialement construits à cet usage.

Il n'en est rien, et ce terme désigne simplement un piano dont les qualités mécaniques et sonores sont suffisantes pour l'étude, mais ne le sont pas pour l'exécution publique.

Si l'amateur se contentera généralement d'un petit piano droit pour l'étude, un musicien fortuné ou un grand maître préféreront un piano à queue... dans les deux cas, il s'agira d'un piano d'étude; cette appellation ne recouvre ainsi rien de particulier.

Les accessoires du piano

Les principaux accessoires du piano et du pianiste sont les suivants : le métronome, l'enregistreur et le tabouret.

■ Nous décrirons en détail **le métronome** dans un chapitre distinct (voir page 103).

■ **L'enregistreur**, qui permet au musicien en herbe de s'écouter, d'écouter les grands maîtres et d'exercer son oreille (il existe pour ce faire d'excellentes cassettes de solfège, préenregistrées) est un accessoire presque indispensable*. En lui-même il ne nécessite pas de description, mais il convient de signaler que pour obtenir un bon enregistrement il faut placer le micro derrière le piano droit : c'est là que la table d'harmonie a le plus d'ampleur.

■ **Le tabouret** est, lui aussi, un accessoire indispensable. En effet, le clavier d'un piano est trop haut pour qu'un adulte puisse utilement se contenter d'une chaise; ceci est vrai, a fortiori, pour un enfant. Aujourd'hui, il est assez difficile de trouver les tabourets ronds, à mécanisme, permettant de régler la hauteur : c'est bien dommage... Il ne faut pas, pour autant se rabattre sur une simple chaise : la banquette, spécialement étudiée pour le piano, est toujours plus haute que n'importe quelle chaise. Pour répondre à une question souvent posée : il n'y a pas de position clé, déterminée une fois pour toutes, pour se tenir devant un piano. Le seul impératif

* Dans son merveilleux ouvrage sur l'*Art du Piano*, H. Neuhaus écrit qu'il faudrait «faire sur magnétophone des enregistrements de leçons réelles de maîtres en vue de les multiplier, les distribuer dans les écoles musicales et conservatoires dans toutes les villes, comme on le fait pour les films. J'espère que l'idée prendra corps rapidement.» (42 - 139). Plus loin, il ajoute : «Les enregistrements reproduisent si merveilleusement la musique qu'il m'arrive de penser qu'un jour ils remplaceront le corps enseignant, les professeurs s'effaçant devant la bande sonore, que l'on peut à volonté écouter, arrêter ou faire répéter indéfiniment. Lorsqu'un jeune et talentueux pianiste apporte en classe le Deuxième Concerto de Rachmaninov, me demande des conseils, je lui dis : «Demande-les à Rachmaninov lui-même. Ecoute son enregistrement, écoute-le dix, vingt fois s'il le faut; ensuite je t'écouterai et pourrai te dire le profit que tu as su en tirer.» (42-227)

est de pouvoir solliciter convenablement les divers muscles ; ceci veut dire qu'il ne faut être ni crispé (ce qui empêche la souplesse musculaire) ni trop détendu (ce qui empêche les muscles de donner toute leur force).

Au piano, il vaut mieux être un peu trop haut qu'un peu trop bas.

DEUXIEME PARTIE

Solfège élémentaire

Faisons connaissance avec le clavier

Pour apprendre à trouver les touches sans les regarder, et afin que la lecture des notes ne semble pas trop difficile, on fera bien de jouer par cœur et dans l'obscurité ce qu'on a appris.

C. Ph.E. Bach

Avant d'aborder l'étude du solfège, il est intéressant de nous familiariser d'abord avec le clavier.

■ Le clavier de la plupart des pianos possède, actuellement, nous l'avons vu, **quatre-vingt huit touches** (certains pianos n'en ont que quatre vingt-cinq et les grands pianos à queue ont quelques touches supplémentaires). On voit immédiatement que le clavier est composé de **touches blanches** et de **touches noires**.

■ **L'unité logique d'un clavier est ce qu'on appelle l'octave**. Traditionnellement (en fait, depuis seulement quelques centaines d'années) on fait commencer l'octave* au son Do et celle-ci représente donc la succession des notes que tout le monde connaît : Do, Ré, Mi, Fa, Sol, La, Si. Quel que soit l'endroit du piano où l'on joue cette succession (nous verrons qu'en fait il s'agit d'une hiérarchie) de notes, l'oreille y reconnaît une parenté certaine : c'est pour cette raison que l'octave est la base de toutes les musiques européennes, et même non européennes.

L'octave sur un piano est représentée par des touches blanches (ce sont les notes de Do à Si) et par des touches noires (qui ne possèdent pas de nom propre).

* Les Grecs commencaient l'octave à la note Sol, qui était représentée dans leur écriture par la lettre gamma. Nous avons gardé de leur héritage les mots gamme et solfège.

■ **Les touches noires sont placées par groupes :** il existe des groupes contenant deux noires et des groupes contenant trois noires.

■ Ceci vu, il est très facile de **repérer l'octave :** le Do est la note qui se place immédiatement avant le groupe de deux notes noires. On compte sur la plupart des pianos sept octaves pleines et quelques notes supplémentaires. On distingue, généralement, sur un clavier *le grave, le médium* et *l'aigu* (voir schéma pages 58, 59).

■ **L'ensemble des sons** (du grave à l'aigu) **que l'on peut jouer sur un clavier porte le nom d'ambitus***. On dira donc que l'ambitus du piano est d'un peu plus de sept octaves.

■ A noter qu'**il ne faut pas confondre l'ambitus avec la tessiture.** Ce dernier mot désigne l'étendue des sons qui peuvent être joués sans difficultés. Ainsi, un chanteur se meut

* Le lecteur ne possédant pas un piano à domicile ou n'ayant qu'un très vague sentiment de ce qu'est un rythme, un tempo, etc... (la seule description est, en effet, insuffisante) bénéficiera pleinement de l'acquisition d'un petit synthétiseur : le Casio VL-tone. Nous avons découvert, par hasard, ce petit ordinateur musical (vendu quelques centaines de francs) au moment où nous relisions ce volume. Avec ce petit instrument beaucoup de notions deviennent plus claires...
Sans entrer dans les détails, signalons que ce synthétiseur dispose d'un clavier de 2 octaves et demi', d'une mémoire de 100 notes, de 10 générateurs de rythme, de plusieurs tempi et — ceci est remarquable — d'un générateur de timbres qui vous permet de fabriquer exactement le timbre désiré (plusieurs millions de possibilités!!!).

■ L'ambitus du piano

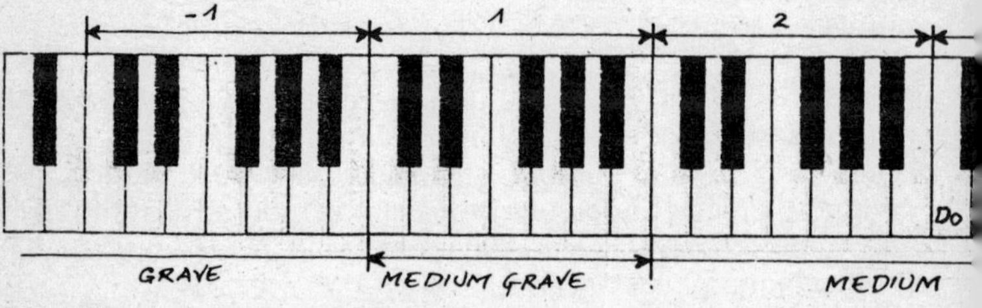

Le chiffre indique le numéro de l'octave : 1 = Ut $_1$; 2 = Ut $_2$; etc.

L'ambitus du piano porte donc sur un peu plus de sept octaves.

Le La surmonté du diapason est le La de référence (440 Hz), le La3

facilement dans une certaine étendue de sons (c'est la tessiture de sa voix) mais il peut également, dans certaines circonstances particulières, chanter des notes extrêmes (c'est l'ambitus de sa voix). En ce qui concerne le piano (instrument à sons fixes) ambitus et tessiture se confondent. Ceci n'est pas vrai pour d'autres instruments, comme par exemple la flûte, où la production de certains sons est très difficile.

■ Chaque touche du piano représente un son. **Un son est une onde vibrante dans l'air** (sans atmosphère pas de musique !). La nature grave ou aiguë d'un son est déterminée par la fréquence des vibrations de l'onde qu'il engendre. Disons simplement que les sons graves ont une fréquence de vibration lente tandis que les sons aigus ont une fréquence de vibration rapide. L'oreille est incapable d'entendre tous les sons qui nous entourent, et on considère qu'une oreille normale entend convenablement les sons dont la vibration s'étend de 16 à 16.000 cycles par secondes (ou Hertz). C'est le spectre sonore de la plupart des chaînes Hi-Fi. Le piano, par contre, a un ambitus moins large : la première note vibre à 27 Hz par seconde et la dernière à 4.000. Notons encore que l'oreille ne possède pas la même acuité pour l'ensemble du spectre sonore : elle est beaucoup plus sensible dans le médium et c'est la raison pour laquelle les œuvres musicales

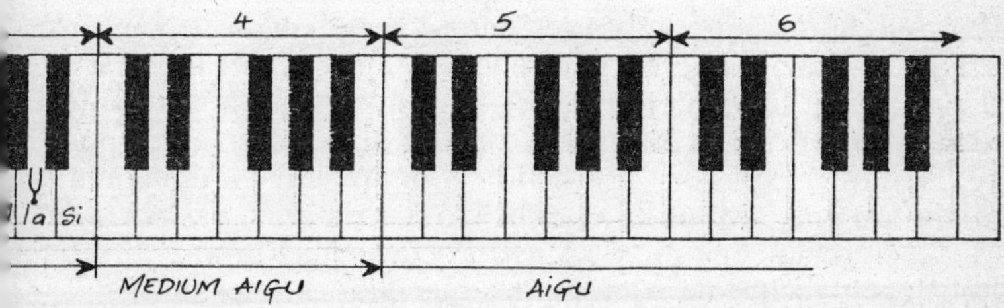

sont construites en prenant pour base le milieu du clavier.

Le tableau page 260 vous donne la fréquence théorique de chaque note du piano.

■ **L'octave de notre musique européenne est divisée par les sept notes de musique** (Do, Ré, Mi, Fa, Sol, La, Si) **en sept parties inégales.** Il faut bien remarquer, déjà maintenant, qu'il s'agit simplement d'une convention (devenue internationale) et que jadis (même en Europe) et aujourd'hui — dans d'autres cultures musicales, non européennes — l'octave peut être divisée de manière tout à fait différente*. De plus, la musique européenne traditionnelle ne connaît, comme plus petite différence entre deux sons, que le demi-ton.

Dans la musique européenne, la seule qui nous préoccupe dans cet ouvrage, la succession des notes de musique ne se fait pas de manière absolument régulière : deux notes le Mi et le Si se comportent de manière originale. Alors que la distance entre toutes les autres notes de musique est d'un ton, la distance entre le Mi et le Fa et entre le Si et le Do est seulement d'un demi-ton. Tout ceci apparaît clairement sur le clavier ci-après.

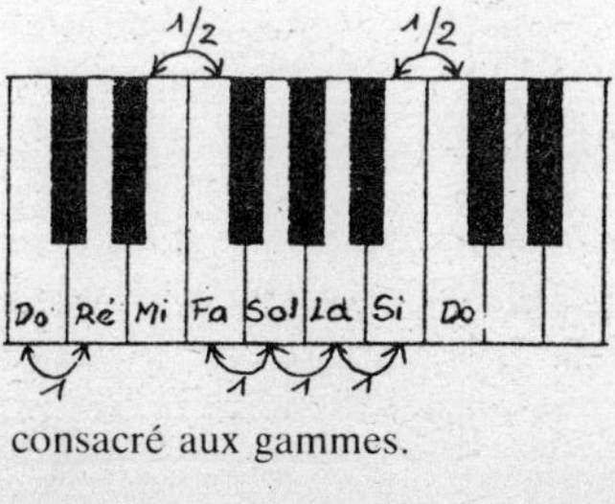

* Voir le chapitre consacré aux gammes.

De demi ton en demi ton…

Puisque la musique utilise les demi-tons et qu'on ne rencontre ceux-ci de manière «naturelle» qu'entre Mi et Fa et Si et Do il a fallu intercaler entre les tons entiers des notes qui les divisent en deux : ce sont les touches noires dont nous pouvons, enfin, expliquer la fonction. Comme il n'y a déjà qu'un demi-ton entre Mi et Fa et Si et Do il n'est donc pas possible d'y inclure un demi-ton. Ainsi, l'octave qui comprend sept touches blanches ne comprendra que cinq touches noires.

Au total l'octave est composée d'une succession de douze notes, c'est-à-dire de douze demi-tons : elle comprend donc six tons entiers.

■ Les dièses

Les touches noires, nous l'avons vu, ne portent pas de nom propre : elles empruntent leur nom aux notes adjacentes. Lorsqu'une note se trouve un demi-ton plus haut que la précédente on dira qu'elle est diésée et elle emprunte son nom à la note qui la précède. Ainsi, *si nous progressons du grave vers l'aigu* sur notre clavier, les notes noires rencontrées sont les suivantes :

☐ première note noire : *Do dièse*,
☐ seconde note noire : *Ré dièse*,
☐ troisième note noire : *Fa dièse*,
☐ quatrième note noire : *Sol dièse*,
☐ cinquième note noire : *La dièse*.
☐ Cependant, puisque Fa est seulement à distance d'un

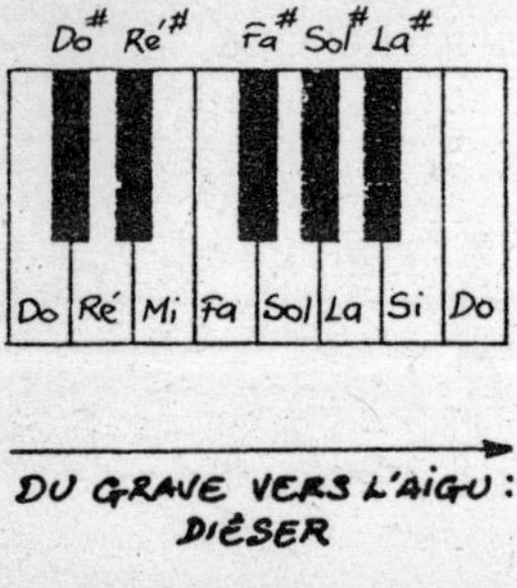

demi-ton de Mi on pourra également considérer que *Mi dièse* (soit Mi haussé d'un demi-ton) est représenté par Fa. Le même raisonnement tient pour *Si dièse* qui est le Do de l'octave suivante.

Chaque note peut ainsi être haussée d'un demi-ton mais elle ne possède pas de nom propre et emprunte son nom à la note qui la précède.

□ *La note diésée se représente par le signe #* qui précède toujours la note altérée.

■ Les bémols

En progressant par demi-ton du grave vers l'aigu nous haussons le son (on dit qu'il est diésé); si nous progressons, également par demi-ton, mais, cette fois, *de l'aigu vers le grave*, nous baissons le son (on dit qu'il est bémolisé). Les touches noires servent également à baisser le ton et, comme pour les dièses, les bémols n'ont pas de nom propre mais empruntent leur nom aux notes qui les précèdent.

Ainsi, les notes noires rencontrées seront dans l'ordre :

□ première note noire : *Si bémol,*
□ seconde note noire : *La bémol,*
□ troisième note noire : *Sol bémol,*
□ quatrième note noire : *Mi bémol,*
□ cinquième note noire : *Ré bémol.*

□ Le raisonnement que nous avons tenu pour les dièses est également valable pour les bémols, et ainsi le *Fa bémol* est le Mi naturel (un demi ton plus bas que le Fa), et le *Do bémol* est le Si naturel (un demi ton plus bas que Do).

□ *Une note bémolisée s'indique par le signe* ♭ devant la note.

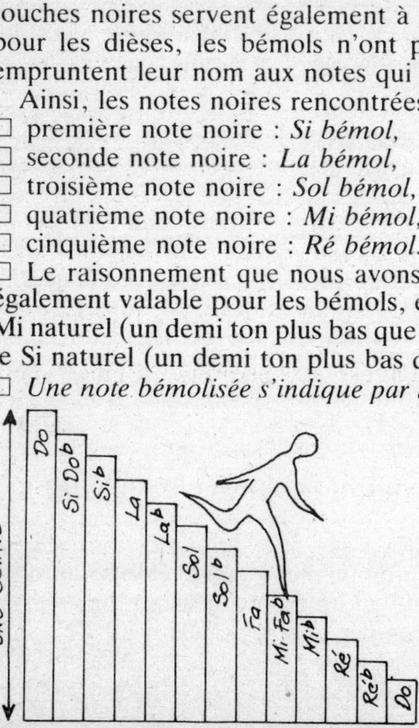

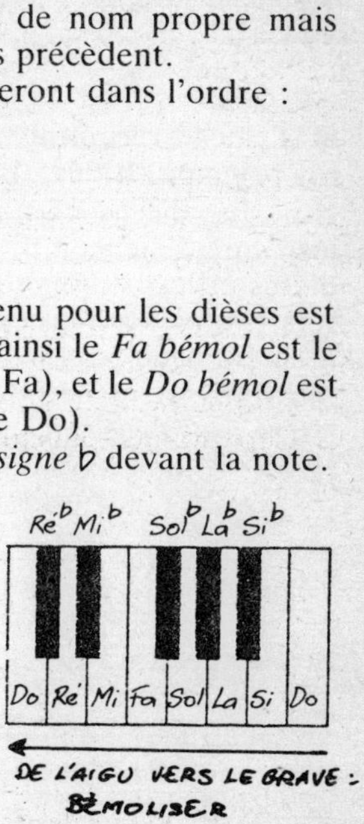

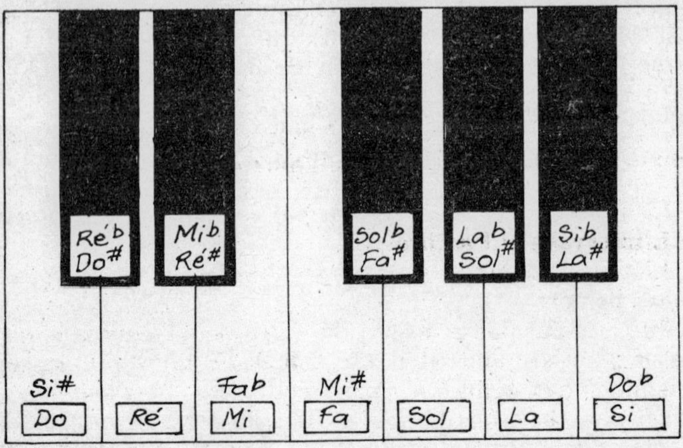

Le dièse hausse d'un demi-ton la note dont il emprunte le nom.
Le bémol baisse d'un demi-ton la note dont il emprunte le nom.

■ **Tableau récapitulatif des tons et demi-tons**
En principe, il devrait y avoir des touches noires différentes pour les dièses et pour les bémols, mais le piano est un instrument de compromis (on dit qu'il est tempéré) et les dièses et les bémols se confondent. Nous pouvons ainsi dresser le tableau d'ensemble, ci-après, où on constate qu'une même touche peut avoir deux noms différents. Nous verrons, plus tard, dans l'étude des gammes qu'il est nécessaire dans les règles d'écriture de conserver ces noms et qu'ils ne font pas — comme on l'entend quelquefois — double usage.

L'intervalle et l'accord, l'harmonie et la mélodie

Si au lieu de jouer les notes les unes après les autres vous jouez plusieurs notes simultanément vous réalisez ainsi ce qu'on appelle un intervalle ou un accord. Ces notions seront, bien entendu, développées par la suite, mais il est déjà bon de savoir que :

■ deux notes jouées l'une après l'autre ou simultanément constituent **un intervalle** ;

■ trois notes (ou davantage) jouées simultanément constituent **un accord**.
■ Ajoutons encore que, si vous jouez une succession de plusieurs notes, vous réalisez **une mélodie**,
■ par contre si vous jouez plusieurs notes dans un même temps ce que vous faites est de **l'harmonie***.

■ **L'intervalle et l'accord**
□ L'étude des *accords* fait ainsi partie de la science de l'harmonie.
□ Par contre *un intervalle peut être mélodique* (successions des deux notes dans le temps) *ou harmonique* (les deux notes sont jouées ensemble).

Vous jouez Do (1) puis Sol (2) : C'est un intervalle mélodique

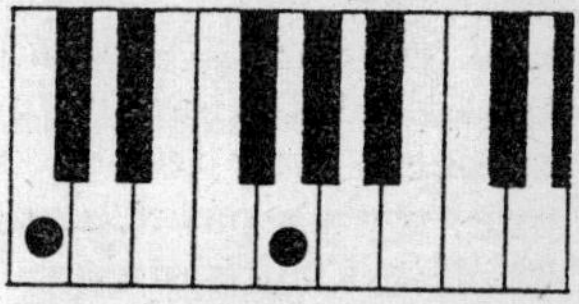

Vous jouez simultanément Do et Sol : c'est un intervalle harmonique

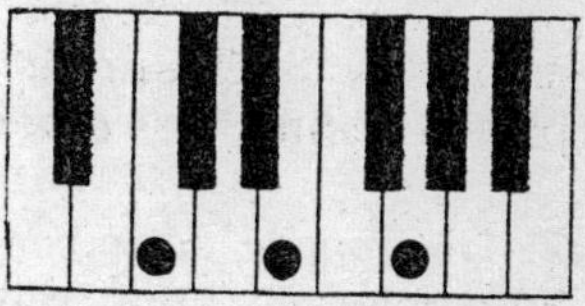

Si vous jouez simultanément Do, Mi et Sol, vous jouez un accord

□ Il est important de se rendre compte qu'*avec seulement deux notes on n'a jamais un accord mais seulement un inter-*

* Au Moyen-Age on utilisait un instrument de musique connu sous le nom d'armonie et qui permettait de faire entendre plusieurs sons à la fois. Notons que du point de vue terminologique mélodie provient du grec «mélos» qui signifie membre, tandis qu'harmonie provient de «harmos» qui signifie «jointure».

2 points d'appui = position instable = intervalle harmonique

3 points d'appui = position stable = accord

valle. Pour bien fixer les idées, reprenons notre petit bonhomme de tout à l'heure. Lorsqu'il gravit les marches il pose une jambe sur une note et la seconde jambe sur une autre note ; cependant, à tout moment, il peut chuter et tomber sur une troisième note : sa position est instable et elle est insuffisante pour caractériser un accord, qui est quelque chose de fixe. Par contre s'il prend appui avec une main sur une troisième note (ou encore appui avec chaque main sur une note) il n'y a pas de danger qu'il chute : sa position est stable et elle est suffisante pour caractériser un accord.

Notes conjointes et disjointes

■ **On appelle notes conjointes** les notes qui se suivent dans l'ordre habituel des sons : Do, Ré, Mi, Fa sont quatre notes conjointes.

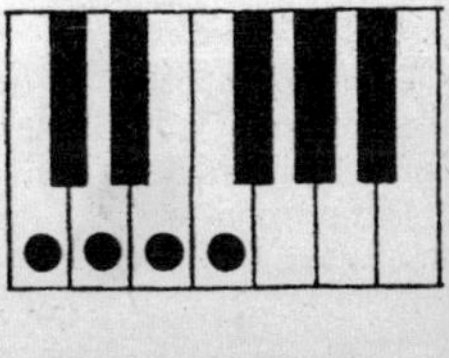

■ **On appelle notes disjointes** des notes qui ne se suivent pas dans l'ordre habituel des sons ; on peut placer entre ces notes d'autres notes de noms différents. Exemple : Do et Mi sont deux notes disjointes (on peut intercaler Ré entre elles).

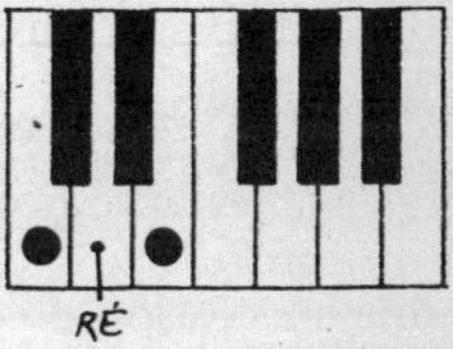

Les gammes et les modes

L'étude des gammes et des modes nécessite déjà une certaine connaissance de la grammaire musicale : nous réservons donc cette étude à la quatrième partie de ce volume. Néanmoins, il est déjà utile de bien distinguer ces deux termes et nous profitons de ce que vous soyez devant le clavier pour les éclaircir.

■ Jouez successivement sur un piano les notes suivantes : Do, Ré, Mi, Fa, Sol, La, Si, Do. Vous avez joué une gamme. **Une gamme est donc une succession de notes placées dans un ordre déterminé et s'étendant sur une octave.**

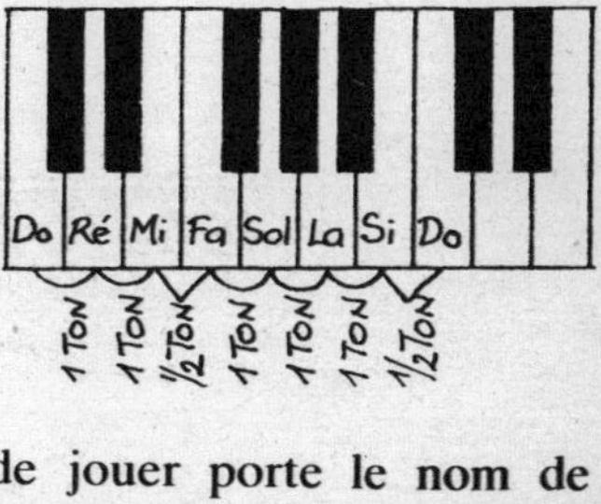

Gamme de Do majeur

□ La gamme que vous venez de jouer porte le nom de gamme de *Do majeur* parce que :
— la première note (nous verrons qu'elle porte le nom de tonique) est Do ;
— l'ordre dans lequel vous avez joué les notes comprend une succession déterminée de tons et de demi-tons. Cette succession détermine ce qu'on appelle *le mode majeur.*

■ **Le mode est donc l'architecture ou la manière de jouer une gamme.**

□ *Le mode mineur* ne place pas les demi-tons au même endroit que le mode majeur (l'architecture de la gamme est différente...) ; ainsi, si vous jouez les notes suivantes : La, Si, Do, Ré, Mi, Fa, Sol, La, la gamme que vous jouez porte le nom de gamme de *La mineur*, parce que :
— la première note (la tonique) est La ;
— l'ordre dans lequel vous avez joué la gamme comprend une succession dc tons et de demi-tons placés autrement que dans le mode majeur. Ce mode a reçu le nom de mineur.

Gamme de La mineur

Faisons connaissance avec les pédales

Le pianiste qui interprète une pièce musicale, vous avez sans doute déjà eu l'occasion de vous en rendre compte, joue non seulement avec ses mains mais également (compte non tenu du cerveau !) avec ses pieds. Ceux-ci appuient régulièrement sur l'une ou l'autre des deux (ou trois) pédales.

■ **La pédale d'extrême droite sert à maintenir les sons, en supprimant l'action des étouffoirs ;** c'est donc une pédale qui permet à la corde de vibrer plus longtemps, et le son sera plus long, plus « riche ».

■ **La pédale d'extrême gauche, au contraire, étouffe un peu les sons** en diminuant la course des marteaux qui frappent les cordes.

■ **Lorsqu'il existe une troisième pédale** (la pédale du milieu) celle-ci joue, habituellement, sur les pianos droits le rôle de **sourdine** ; c'est-à-dire qu'elle interpose entre les cordes et les marteaux une ou plusieurs épaisseurs de feutre ce qui rend le son plus sourd et permet à l'artiste en herbe de jouer en toute impunité les notes les plus fausses...

Pour habituer votre oreille à l'effet de la pédale, jouez plusieurs fois la succession des notes d'une octave sans toucher aux pédales, puis rejouez ces notes en maintenant d'abord la pédale de droite puis la pédale de gauche.

Ensuite, faites la même chose avec l'accord ci-après :

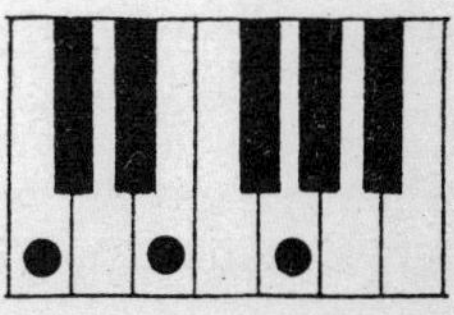

Quelques leçons pour bien lire la musique

Jusqu'à présent notre connaissance avec le clavier, les pédales et les notes n'a été que visuelle et auditive. Pour pénétrer, plus intimement, dans l'univers des sons, il est nécessaire de compléter cette première approche par une étude plus approfondie. Pour ce faire, une connaissance de base des règles d'écriture est absolument indispensable : ce sont ces règles que nous allons décrire en une série de leçons.

Leçon 1 : l'alphabet musical

Il vous est certainement déjà arrivé, fredonnant un air de musique et lui découvrant certaines qualités, de regretter de ne pouvoir le transcrire sur papier. Inversément, vous trouvant devant une partition musicale, vous avez pâli de n'y rien comprendre, faute de pouvoir lire la musique : l'écriture musicale vous est aussi étrangère que les signes cunéiformes, les idéogrammes chinois ou l'écriture hébraïque.

Que l'on ait du génie ou tout simplement l'envie de faire un peu de musique, il est absolument nécessaire d'être capable de déchiffrer une partition musicale. Il est donc indispensable de connaître les signes musicaux (alphabet musical) et aussi la manière correcte d'assembler ces signes (grammaire musicale).

L'écriture musicale, comme l'écriture alphabétique, pour pouvoir être lue, facilement et rapidement, par tous, doit obéir à certaines règles. Ces règles n'ont pas été établies en un jour, et pour arriver aux règles actuelles beaucoup d'étapes ont été nécessaires. Nous les passerons sous silence en signalant pourtant qu'il a fallu beaucoup d'imagination pour arriver à transcrire graphiquement une musique. Celle-ci nécessite que l'on tienne compte de la hauteur de chaque note, de son timbre, du rythme, de son enchaînement, etc.. Nous reviendrons sur ces différentes notions par la suite.

En langage courant on parlera de **solfège** pour désigner l'étude élémentaire de la théorie musicale (alphabet + grammaire de base). En réalité, le mot solfège, qui n'est entré dans la langue française que vers la fin du XVIIIe siècle, comme traduction du mot italien solfeggio (lui-même dérivé de Sol-Fa, : la première note de musique était en effet, au XIe siècle le Sol et non, comme aujourd'hui, le Do), désignait primitivement des recueils d'exercices pour chanteurs ou une étude vocale. Au sens strict, le solfège est donc un exercice de pratique musicale qui consiste en la lecture chantée des notes en respectant leurs caractéristiques (hauteur, durée, etc..).

Aujourd'hui, nous l'avons vu, ce mot désigne également la théorie des signes musicaux ; c'est-à-dire la compréhension de la valeur des signes musicaux (alphabet) et de leurs effets réciproques (grammaire).

L'alphabet musical est composé de nombreux signes. Certains sont rares, et nous nous contenterons de les citer au passage, d'autres sont très fréquents, et il est indispensable de bien les connaître. Le petit résumé ci-après est une première classification des signes musicaux.

■ **L'alphabet musical comprend** :

□ un support spécial pour la disposition des signes : *la portée* ;
□ sept *notes* de musique ;
□ sept *clés* pour modifier la hauteur des notes ;
□ sept valeurs différentes pour chaque note ;
□ sept signes spéciaux pour interrompre la musique : *les silences*.
□ sept signes spéciaux pour indiquer l'intensité d'un son ;
□ quatre signes spéciaux pour altérer la hauteur du son ;
□ de nombreux signes spéciaux agissant sur les caractéristiques des notes.

Leçon 2 : la portée et les notes

La portée

Pour créer de l'ordre, et pouvoir distinguer rapidement la hauteur de chaque note, il était indispensable d'établir un cadre de référence unique, une échelle sur laquelle chaque note peut se poser ou s'accrocher.

Ce cadre ou réglure est la portée.

☐ *La portée est composée de cinq lignes horizontales et équidistantes.* Les notes peuvent être disposées sur les lignes ou encore entre celles-ci.

☐ *Les lignes sont comptées de bas en haut* et les notes se lisent, elles aussi, de bas en haut. Les groupements de notes (accords) seront donc désignés en fonction de la note la plus grave.

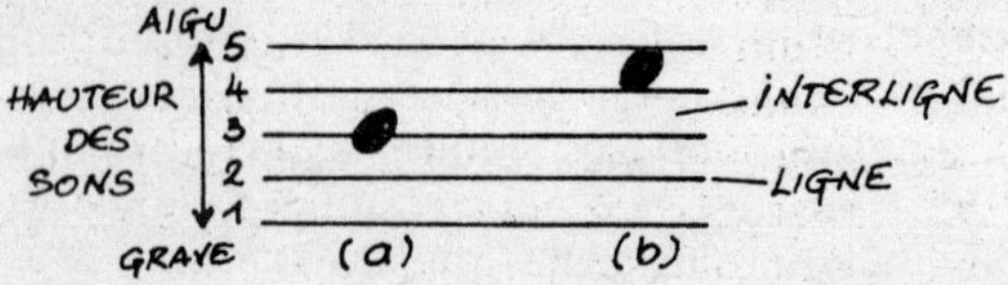

La portée : en (a) note sur la ligne; en (b) note entre les lignes.

☐ *Les sons les plus graves seront disposés sur les premières lignes* et les notes les plus hautes sur les dernières lignes.

☐ La portée ne suffit parfois pas pour recevoir toutes les notes : *on lui ajoute alors de petites lignes au-dessus ou en dessous.* Remarquons que chaque fragment de ligne supplémentaire ne peut recevoir qu'une seule note de même nom.

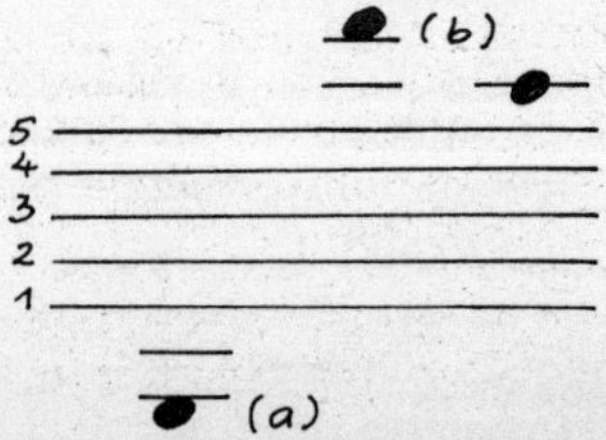

Lignes supplémentaires : en (a) dans le grave; en (b) dans l'aigu

Les notes

Les notes au nombre de sept sont bien connues : ce sont : **Do, Ré, Mi, Fa, Sol, La, Si.**

□ *L'origine de cette appellation* est assez amusante et mérite d'être signalée. Le bénédictin français Guy d'Arezzo (qui a également imaginé la portée, et dont la tradition a fait l'inventeur de la plupart des découvertes musicales) avait remarqué qu'un chant très connu (Hymne à Saint Jean-Baptiste), utilisé contre l'enrouement, procédait par élévation d'un degré à chaque début dc dcmi vers. «Ainsi lui vint l'idée de prendre comme repères, pour fixer cette ascension, chaque première syllabe, sans se douter de l'avenir réservé à ce «truc» mnémonique.» (57, -29)

Les sept premiers demi-vers de l'hymne sont :

Ut queant laxis
*Re*sonare fibris
*Mi*ra gestorus
*Fa*muli tuorum
*Sol*ve poluti
*La*bi i reatum
Sancte Johannes.

Ce qui nous donne : Ut, Re, Mi, Fa, Sol, La. L'Ut est devenu Do et le Si n'est apparu que plus tard (XVIIe) lorsqu'on décida de se baser sur l'octave*.

*Les notes sont placées sur la portée*** *mais chaque note ne prend sa valeur qu'en fonction d'une clé.* Les clés sont au nombre de sept et nous leur consacrons la leçon suivante.

* Le Do doit, semble-t-il, son nom à Doni, un musicologue du XVIIe siècle. Il est assez difficile de chanter le mot Ut, et on le remplaça par un son plus facile : le Do. L'histoire du Si est, quant à elle, fort intéressante et nous y reviendrons dans le corps de ce volume.

** Notons qu'à l'origine la ligne fut l'image de la corde et que la portée représentait en fait les cordes de la cithare grecque. Au cours des siècles le nombre de lignes a varié entre quatre et dix-huit. Actuellement encore la musique grégorienne s'écrit sur une portée de quatre lignes.

Leçon 3 : les clés

Une clé est un signe de référence pour indiquer le nom et la hauteur des sons. On peut placer la clé soit au début de la portée soit encore, plus rarement, devant une note. On distingue sept clés mais dont deux seulement intéressent le piano : clé de Sol et clé de Fa.

La clé de Sol

Au piano, c'est la première clé rencontrée.

☐ *Elle se pose sur la seconde ligne* de la portée et donne donc son nom à la note qui se place sur cette ligne.

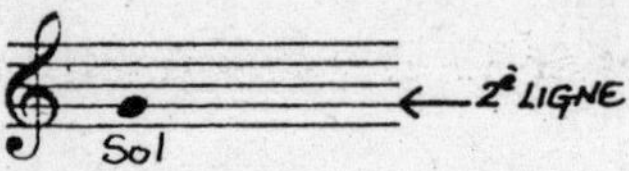

☐ A partir de cette note *il est possible de placer toutes les autres notes* :

☐ Remarquons qu'en clé de Sol *deux notes peuvent être écrites en dehors de la portée sans qu'il soit nécessaire de faire usage de lignes supplémentaires* ; ce sont le Ré grave et le Sol aigu.

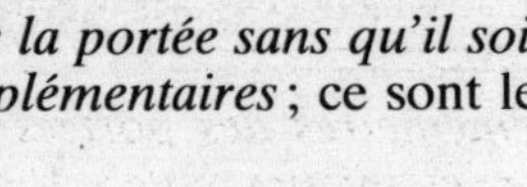

La clé de Fa

Pour fixer toutes les hauteurs de son sur une portée, une seconde clé est nécessaire : la clé de Fa quatrième ligne.

☐ *Elle se place sur la quatrième ligne* et donne son nom à la note placée sur cette ligne.

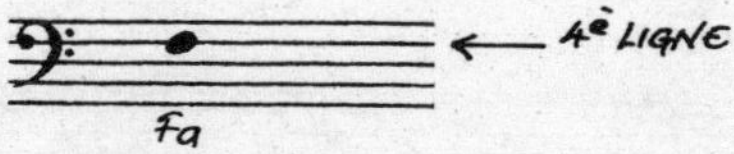

☐ A partir de cette note, *il est loisible de placer toutes les autres notes* :

☐ Cette clé est plus grave que la clé de Sol, et *on s'en sert pour écrire les sons graves*. Comme pour la clé de Sol, on peut la trouver soit en début de portée soit encore, plus rarement, devant une note.

Les clés de Sol et de Fa dans les partitions pour piano

☐ Au piano, *la clé de Sol sert habituellement à désigner le jeu de la main droite tandis que la clé de Fa est réservée à la main gauche*.

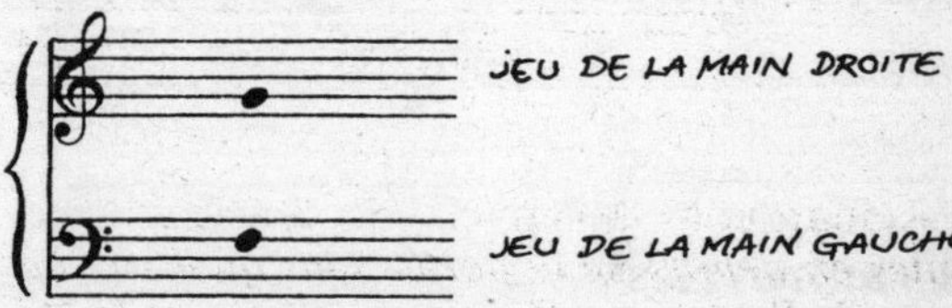

☐ *Les lignes supplémentaires des portées en clé de Sol et en clé de Fa reprennent les mêmes notes*. Les deux portées suivantes montrent la position du même Do en clé de Sol et en clé de Fa. En clé de Sol, on doit ajouter une ligne supplémentaire dans le grave et en clé de Fa, on ajoute une ligne supplémentaire dans l'aigu.

☐ En réalité, *la portée complète est donc de onze lignes.*

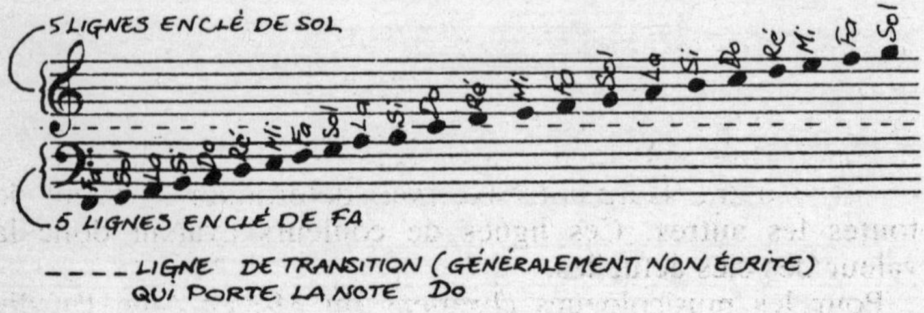

☐ Le tableau ci-dessous donne exactement *l'emplacement des deux clés sur le clavier du piano.*

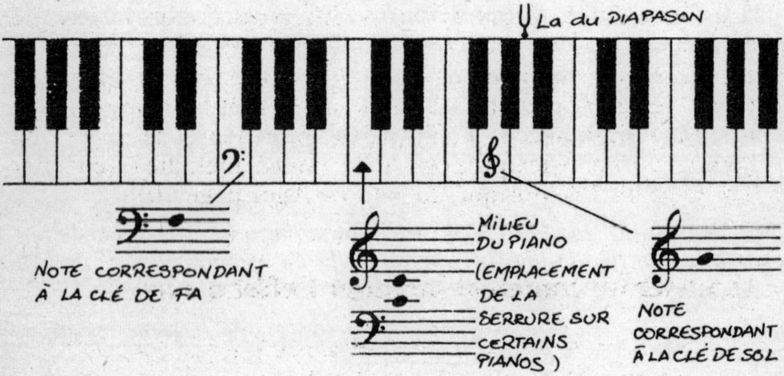

Les autres clés

Les autres clés ne s'utilisent plus pour la transcription de la musique pour piano, mais sont encore utilisées pour les autres instruments (cuivre, cor, etc...)

☐ *Ces clés sont :*

— la clé de Fa troisième ligne,

— les clés d'Ut (1re, 2e, 3e et 4e ligne).

☐ *Ces sept clés ont été choisies de telle manière qu'une note placée en un quelconque endroit de la portée puisse, grâce à l'utilisation de chacune des clés, recevoir tous les noms des notes.* Ainsi en changeant la clé, un Do peut devenir Ré, Mi,

Fa, Sol, La ou Si. L'utilisation des clés permet une économie de lignes.

☐ *Dans certains manuscrits des siècles précédents,* on trouve quelquefois des portées dont certaines lignes sont en jaune, vert ou rouge. Ces lignes étaient précédées de lettres qui indiquaient la hauteur des notes placées sur elles. Il suffisait, en effet, d'une seule note fixe pour déterminer la valeur de toutes les autres. Ces lignes de couleurs avaient donc la valeur des clés actuelles.

Pour les musicologues chrétiens du Moyen-Age, les dix cordes de la cithare représenteraient les dix commandements de Dieu. Notons, au passage, que Saint Jean Chrysostome donne une très jolie explication de la cithare : «il y a, dit-il, dans la cithare, plusieurs sons différents, mais une seule consonance et un seul musicien qui la fait vibrer; ainsi la cithare représente l'amour, les différents sons, les mots charitables qui en découlent, qui tous produisent la même harmonie et consonance; le musicien représente la force de l'amour; c'est elle qui produit la douce mélodie» (cité par Th. Gérold, La Musique au Moyen Age, page 10)

Octavier ou comment modifier l'effet d'une clé

L'ambitus du piano est, rappelons-le, de plus de sept octaves; or l'utilisation des deux clés, (Sol et Fa) ne couvre facilement que quatre ou cinq octaves. La représentation sur la portée des notes extrêmes nécessite de nombreuses lignes supplémentaires, ce qui rend la lecture difficile. Pour éviter ces lignes on utilise un signe qui déplace la portée d'une octave : le 8[a] (ottava alta, c'est-à-dire octave supérieure) ou le 8[b] (ottava bassa = octave inférieure).

■ **Le 8[a]** (parfois écrit 8va) se place au-dessus de la portée et *déplace les notes qu'il encadre d'une octave supérieure.* Par exemple :

■ **Le 8^{b}** (parfois écrit 8^{ba}) se place en-dessous de la portée et *déplace les notes qu'il encadre d'une octave inférieure*. Par exemple :

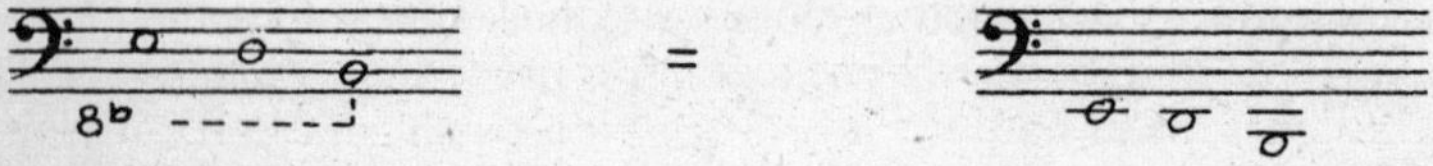

■ *Si on désire transposer des notes de deux octaves*, on utilise **le signe 15^{a} ou 15^{b}** suivant que le déplacement est vers l'aigu ou le grave.

■ *Lorsqu'on octavie plusieurs mesures* il est difficile de placer toutes les notes dans un encadrement pointillé ; on utilise, dès lors, le terme **loco** pour indiquer la fin du déplacement. Par exemple :

■ **Le terme con précédant le signe 8** indique qu'*on octavie avec l'octave*. Répondant à la même règle, ce sera l'octave supérieure pour 8^{a} et l'octave inférieure pour 8^{b}. Par exemple :

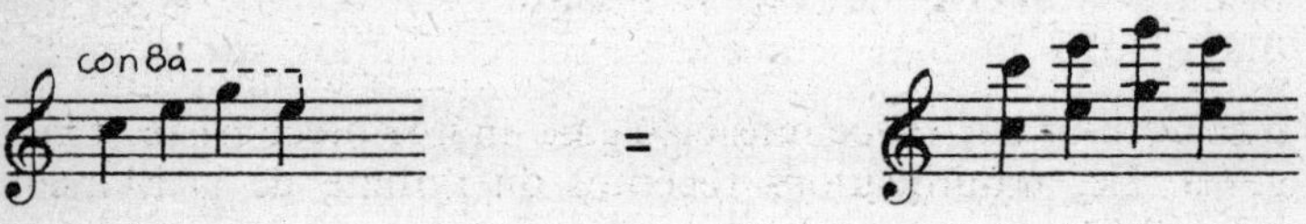

Leçon 4 : le rythme

Sans rythme la musique n'a guère de sens ; par contre il est possible de reconnaître un morceau de musique rien qu'à son rythme : c'est ce qu'on fait en fredonnant un air.

Le rythme est donc l'essence même de la musique ; nous verrons, plus loin, que dans les civilisations qui ne connaissent pas l'harmonie (science des accords) la phrase mélodique peut être soumise à des rythmes extrêmement variés. Le rythme est d'ailleurs l'essence de toute chose et est omniprésent dans la nature : du cycle régulier des planètes jusqu'au cycle, non moins régulier, de l'activité des cellules humaines, tout procède par rythme. Le dérèglement, la maladie, la mort ne sont en fin de compte que la perte des rythmes fondamentaux. Ce n'est bien sûr pas le lieu, ici, de discuter des principaux rythmes de l'univers, mais il faut néanmoins remarquer que la musique, art privilégié, ne peut échapper aux grandes lois rythmiques. C'est sans doute cette constatation qui fait dire à E. Stiévenart que « l'art musical n'a pas pris jusqu'à ce jour la place prépondérante qu'il devrait occuper dans notre vie sociale du fait que le sentiment de la mesure est la faculté la moins cultivée chez la plupart des musiciens exécutants (...) Ecoutez, dit-il, avec attention un orchestre d'amateurs et vous constaterez qu'en ce qui concerne la mesure c'est un continuel à peu près : les exécutants, avec la plus complète inconscience, courent les uns après les autres. Un accord plaqué est un accord saboté parce que les notes n'arrivent pas ensemble, un contrepoint renversable* donne l'impression d'une débandade, la mélodie enfin est souvent accompagnée par une harmonie en retard ou en avance sur celle qui lui est inhérente. » (60-17)

Le rythme, essence de la musique, lui donne également son caractère ; ainsi, il y a moyen, rien qu'en le modifiant, de transformer une pièce musicale gaie en une pièce triste et vice versa. Les modifications récentes du rythme de la Marseillaise illustrent notre propos.

Nous allons d'abord étudier le rythme. Nous verrons ensuite la mesure. Après avoir bien différencié les deux, nous montrerons comment les lire et les écrire, et, ensuite, nous verrons quelques exercices permettant de développer le sentiment du rythme.

* Le contrepoint est la superposition de deux ou plusieurs lignes mélodiques ; on dit qu'il est renversable lorsque les lignes mélodiques peuvent être interverties.

■ Différence entre rythme et mesure

Supposons que vous ayez à enregistrer un texte pour illustrer la projection de diapositives. Celles-ci se suivent les unes après les autres avec régularité. Pour que votre texte colle aux diapositives, vous devez «mesurer» le temps total et le découper en un certain nombre de tranches qui correspond au nombre des diapositives.

Si vous ne voulez pas que votre commentaire devienne incompréhensible, parce qu'en avance ou en retard sur la projection, vous devez absolument respecter rigoureusement le découpage du temps : vous devez garder la mesure.

□ En musique c'est pareil. On découpe une pièce en un certain nombre de fragments : chacun de ceux-ci correspond à une unité de temps. *Jouer en mesure c'est respecter l'unité de temps. La mesure est donc une unité mathématique.*

□ *Le rythme est différent de la mesure.* Revenons à notre premier exemple : vous pouvez (tout en respectant l'unité de temps) dire un texte très vite, donc à un rythme rapide, ou très lentement, suivant la longueur de votre texte. Vous pouvez également mettre l'accent sur certaines phrases, sur certains mots ou fragments de mots, pour insister sur leur importance. Ainsi, *tout en respectant la mesure, il y a moyen de varier les possibilités rythmiques à l'infini.*

Remarquons que, si en français la place de l'accent tonique est assez invariable, et mal le placer ne rend pas le mot incompréhensible, ce n'est pas vrai pour beaucoup d'autres langues. En grec ancien, le rythme joue un rôle primordial et notre rythme musical en est en quelque sorte l'héritier. Il ne faut pourtant pas remonter aussi loin pour retrouver l'importance du rythme et de l'accent tonique; en russe, un accent tonique mal placé rend le mot incompréhensible. Ceci explique la difficulté pour les étrangers, même connaissant parfaitement la langue écrite, de se faire comprendre facilement.

□ En musique, nous le verrons, *on distingue également des temps forts, des temps faibles, des rythmes lents et des rythmes rapides,...*

□ Ainsi, en musique, *des erreurs de rythme peuvent modifier complètement le sens d'une phrase musicale.* Dans la musique chorale, ou dans les chansons, le rythme est extrêmement important, et tout conflit entre le rythme de la langue et celui de la musique dessert la musique et peut rendre le texte incompréhensible. **Le rythme, reflet de la sensibilité, est donc très différent de la mesure, purement mathématique.**

La durée des notes

A la rigueur, la musique pourrait se passer des notes, mais en aucun cas du rythme. Dans les cultures musicales autres que la culture occidentale (musique arabe, musique chinoise, etc...), où seule la mélodie existe, le rythme occupe une place dc premier plan. Cependant les très petites variations rythmiques (ainsi d'ailleurs que les micro-intervalles*) échappent à l'oreille, mal exercée, de l'Occidental et ainsi cette musique lui semble monotone.

☐ Pour indiquer facilement le rythme, on a imaginé de donner à chaque représentation de note une valeur plus ou moins fixe, représentée par une figure. Il existe sept figures de note. *Une figure de note est donc une note contenant également une valeur de temps : une seule figure pour une double signification.*

☐ La note ayant la durée la plus longue porte le nom de *ronde*.

☐ La note ayant une durée deux fois moindre porte le nom de *blanche*.

☐ *Chaque nouvelle représentation de note vaut la moitié de la précédente*, et on obtient ainsi le tableau suivant :

NOM DE LA NOTE
RONDE
BLANCHE
NOIRE
CROCHE
DOUBLE CROCHE
TRIPLE CROCHE
QUADRUPLE CROCHE

REPRÉSENTATION GRAPHIQUE

* On appelle micro-intervalle un intervalle inférieur au demi-ton, le seul utilisé sur les instruments tempérés comme le piano.

Et ainsi, une ronde = 2 blanches = 4 noires = 8 croches = 16 double-croches = 32 triple-croches = 64 quadruple-croches.

☐ Il est important de remarquer, dès à présent, que *les figures de notes ayant des crochets sont le plus souvent liées.*

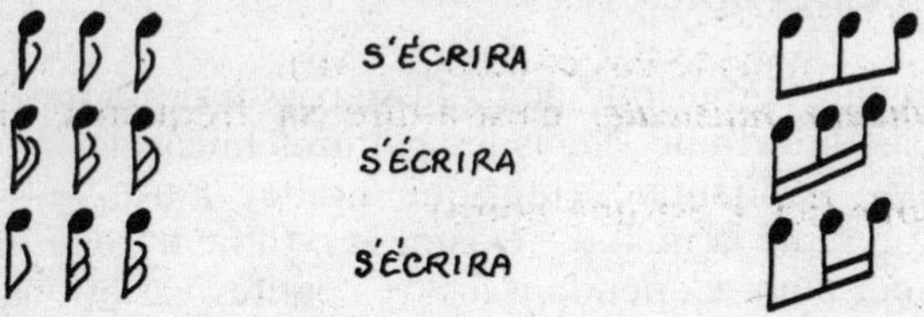

Le point d'augmentation

☐ Lorsqu'on désire augmenter une figure de note de la moitié de sa valeur, il suffit de placer un point derrière cette note. Ainsi, *une blanche pointée vaudra une blanche et une demi-blanche (une noire)*), etc...

Le signe entre la blanche et la noire indique la liaison; lorsque deux notes identiques sont réunies par ce signe, la seconde ne doit pas être répétée.

☐ Comme on peut s'en rendre compte, *les figures de notes non pointées se divisent par deux tandis que les figures de notes pointées se divisent par trois.* Nous verrons, plus tard, que les unes correspondent à la mesure binaire (divisible par deux) tandis que les autres correspondent à la mesure ternaire (divisible par trois).

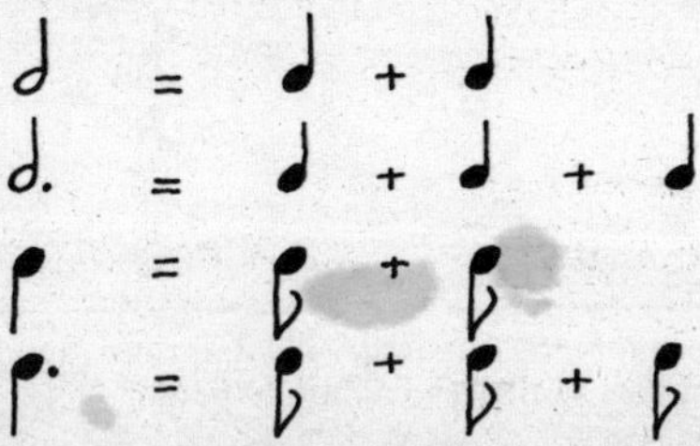

La triple signification de chaque note

On notera ainsi qu'en plaçant une figure de note sur une portée on lui donne une triple signification.
- □ *son nom* (dans le cas ci-dessus : Mi),
- □ *sa hauteur musicale,* c'est-à-dire sa fréquence (ici : Mi grave),
- □ *sa durée* (ici, c'est une noire).

Leçon 5 : la mesure

□ *La mesure c'est le morcellement d'une pièce musicale en une série de petits fragments d'une durée identique*.*

□ Cette fragmentation (qui apparaît de façon assez tardive dans l'histoire de la musique) se fait au moyen de barres verticales qu'on appelle *barres de mesure.*

L'exemple ci-dessous nous montre une portée divisée en quatre mesures.

□ Dans chaque mesure le compositeur peut placer les notes (par exemple, Ré, Do, Si, Do,...) et les figures de notes (par exemple ronde, noire, blanche, blanche,...) qu'il désire, avec, pour seule restriction, *l'obligation de respecter la durée totale de chaque mesure.* Ainsi, pour donner un exemple, s'il place dans la première mesure une ronde, il pourra placer dans la seconde deux blanches, dans la troisième quatre noires et dans la quatrième deux noires et quatre croches. La durée totale de chaque mesure étant identique.

* Le terme de partition provient de cette division en mesures (partita in caselle).

Nous verrons, plus loin, qu'au lieu d'y placer des notes il pourra également y placer des silences.

□ Remarquons (et le lecteur peut contrôler cela en prenant n'importe quelle partition) que *toutes les mesures d'une partition sont complètes, à l'exception de la première et de la dernière mesures,* souvent incomplètes. Nous analyserons la raison de cette exception plus tard.

□ *En général, un morceau de musique conserve la même mesure d'un bout à l'autre,* mais cette règle, vraie pour la musique classique, n'est pas toujours respectée en musique folklorique ou dans certaines musiques modernes, ce qui rend leur transcription rythmique très difficile et fort aléatoire.

□ Notons, au passage, que vous pouvez quelquefois rencontrer *des pièces musicales anciennes ou modernes sans ces barres de mesure.* En effet, elles n'ont pas toujours été utilisées en musique* et, aujourd'hui encore, si le chant grégorien n'en fait pas usage, certains compositeurs modernes en restreignent l'emploi.

□ Quoi qu'il en soit, *ces barres de mesures sont indispensables et en musique «classique» et en musique de jazz,* musiques qui font l'objet de notre étude.

Leçon 6 : comment indiquer la mesure au moyen de chiffres

Il ne suffit pas de savoir qu'on peut placer toutes les figures de notes dans une mesure, il faut encore connaître le nombre total de notes qu'on peut y placer ; c'est-à-dire, en d'autres mots, le temps de chaque mesure.

□ *Toute mesure se divise en parties égales qu'on appelle temps.* On distingue trois sortes de mesures fréquentes :

— mesure à deux temps

* Elles sont apparues comme une nécessité seulement avec le développement de la polyphonie.

— mesure à trois temps
— mesure à quatre temps.

D'autres mesures, plus rares, ne seront pas analysées ici (mesures à cinq, six ou sept temps).

□ La mesure, c'est-à-dire le nombre de temps et la durée de chaque temps, s'indique en début de partition, immédiatement après la clé, au moyen de *deux chiffres superposés.*

Le numérateur et le dénominateur

□ Dans cette représentation, *le chiffre du haut, ou numérateur, indique le nombre de temps de la mesure, tandis que le chiffre du bas, ou dénominateur, indique la figure de note qui remplit ce temps.*

$$\frac{\text{numérateur = nombre de temps}}{\text{dénominateur = figure de note}}$$

□ *Le chiffre du haut* sera généralement 2, 3 ou 4 et on dira que la mesure est à deux temps, trois temps ou à quatre temps.

□ *Le chiffre du bas* sera 1, 2, 4, 8, 16, 32 ou 64. Le lecteur attentif a déjà entrevu un rapport possible entre ce chiffre et la durée des figures...

□ Par convention, *on a décidé que le chiffre 1 symboliserait la ronde* et qu'on utiliserait comme autres symboles les valeurs des autres figures par rapport à celle-ci. Comme il y a deux blanches dans une ronde, le chiffre 2 symbolise la blanche ; puisqu'il faut quatre noires pour remplir la durée d'une ronde, le chiffre 4 symbolisera les noires, etc... Nous pouvons donc écrire que :
— le **1** symbolise la **ronde** ;
— le **2** symbolise la **blanche** ;
— le **4** symbolise la **noire** ;
— le **8** symbolise la **croche** ;
— le **16** symbolise la **double croche** ;
— le **32** symbolise la **triple croche** ;

— le **64** symbolise la **quadruple croche.**

Notons que les deux dernières valeurs ne sont jamais utilisées.

■ Quelques exemples

□ Soit le fragment musical suivant : la fraction 2/4 (qui se lit deux quatre et non deux quart) se décompose ainsi :
2 = numérateur = deux temps
4 = dénominateur = noire

Il s'agit donc d'une mesure à deux temps dont chaque temps contient une noire.

□ Prenons un autre exemple : la fraction 3/4 (qui se lit trois quatre) indique donc une mesure à trois temps dont chaque temps contient une noire.

■ D'autres conventions : la noire et la lettre C

□ Notons encore que la noire étant très souvent utilisée comme unité de temps *il arrive souvent qu'on ne l'écrive plus.* Ainsi, on trouvera quelquefois, en début d'une œuvre musicale simplement un chiffre (2, 3...), le dénominateur, sous entendu, étant alors toujours 4.

□ Notons, pour terminer, que *les deux mesures suivantes sont souvent remplacées par la lettre C :*

— 4/4 est remplacé par C
— 2/2 est remplacé par ₵

□ Les chiffres indicateurs des mesures sont réinscrits sur chaque nouvelle portée. On peut, bien entendu, changer de mesure au cours d'un morceau. Les nouveaux chiffres indicateurs sont placés après la barre de mesure :

Temps forts et temps faibles

Même si vous n'avez pas une excellente mémoire, une belle voix et une oreille parfaite vous connaissez certainement les paroles et l'air des chants ci-après.

Chantez-les d'abord et ensuite jouez-les au piano.

☐ *Sur le Pont d'Avignon*

☐ *Fais dodo, Colas*

☐ *Au clair de la lune*

Vous constatez immédiatement qu'il y a une différence de rythme entre ces trois airs populaires. «Sur le Pont d'Avignon» possède une mesure à deux temps; «Fais dodo, Colas» possède une mesure à trois temps et le célèbre «Au clair de la lune», une mesure à quatre temps.

Lorsque vous chantez la première chanson vous accentuez régulièrement le premier temps tandis que le second est chanté plus faiblement. On dit que le premier temps est un temps fort et le second un temps faible.

■ **Dans une mesure à deux temps,** le premier temps est un temps fort et le second un temps faible.

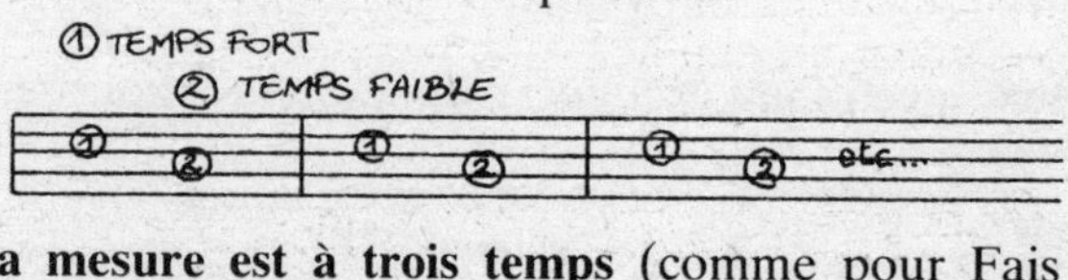

■ **Si la mesure est à trois temps** (comme pour Fais dodo, Colas), le premier temps est fort tandis que le second et le troisième temps sont faibles.

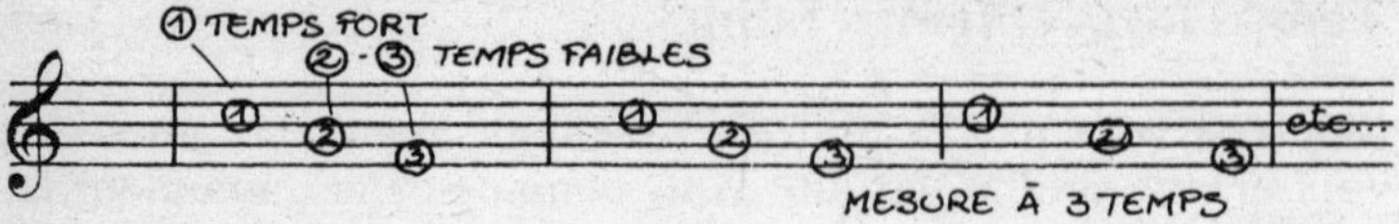

■ **Dans une mesure à quatre temps** (Au clair de la Lune), il est impossible de garder trois temps faibles, aussi le premier est fort, le second est faible, le troisième est à moitié fort et le quatrième est faible.

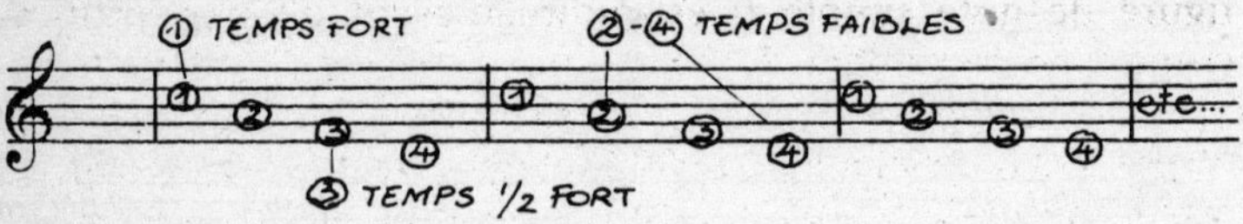

Syncope et contretemps

■ On appelle **syncope** la prolongation d'une note débutant sur un temps faible et se prolongeant sur un temps fort.

■ On appelle **contretemps** l'accentuation d'un temps faible au lieu du temps fort, comme cela se produit lorsque le temps fort est occupé par un silence (pause musicale de durée variable. Voir leçon 8).

Ces deux exceptions à la règle de l'accentuation des temps forts sont surtout importantes en musique vocale et en jazz.

Division du temps

La mesure, nous l'avons vu, se divise en un certain nombre de temps (deux temps, trois temps, etc...). Chaque temps peut lui-même se diviser en plusieurs parties. Lorsqu'il se divise en deux, on dira que la mesure est *binaire* ; s'il se divise en trois on dira que la mesure est *ternaire*. La mesure ternaire est également appelée *mesure composée* par opposition à la mesure binaire dont chaque temps peut s'écrire par une figure de note simple (c'est-à-dire n'usant d'aucun artifice, comme, par exemple, le point).

Si la numérotation de la mesure binaire est aisée (on se réfère à la division arithmétique des figures de notes), la numérotation de la mesure composée est moins aisée car il n'existe pas de chiffres représentant les valeurs pointées. On utilise, dès lors, un artifice.

■ Rappelons que **dans la numérotation de la mesure binaire**, le numérateur indique le nombre de temps et le dénominateur la valeur de ce temps.

$$\frac{\text{Numérateur}}{\text{Dénominateur}} = \frac{\text{Nombre de temps}}{\text{Valeur de chaque temps}}$$

■ **Dans le cas de la mesure ternaire**, le nombre de temps étant toujours une valeur pointée on a décidé d'indiquer au numérateur non pas le nombre de temps mais le nombre de tiers de temps. Le dénominateur indiquant, dès lors, la valeur de chaque tiers de temps.

$$\frac{\text{Numérateur}}{\text{Dénominateur}} = \frac{\text{Nombre de tiers de temps}}{\text{Valeur de chaque tiers de temps}}$$

Ainsi, le nombre de temps est le tiers du numérateur, la valeur du temps est le triple du dénominateur

Prenons un exemple :

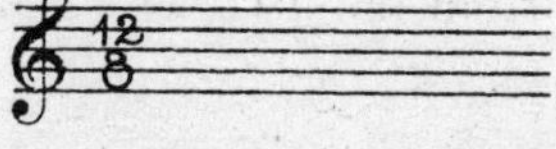

Ceci signifie qu'il s'agit d'une mesure à (12:3) quatre temps et qu'une mesure est occupée par une valeur triple à 1/8 de

ronde (= une croche), c'est-à-dire une noire pointée. En effet : $\frac{3}{8} = \frac{2}{8} + \frac{1}{8} = \frac{1}{4} + \frac{1}{8} =$ ♩ + ½ ♩ = ♩.

L'air ci-après (que tout le monde aura reconnu comme My Bonnie...) est donc à 2 temps et l'unité de mesure est une blanche pointée.

EN EFFET : $\frac{6}{3}$ = 2 TEMPS, ET $\frac{1}{4} \times 3 = \frac{3}{4} = \frac{1}{2} + \frac{1}{4}$ = 1 BLANCHE + 1 NOIRE = UNE BLANCHE POINTÉE = 𝅗𝅥.

Il est intéressant de noter que les rythmes binaires et ternaires ne sont pas étrangers à la nature de l'homme.

☐ Ainsi, *la respiration de l'homme debout est de type binaire*, inspiration et expiration ont la même durée :

MESURE	MESURE	
inspiration - expiration 1er temps 2e temps	inspiration - expiration 1er temps 2e temps	etc...

☐ *Par contre lorsque l'homme est couché et au repos sa respiration est de rythme ternaire :*

inspiration - expiration - repos 1er temps 2e temps 3e temps	etc...

Cette période de repos provient du fait qu'il faut moins de temps pour inspirer l'air que pour l'expirer. Les différentes mesures simples et composées sont résumées dans les tableaux ci-après.

■ Tableau des mesures simples

	MESURE À 2 TEMPS NUMÉRATEUR : 2	MESURE À 3 TEMPS NUMÉRATEUR : 3	MESURE À 4 TEMPS NUMÉRATEUR : 4
UNE RONDE (𝅝) PAR TEMPS DÉNOMINATEUR : 1	$\frac{2}{1}$	$\frac{3}{1}$	$\frac{4}{1}$
UNE BLANCHE (𝅗𝅥) PAR TEMPS DÉNOMINATEUR : 2	$\frac{2}{2}$ OU ¢	$\frac{3}{2}$	$\frac{4}{2}$
UNE NOIRE (♩) PAR TEMPS DÉNOMINATEUR : 4	$\frac{2}{4}$	$\frac{3}{4}$	$\frac{4}{4}$ OU C
UNE CROCHE (♪) PAR TEMPS DÉNOMINATEUR : 8	$\frac{2}{8}$	$\frac{3}{8}$	$\frac{4}{8}$

■ Tableau des mesures composées

	MESURE À 2 TEMPS NUMÉRATEUR : (2 × 3 =) 6	MESURE À 3 TEMPS NUMÉRATEUR (3 × 3 =) 9	MESURE À 4 TEMPS NUMÉRATEUR : (4 × 3 =) 12
UNE RONDE POINTÉE (𝅝. = 𝅗𝅥𝅗𝅥𝅗𝅥) PAR TEMPS DÉNOMINATEUR : 2. UN TIERS DE TEMPS VAUT UNE BLANCHE	$\frac{6}{2}$	$\frac{9}{2}$	$\frac{12}{2}$
UNE BLANCHE POINTÉE (𝅗𝅥. = ♩♩♩) PAR TEMPS DÉNOMINATEUR : 4	$\frac{6}{4}$	$\frac{9}{4}$	$\frac{12}{4}$
UNE NOIRE POINTÉE (♩. = ♪♪♪) PAR TEMPS DÉNOMINATEUR : 8	$\frac{6}{8}$	$\frac{9}{8}$	$\frac{12}{8}$
UNE CROCHE POINTÉE (♪. = 𝅘𝅥𝅯𝅘𝅥𝅯𝅘𝅥𝅯) PAR TEMPS DÉNOMINATEUR : 16	$\frac{6}{16}$	$\frac{9}{16}$	$\frac{12}{16}$

Anacrouse

Rappelons que la première mesure d'un temps est souvent incomplète. En réalité, le compositeur supprime le premier temps fort et la pièce musicale (comme pour prendre son élan) débute par un temps faible : la partie manquante de la mesure est donc, en fait, un silence qui n'est jamais écrit sur la portée.

□ *On appelle anacrouse la ou les notes qui composent cette mesure incomplète.*

□ Notons que souvent *la dernière mesure de la pièce musicale est également incomplète :* les deux mesures incomplètes (la première et la dernière) forment habituellement une mesure complète.

□ *Meunier, tu dors*

Les exceptions importantes : divisions irrégulières

Lors de vos études musicales, et de la lecture des partitions, vous rencontrerez quelquefois la présence d'un chiffre (2,3,4 ou 6), placé entre crochets, au-dessus (ou en dessous) d'un groupe de notes. Ce chiffre indique une division irrégulière du temps.

■ Le triolet

Ainsi, on est parfois obligé de diviser par trois une valeur qui normalement ne devrait se diviser qu'en deux. Pour indiquer cette division particulière on place le chiffre 3 au-dessus du groupe des trois notes.

Prenons un exemple (Scherzo de D. Vasarely)

Nous nous trouvons en face d'une pièce musicale à trois temps, et dont chaque temps est une noire :
— premier temps : une noire (1)
— second temps : un soupir (qui vaut une noire) (2)
— troisième temps : un triolet (3)

En effet, la noire se divise normalement en deux croches ; or, dans le cas présent, on a divisé cette noire en trois croches ; on indique cette division en plaçant au-dessus du groupe des trois notes le chiffre 3 qui indique qu'on a divisé en trois une mesure qui ne se divise normalement qu'en deux.

■ **Le duolet**
De manière inverse, lorsqu'on divise en deux une mesure qui normalement ne se divise qu'en trois (mesure composée) on l'indique par le chiffre 2 : c'est un duolet.

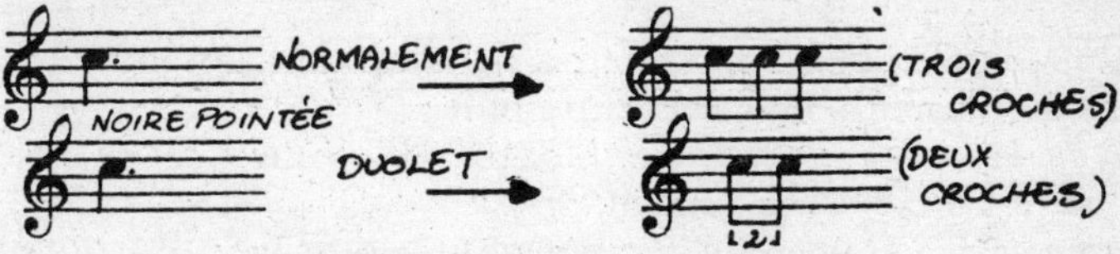

■ On appelle **sextolet**, la division par six d'une valeur qui normalement se diviserait seulement par quatre : on l'indique par le chiffre 6.

■ Pour finir, on appelle **quartolet** la division par quatre d'une mesure composée qui normalement se diviserait en six : on l'indique par le chiffre 4.

■ On rencontre également (mais c'est exceptionnel) des **septolets**, **pentolets**, etc... : nous n'en discuterons pas ici.

■ Notons, au passage, qu'on peut rencontrer également des groupes de notes hors mesure : ce sont **les ornements**. On les représente par de petites notes (voir plus loin).

■ **Tableau des divisions exceptionnelles** armature.

Nom	*Représentation*	*Division d'une mesure...*
Duolet	2	... composée en deux (au lieu de 3)

Triolet	3	... simple en trois (au lieu de 2)
Quartolet	4	... composée en quatre (au lieu de 6)
Sextolet	6	... simple en six (au lieu de 4)
Ornements	petites notes ou symboles	hors mesure

Leçon 7 : les altérations

Altérer un son c'est modifier sa hauteur. On peut modifier le son de plusieurs manières différentes :

☐ *en le haussant d'un demi-ton :* on dira qu'il est diésé ; le signe du **dièse** est le suivant : ♯

☐ *en le haussant d'un ton entier* : on dira qu'il est doublement diésé ; le signe du **double dièse** est le suivant : 𝄪

☐ *en le baissant d'un demi-ton* : on dira qu'il est bémolisé ; le signe du **bémol** est le suivant : ♭

☐ *en le baissant d'un ton entier* : on dira qu'il est doublement bémolisé ; le signe du **double bémol** est le suivant : ♭♭

☐ *Un signe qui a été altéré peut revenir automatiquement à sa valeur naturelle* de plusieurs façons : nous analyserons celles-ci plus loin. On peut également le faire revenir à sa valeur naturelle en utilisant un signe qui porte le nom de **bécarre** : ♮

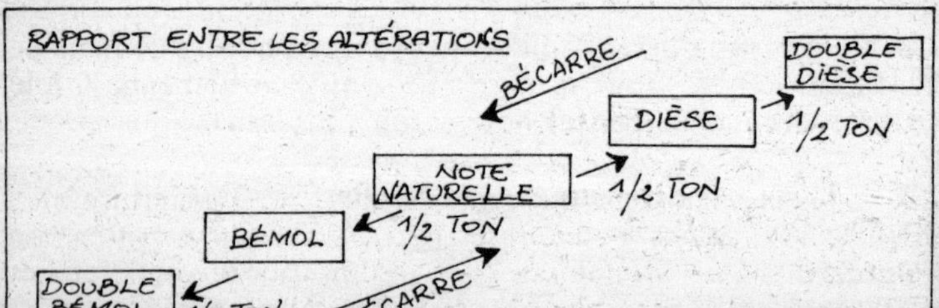

Les différents signes que nous avons énumérés (dièse, double dièse, bémol, double bémol et bécarre) peuvent être placés en divers endroits de la portée :
— altération(s) en armature
— altération accidentelle
— altération de précaution.

Altérations en armature

☐ Les altérations en armature sont les altérations qui sont *placées au début de la portée; immédiatement après la clé, et avant l'indication de la mesure.*
☐ Ce sont des altérations qui sont *constitutives de la portée;* c'est-à-dire que ces altérations agissent sur toutes les notes de même nom que l'on rencontrera dans le morceau de musique.

Prenons un exemple : soit la partition ci-après qui possède un dièse en armature. Ce dièse est placé sur la cinquième ligne (en clé de Sol); c'est-à-dire sur la ligne qui représente la note Fa. Ainsi toutes les fois que l'on rencontrera une note Fa dans la pièce musicale il faudra jouer un Fa dièse.

L'altération en armature est placée entre la clé et la mesure

☐ *Ces altérations sont toujours placées sur les dernières lignes de la portée et dans un ordre rigoureux.* Nous reviendrons plus tard en détail sur ces altérations en armature.

Altérations accidentelles

Ce sont les altérations qui ne font pas partie de l'armature.
☐ Ces altérations peuvent être *placées en un quelconque endroit du morceau de musique.*
☐ Lorsqu'elles sont placées en début d'une pièce musicale

(par exemple pour modifier la première note) il n'est guère possible de les confondre avec les altérations constitutives car *elles sont placées après l'indication de mesure.*

Il est important de bien distinguer ce qui différencie les altérations accidentelles des altérations en armature, car ces dernières ont un effet beaucoup plus étendu dans le temps (elles gardent leur action durant toute la pièce musicale) et dans l'échelle des sons (elles agissent sur toutes les notes de même nom sans se préoccuper de leur hauteur).

Les altérations accidentelles :

□ *sont toujours placées devant une note* (sur la même ligne, ou le même interligne, que celle-ci)

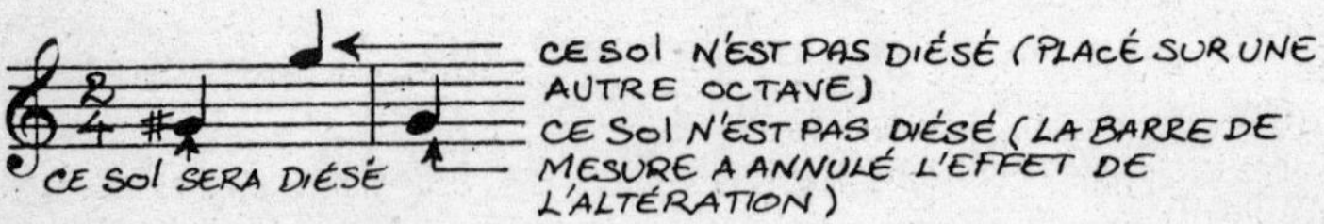

□ *n'agissent que sur cette seule note* (ainsi, si on place un dièse devant le Sol de la seconde ligne, ce dièse n'agit que sur ce Sol et non point sur le Sol d'une autre octave, comme par exemple le Sol placé au-dessus de la dernière ligne);

□ *gardent leur effet seulement durant la durée de la mesure.*

Altérations de précaution

La complexité d'une pièce musicale, ou la proximité d'une altération, risque de tromper l'exécutant qui ne sait plus si la note à jouer est altérée ou non. Pour éviter une éventuelle erreur on place ainsi, quelquefois, des altérations qui, en toute rigueur, ne devraient pas exister : ce sont les altérations de rappel ou altérations de précaution.

Le bécarre

Il annule toutes les altérations aussi bien les altérations simples (dièse, bémol) que les altérations doubles (double dièse, double bémol). On utilise souvent des bécarres de précaution pour souligner l'absence d'altération d'une note placée, par exemple, à une octave supérieure.

Leçon 8 : les repos

Nous n'allons pas vous proposer de vous reposer mais bien d'analyser comment on indique les repos (ou les silences) en musique. Il est clair qu'il n'est pas possible de chanter sans reprendre son souffle ; il est également clair qu'une période de silence est également nécessaire en musique instrumentale (un instrument répond à un autre, suspense, etc...)

Le silence peut être long ou court : il est donc important de disposer de plusieurs signes musicaux pour indiquer la durée du silence. Nous avons vu qu'on possède, pour distinguer la durée des notes, plusieurs valeurs graphiques différentes (ronde, blanche, noire, croche, etc..) ; il en sera de même ici.

Pour bien comprendre que les silences ont la valeur de notes (et qu'il faut donc en tenir compte dans le calcul d'une mesure), nous reprenons les figures de notes et - en regard de chacune d'elles - nous plaçons les figures de silence correspondantes.

■ Tableau comparatif des valeurs des notes et des silences

NOTES	RONDE	BLANCHE	NOIRE	CROCHE	DOUBLE CROCHE	TRIPLE CROCHE	QUADRUPLE CROCHE
SILENCE	PAUSE	DEMI-PAUSE	SOUPIR	DEMI-SOUPIR OU POTENCE	QUART DE SOUPIR OU DOUBLE POTENCE	HUITIEME DE SOUPIR OU TRIPLE POTENCE	SEIZIEME DE SOUPIR OU QUADRUPLE POTENCE

Ce petit tableau nécessite quelques commentaires.

□ *Parfois une mesure entière demande un silence* ; dans ce cas on l'indique également par la pause.

□ D'autre part, on remarquera que *la pause et la demi-pause ont le même signe graphique* ; ce qui les distingue c'est uniquement leur position sur la portée. La pause est placée en-dessous de la quatrième ligne et la demi-pause est placée au-dessus de la troisième ligne. Si vous oubliez laquelle des deux est posée sur une ligne souvenez-vous que la « pause n'est pas posée… ».

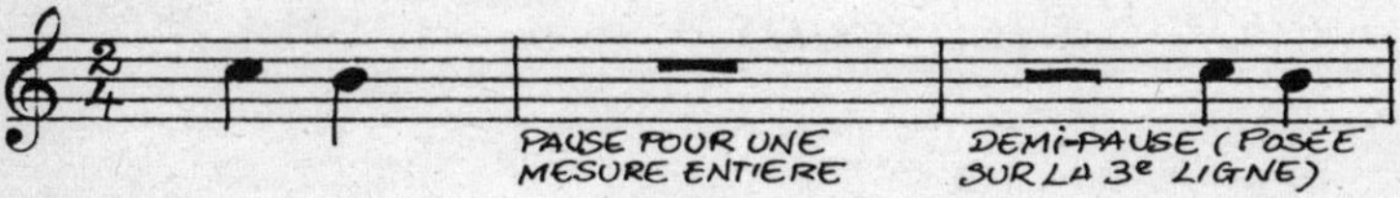

□ Notons encore que *les termes potences, double potence etc… ne sont pas encore usuels.* Ils ont été proposés (par J. Chailley) par mesure de logique, de simplification, et pour créer une association d'idées, entre le signe et son nom.

□ Enfin, signalons qu'*un silence qui s'étend sur plusieurs mesures s'indique par une double barre oblique* placée en travers de la portée entre deux barres de mesures. Au-dessus de cette double barre un chiffre indique la durée du silence compté en nombre de mesures.

Le silence s'étend sur quinze mesures entières

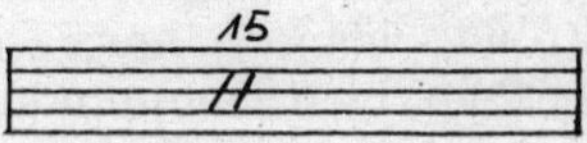

Leçon 9 : quelques signes de durée et de reprise

Les signes de durée

Maintenant que nous connaissons bien les valeurs des notes et des silences ainsi que le découpage en mesures, il nous est possible de compléter cet acquis par quelques données concernant les signes de durée. Ces différents signes — qui modifient la durée des figures et « trichent » un peu avec la mesure — sont indispensables pour faciliter l'écriture ou pour permettre l'exécution de la pièce musicale.

■ Le signe de liaison

Très vite vous rencontrez le signe ci-après qui porte le nom de liaison.

□ *Lorsque ce signe est placé au-dessus de deux notes identiques*, il indique qu'elles sont liées et que la seconde note ne doit pas être rejouée. Ce signe a plusieurs raisons d'exister, remarquons simplement qu'il est presque indispensable lorsqu'une barre de mesure sépare les deux notes.

Dans l'exemple A le Do est tenu durant toute la mesure; dans l'exemple B, le Do est tenu durant les deux premiers temps de la mesure, puis rejoué deux fois.

A

B

□ *Lorsqu'il est placé au-dessus (ou au dessous) de plusieurs notes différentes*, il indique simplement qu'il faut passer légèrement de l'une à l'autre.

■ Le point d'orgue

Un autre signe fréquent est le point d'orgue. Ce signe a plusieurs significations déterminées par son emplacement, mais il introduit toujours une modification ou un arrêt du mouvement :

□ *placé au-dessus d'une note* il la prolonge d'une durée laissée au bon goût de l'exécutant;

□ *placé au-dessus d'un silence* il indique un arrêt du mouvement;

□ *placé au-dessus d'une barre de mesure* il indique également un arrêt de mouvement.

Notons que dans les deux derniers cas le point d'orgue porte aussi le nom de **point d'arrêt**.

■ Le point d'augmentation
Nous l'avons déjà rencontré et c'est un autre point très important à connaître. Ce point placé derrière une figure (de note ou de silence) indique que cette figure doit être prolongée de la moitié de sa valeur.

Ainsi, la blanche pointée vaut une blanche + une demi-blanche, c'est-à-dire une noire.

Un soupir pointé vaut un soupir + un demi-soupir, etc...

Les signes de reprise

Les signes de reprise, surtout s'ils sont nombreux, effrayent souvent le débutant ; pourtant les règles, bien comprises, sont simples.

■ Le signe de reprise le plus simple est indiqué par *une double barre de mesure précédée de deux points :* barre de reprise. Lorsqu'on rencontre ce signe il faut rejouer le morceau de musique à partir du début.

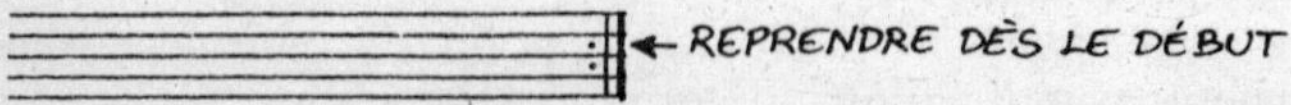

■ Quelquefois **on ne désire pas rejouer la ou les dernières mesures précédant la barre de reprise** mais on préfère enchaîner sur une autre mesure ; ceci s'indique clairement *en plaçant entre crochets la partie à ignorer (indiquée 1[a]) et la partie à jouer lors de la reprise (indiquée 2[a]).*

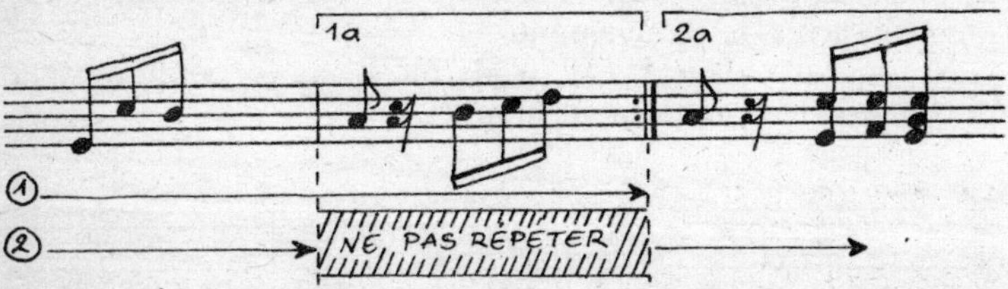

■ Le plus souvent **on ne désire pas rejouer tout ce qui a déjà été joué mais seulement une partie :** on place alors le fragment à rejouer entre *deux barres de reprise.*

Pour être encore plus clair on ajoute quelquefois aux barres de reprise *deux crochets dirigés vers l'intérieur.*

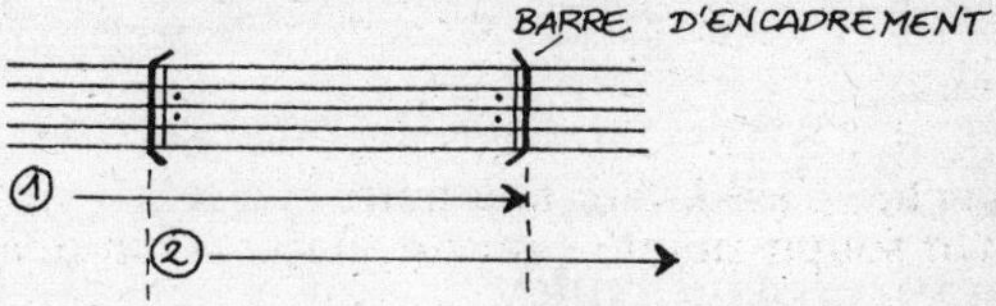

■ **Pour renvoyer l'exécutant au commencement du morceau** (en tête) on utilise *le signe D.C. (Da Capo).* Il faut alors rejouer le morceau jusqu'à l'apparition du mot «fine» ou d'un point d'orgue.

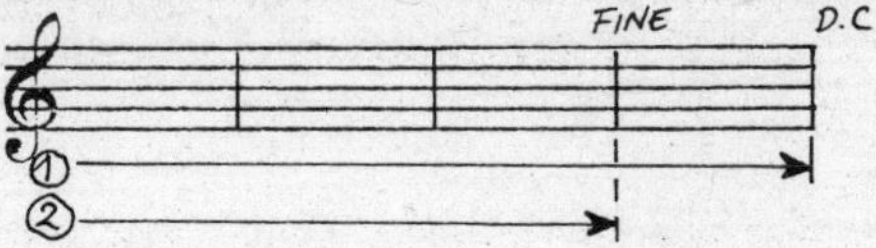

■ **Si on ne désire pas renvoyer l'exécutant en tête du morceau — mais à un endroit bien précis,** on utilise le terme *al segno* ou l'un des signes ci-dessous.

L'exécutant doit rejouer le morceau de l'endroit où apparaît pour la première fois ce signe jusqu'à l'apparition du mot «fine».

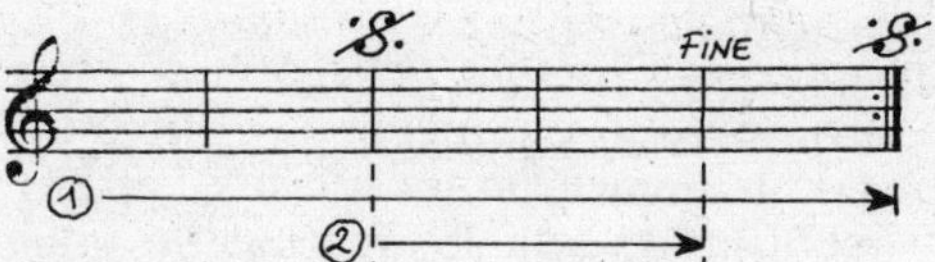

Les signes de fin de morceau

■ **Le coda** (⊕) est une période brillante qui termine un morceau de musique et on reprend — en résumé — le thème essentiel.

■ Un autre signe important à connaître est celui qui indique **la fin du morceau de musique.** Ce signe, très simple, est constitué d'*une double barre dont la dernière partie est plus accentuée.*

Mesures semblables

Lorsque des mesures semblables se suivent, on peut ne pas les écrire, et les remplacer par un signe qui, placé dans la mesure, indique qu'elle est identique à la précédente.

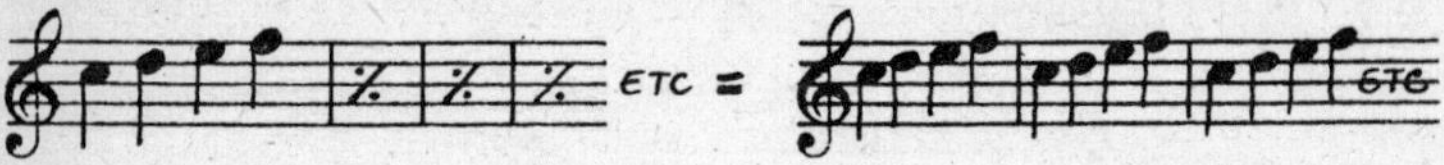

Leçon 10 : nomenclature des notes

A côté de la nomenclature qui nous est traditionnelle (Do, Ré, Mi, Fa, Sol, La, et Si), il existe d'autres nomenclatures. Il est intéressant de les connaître, car elles figurent de plus en plus sur certaines partitions (par exemple de jazz) ou sur la pochette des disques.

Si vous comptez utiliser un petit orgue électronique (ou encore un synthétiseur ou même un micro-ordinateur) la connaissance de **la nomenclature utilisée dans les pays anglo-saxons** vous sera indispensable. Dans cette nomenclature la représentation des notes est figurée par des lettres romaines :

La = A	Mi = E
Si = B	Fa = F
Do = C	Sol = G
Ré = D	

□ Ré dièse s'écrira par exemple D#, Sol bémol G♭ , etc.

□ Cette nomenclature est connue sous le nom de *notation anglo-saxonne* ou encore — ce qui est plus correct — sous celle de *notation boécienne.* Elle doit cette appellation à Boèce, célèbre musicologue romain vivant au cinquième siècle.

■ **La nomenclature allemande** est encore un peu différente : au lieu d'utiliser les majuscules, ils emploient des minuscules et les altérations (dièses et bémols) sont indiquées par «is» (= dièses), isis (= double dièse), es (= bémols) et eses (= double bémol).

De plus le Si n'est pas indiqué par la lettre B comme dans la notation boécienne mais par la lettre h (ceci s'explique par des raisons historiques dont nous ne pouvons malheureusement, faute de place, faire état, ici). Le Si bémol, lui, est indiqué par un simple b.

Tout ceci est condensé dans le tableau ci-après. Notons, au passage, qu'on utilise indifféremment le mot Do ou le mot Ut. Le Do a été utilisé assez tardivement pour remplacer le Ut, car celui-ci est difficile à chanter dans les exercices de solfège.

	Do	Do# Ré♭	Ré	Ré# Mi♭	Mi Fa♭	Mi# Fa	Fa# Sol♭	Sol	Sol# La♭	La	La# Si♭	Si Do♭	Si# Do
NOMENCLATURE BOÉCIENNE	C	C# D♭	D	D# E♭	E	F	F# G♭	G	G# A♭	A	A# B♭	B C♭	B# C
NOMENCLATURE ALLEMANDE	c	cis des	d	dis es	e fes	eis f	fis ges	g	gis as	a	ais b	h ces	his c

Pour être plus ou moins complet, signalons qu'en allemand majeur se dit «dur» et mineur «moll». Ainsi, une étude en «Fa# mineur» sera «Fis moll» et une Messe en Si mineur sera «H moll» Connaissant cela vous ne serez plus jamais perplexe devant une pochette de disque...

Leçon 11 : le tempo et le métronome

Le tempo

Nous connaissons déjà la valeur des notes et nous savons ce qu'est une mesure : cela est pourtant encore insuffisant pour jouer convenablement une pièce musicale. En effet, la valeur des notes (ronde, blanche, etc...) n'est qu'une valeur relative : nous savons quels sont les rapports des notes entre elles mais nous ignorons encore quelle est la valeur absolue des notes; c'est-à-dire, en d'autres mots, *la durée réelle de chaque note* (ronde, blanche, noire, etc...). Cette valeur — extrêmement importante puisque le contenu d'un morceau de musique change complètement suivant la vitesse* à laquelle il est joué — est le tempo.

Le tempo (ou vitesse d'exécution) nous est donné soit par une indication d'ordre général (andante, allegro, etc...), soit par une indication chiffrée (indication métronomique). Cette indication — ainsi que nous le verrons — figure au-dessus de la première portée.

Ce n'est que depuis Beethoven que l'indication de tempo est précise (et chiffrée). Les premières indications étaient assez vagues, et c'est l'homme, lui-même, qui servait de

* L'effet d'une pièce musicale dépend de très nombreux facteurs; tout récemment un linguiste (L-J Calvet) a réalisé une enquête sur la perception de la musique chez ses étudiants de thèse. «Nous voulions, écrit-il, vérifier l'affirmation de sens commun selon laquelle le mode mineur est triste, par opposition au mode majeur qui serait gai, et pour cela, nous avions composé au piano et enregistré une courte mélodie en Do majeur transposée ensuite en Do mineur. Pour brouiller un peu les pistes, ces deux morceaux (en majeur et en mineur) étaient présentés mêlés à d'autres interprétations de la même mélodie : une octave plus bas, une octave plus haut, organisation différente de la mesure, etc... Et, pour chacune de ces variantes, nous avons demandé à une centaine de personnes :
— est-ce le même air?
— l'un vous paraît-il plus gai que l'autre?
— lequel?» (6b.-25)
La conclusion de son enquête montra que ce qui détermine, essentiellement, la gaieté ou la tristesse d'un morceau est d'une part sa vitesse d'exécution et d'autre part la fréquence des notes jouées (notes graves ou aiguës) : gai = aigu et rapide; triste = grave et lent

référence. On conseillait de régler la vitesse d'exécution d'une pièce musicale sur celle du «pas d'un homme qui se promène assez lentement...» ou encore sur celle du «pas d'un homme qui marche un peu vite et qui fait cinq quarts de lieue à l'heure...». On utilisera encore d'autres références comme, par exemple, la vitesse du cœur (pouls) et on tiendra compte des pouls lents (40 battements par minute) et des pouls rapides (130 battements par minute) : les variations de mouvement étant comprises entre ces deux limites.

Plus tard, le tempo fut indiqué en fonction de la vitesse des différentes danses; malheureusement, cette vitesse ne fut pas uniforme au cours des temps... Ce n'est qu'avec l'apparition des mouvements d'horlogerie et du métronome, l'invention de Maelzel, que le tempo fut indiqué avec précision.

Le métronome

Le métronome est un petit appareil de conception fort simple, mais extrêmement utile aux musiciens; en effet, il permet de déterminer avec exactitude le tempo d'un morceau de musique. Le métronome classique se présente comme un boîtier de forme pyramidale contenant un mécanisme mû par un ressort. Le mécanisme détermine les oscillations d'un pendule dont la fréquence peut varier entre 40 et 240 par minute. Un petit curseur mobile se déplaçant le long de la tige, faisant fonction de pendule, permet de choisir une fréquence précise. Lors de chaque oscillation il y a émission d'un petit bruit, généralement un claquement.

Les pendules les plus récents sont plus sophistiqués, et le mécanisme électronique est alimenté par une batterie. Ces pendules sont donc beaucoup plus précis et il est possible de leur adjoindre certains perfectionnements comme une sonnerie qui se déclenche après un certain nombre de mouvements, etc... Ils peuvent donc donner le tempo et battre la mesure.

Actuellement, certains petits métronomes de poche ont un aspect semblable à celui d'un chronomètre.

L'introduction du métronome est relativement récente (1816). On la doit à son inventeur, le mécanicien viennois

J.N. Maelzel, mais aussi à son ami le grand compositeur L. van Beethoven. C'est ce dernier qui, pour la première fois, a indiqué une mesure métronomique pour l'une de ses œuvres (Sonate op.106).

Depuis lors, la plupart des musiciens ont adopté cette indication.

Signalons, au passage, que Maelzel est également le constructeur d'automates musicaux qui connurent une telle vogue qu'ils furent produits à des concerts et que des musiciens écrivirent pour eux.

■ **La mesure métronomique**

Avant l'introduction du métronome, les musiciens se contentaient d'indiquer le tempo par une mesure assez vague comme *andante, allegro, vivace*, etc... (voir plus loin) ; depuis l'adoption de cette indication, le tempo et la durée d'un morceau sont clairement déterminés.

□ La mesure métronomique s'indique *au-dessus de la première portée* de la façon suivante : une figure de note, suivie du signe égal (=), et d'un chiffre.

□ Ce chiffre indique *la place du curseur le long de la tige et le nombre de battements par minute.* Dans l'exemple ci-dessous on aura 106 noires par minutes.

□ A partir de cette indication, il est possible de *déterminer la durée d'un morceau* ; il suffit de calculer le nombre de mesures, de multiplier ce chiffre par le chiffre du rythme (c'est l'indication qui figure après la clé et les éventuelles altérations), ce qui nous donne le nombre total de battements et de diviser ce nombre par le chiffre métronomique.

Soit le morceau suivant qui contient au total 212 mesures.

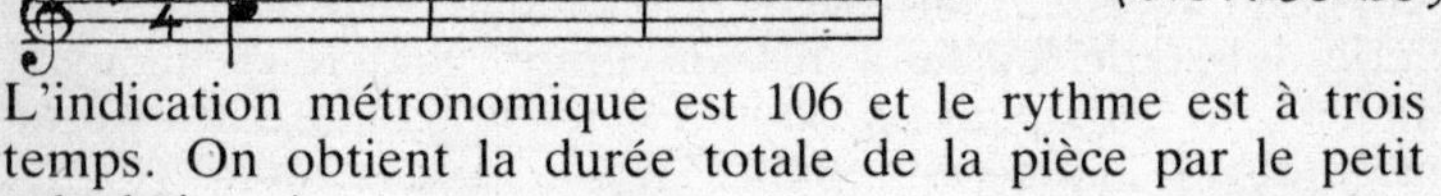

L'indication métronomique est 106 et le rythme est à trois temps. On obtient la durée totale de la pièce par le petit calcul ci-après :

$$\frac{\text{Nombre total de battements :}}{\text{Mouvement métronomique :}} \quad \frac{212 \times 3}{106} = \frac{636}{106} = 6 \text{ minutes.}$$

La durée totale du morceau est donc de 6 minutes.
□ Notons qu'il ne s'agit que d'*une durée approximative qui ne tient pas compte des modifications du tempo* (accélération et ralentissement) au cours de l'interprétation.

Ainsi, par exemple, il apparaît que « pour les différentes versions enregistrées de la 4e Symphonie de Beethoven, les vitesses d'exécution vont de 52 à la croche sous la baguette de W. Furtwangler à 66 sous la direction de Br. Walter, à 80 chez A. Toscanini, passant de la sorte du « largo » à l'« andante » sans jamais atteindre les 84 à la croche notés sur la partition. » (Honegger, D5- 1004)

Ainsi, la mesure métronomique indiquée en début de partition ne constitue-t-elle qu'une indication générale, qu'il est loisible au musicien de ralentir ou d'accélérer suivant son tempérament ou encore l'acoustique de la salle. Les compositeurs (comme R. Wagner) qui avaient tenté de donner des mesures très précises ont dû faire marche arrière, car des musiciens trop scrupuleux refusaient de modifier le tempo en fonction des circonstances, et dès lors ce qui aurait dû servir la musique, au contraire, la desservait.

D'ailleurs Beethoven, lui-même, avait conscience que l'emploi du métronome avait ses limites et on trouve parfois l'indication métronomique complétée par l'une ou l'autre remarque. Comme par exemple : « Mouvement numéro 100 du métronome Maelzel, mais pour les premières mesures seulement, car le sentiment implique aussi le mouvement, et cela ne peut pas être exprimé clairement par les chiffres du métronome ». Ailleurs, dans une lettre à son éditeur, il écrit : « ... Quant aux indications métronomiques — que le diable emporte toute mécanique ! — patience, elles viendront... » (cité in W. Tappolet, *La Notation musicale et son influence sur la pratique de la musique du Moyen-Age à nos jours.* A la Baconnière 1947, page 72).

Les indications de tempo les plus fréquentes

Avant l'introduction du métronome (et même depuis...) l'indication de tempo était assez vague. Le tableau ci-après reprend les principales indications de tempo, suivies de leur valeur métronomique approximative.

Tempo	*Mesure métronomique*	
grave	40	
largo	44	large
lento	52	lent
adagio	58	à l'aise
andante	66	allant
moderato	88	modéré
allegro	132	allègre (animé)
vivace	160	vif (rapide)
presto	184	rapide

■ **L'utilisation de diminutifs reste possible; ainsi** *allegretto* (104) est plus lent qu'allegro (132). On trouvera quelquefois *larghetto*, *andantino,...* mais aussi *larghissimo* (très large), *prestissimo* (très rapide), etc...

■ Lorsque **le tempo est laissé au gré de l'exécutant** on écrit l'une des deux formules suivantes :
□ *a piacere* (c'est-à-dire «au bon plaisir») ou
□ *ad libidum*, parfois abrégé en ad. lib., (c'est-à-dire «au choix» de l'exécutant)

■ **Autres indications de tempo**

un poco allegro :	un peu animé
molto vivace :	très vif
assai presto prestissimo :	très rapide
meno vivo :	moins vif
più mosso :	plus animé
con moto :	mouvementé
senza rigore :	sans rigueur
quasi adagio :	presque adagio
ma non troppo :	mais pas trop
a tempo :	au mouvement
tempo primo :	mouvement du début
tempo giusto :	mouvement exact
tempo rubato :	mouvement «dérobé» (valeurs inégales)

lo stesso tempo :	même mouvement
doppio movimento :	mouvement double
accelerando stringendo :	en accélérant
incalzando affrettando :	en pressant
animato :	animé
animando :	en animant
ritenuto :	retenu
rallentando :	en ralentissant
ritardando :	en retardant
allargando :	en élargissant
a piacere :	librement
agitato :	agité
cantabile :	bien chanté
con brio :	avec verve
con anima espressivo :	expressif
giocoso :	enjoué
grazioso :	gracieux
grave :	pesant
leggiero :	léger
maestoso :	majestueux
scherzando :	en badinant

Leçon 12 : la nuance

■ Jusqu'à présent, nous n'avons pas encore parlé de **l'intensité des sons ;** pourtant chacun de nous sait qu'il existe une différence d'intensité appréciable entre la voix chuchotée et le lancement d'une fusée spatiale. En physique *l'intensité d'un son se caractérise par le nombre de décibels*, et il est possible de déterminer avec précision l'intensité d'un son quelconque (flûte, voiture qui passe, bambin qui crie, etc...). En musique ce n'est qu'assez tardivement (vers le 16e siècle) que les compositeurs ont commencé (bien timidement) à noter les variations d'intensité du son. Ces variations d'intensité déterminent des nuances dans la phrase musicale et permettent de mieux exprimer sa signification ; ce sont ainsi les musiciens romantiques qui, les premiers, ont fait un grand usage des divers signes de nuance.

■ Pourtant — contrairement à ce que nous montre la pratique quotidienne où les différences d'intensité des sons sont énormes — **les signes musicaux indiquant l'intensité du son sont peu nombreux,** et le musicien ne dispose que d'une échelle de sept degrés (voir tableau). Ceci fait dire à W. Tappolet (62-85) que « l'exactitude des signes dynamiques n'a pas dépassé celle des neumes du haut Moyen-Age ». Les neumes étant les ancêtres (très imprécis) de nos notes.

□ En règle générale, *les nuances sont indiquées entre les deux portées* et on utilise presque toujours les abréviations qui se rapportent aux termes italiens (bien qu'actuellement certains compositeurs utilisent parfois leur langue maternelle).

□ Ainsi, les sons de faible intensité sont appelés *piano* et les sons de forte intensité sont appelés *forte*.

□ Lorsque le compositeur désire un changement progressif d'intensité - il utilise le terme *crescendo* (en augmentant) ou le terme *decrescendo* (en diminuant). Ces deux termes sont souvent remplacés par des signes appelés *soufflets*.

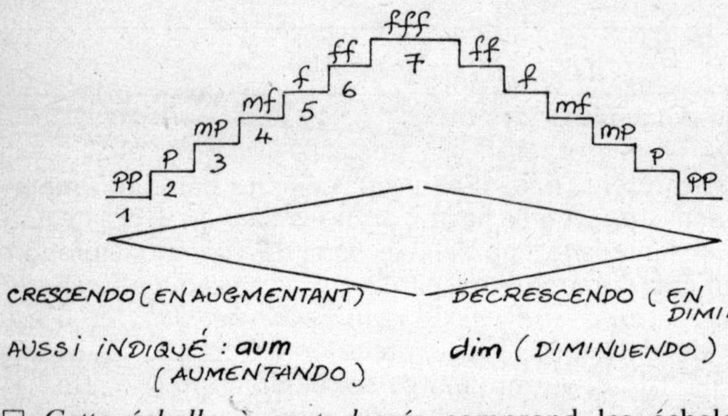

□ *Cette échelle à sept degrés* comprend les échelons suivants :

p = pianissimo = très doux

pp = piano = doux
mp = mezzo-piano = mi-doux
mf = mezzo-forte = mi-fort
f = forte = fort
ff = fortissimo = très fort
fff = fortissississimo = le plus fort possible

A côté des ces signes classiques, il en existe encore de nombreux autres mais, étant rares, nous les passerons sous silence.

Leçon 13 : d'autres signes musicaux

Outre les signes déjà décrits (les plus fréquents), il en existe une infinité d'autres qui peuvent apparaître sporadiquement dans une pièce musicale.

Les signes d'attaque

Les plus usités (qu'il est donc nécessaire de connaître) sont les signes qui agissent sur la qualité de la note (signes d'attaque).

■ **Le staccato** (= point détaché)
Il indique que la note doit être bien détachée de la note qui la suit. La note perd en fait la moitié de sa valeur en temps !

■ **Le point piqué**
Il indique que la note doit être attaquée, puis quittée, de la manière la plus rapide possible. La note perd les 3/4 de sa valeur en temps.

■ **Le tiret** (ou accent agogique)
Il indique que la note doit être légèrement accentuée.

■ **Le chevron**
Il indique que la note doit être attaquée vigoureusement.

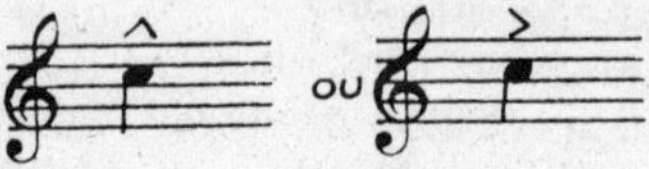

Quelques signes d'abréviation fréquents

Nous en avons déjà rencontré un certain nombre (8^{a}, barres de répétition, nuances, etc...). On rencontrera encore souvent les trois signes ci-après :

■ **L'arpège**
Arpéger c'est faire entendre successivement toutes les notes d'un accord ; c'est-à-dire qu'au lieu de jouer les notes toutes ensemble on les fait entendre d'abord les unes après les autres. L'arpège s'indique au moyen d'un signe vertical ondulé placé devant l'accord.

□ L'arpège se joue *de bas en haut*.

□ Lorsque l'accord doit être arpégé *de haut en bas* on l'indique au moyen de petites notes.

■ **Le trémolo**
Le trémolo est la répétition rapide d'une ou de plusieurs notes. Il s'indique au moyen de barres qui traversent la queue de la note.

□ *Tableau des trémolos*

■ **Le glissando**

Il s'exécute par glissade d'une note à une autre de manière trop rapide que pour que les notes puissent être mesurées. Au piano le glissando se fait soit sur les touches blanches soit encore sur les touches noires. Le glissando s'indique par une ligne «en gradins» qui joint la note de départ et la note d'arrivée.

Leçon 14 : les notes d'agrément

Les notes d'agrément ou **ornements** sont de petites notes ajoutées à un passage musical *pour en augmenter la légèreté.*

D'abord improvisées, elles sont devenues des motifs fixés à l'avance, des ornements indispensables.

Avec l'apparition du pianoforte, puis du piano, qui permettait d'alterner des notes soutenues avec des traits brillants, les notes d'agrément ont été définitivement fixées.

□ Actuellement, les principaux ornements utilisés sont *au nombre de cinq :* l'appogiature, le grupetto, le trille, le mordant, la fioriture.

□ Les ornements n'ont aucune valeur de mesure. *Leur durée est empruntée aux notes principales qui les précèdent ou les suivent.*

□ Remarquons qu'aujourd'hui les ornements sont *indiqués par des notes* mais peuvent parfois, comme jadis, être représentés par des signes.

■ **L'appogiature**

□ C'est *l'exécution du son voisin de la note principale.* Elle peut donc être appogiature supérieure ou appogiature inférieure.

On distingue trois types d'appogiatures (de l'italien appogiare=appuyer).

☐ *L'appogiature simple* : elle prend la moitié de la durée de la note qui suit.

☐ *L'appogiature brève* : la petite note est alors barrée. Elle prend le moins de temps possible de la note qui suit.

☐ *L'appogiature double* : c'est la réunion d'une appogiature supérieure et inférieure. Comme l'appogiature brève, elle affecte au minimum la durée de la note principale.

■ Le grupetto

☐ *Petit groupe rapide de trois, ou quatre notes.* La note principale est entourée des notes conjointes supérieures ou inférieures.

☐ La grupetto commence habituellement par la note supérieure et est indiqué par le signe suivant 𝆗

☐ *S'il commence par la note inférieure*, il est dit «renversé» et s'indique alors par l'un des deux signes suivants :𝆘 ou S

☐ En fait, il s'agit de la double appogiature avec passage sur la note principale. *Comment savoir si l'appogiature nécessite trois ou quatre notes*? La règle est simple et logique :

— *trois notes* s'il se trouve sur une note ou entre deux notes de même nom :

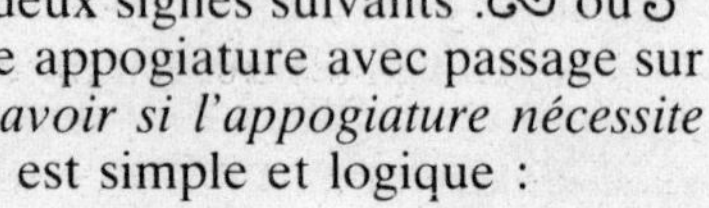

— *quatre notes* s'il se trouve entre deux notes de nom différent.

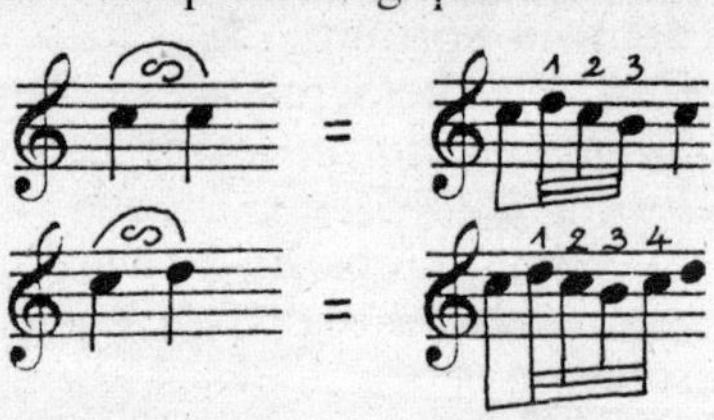

La vitesse d'exécution dépend du caractère général de la pièce.

■ **Le trille**

□ *C'est un battement régulier et rapide d'une note et de sa note conjointe supérieure.*

□ Le trille est indiqué par l'abréviation «tr» suivie d'une ondulation horizontale.

□ *Si la note supérieure est altérée* (dièse ou bémol) on l'indique immédiatement après le signe «tr».

■ **Le mordant**

□ C'est *l'exécution rapide de l'appogiature avec retour sur la note principale.*

□ Le mordant non barré indique l'appogiature supérieure tandis que le mordant barré indique l'appogiature inférieure.

■ **La fioriture**

□ Elle consiste en *petites notes placées en un endroit quelconque du morceau et qui lui donnent une certaine coloration.* Rappelons que tous ces ornements empruntent leur durée aux notes principales qui les précèdent ou les suivent.

Il existe encore quantité d'autres ornements, mais leur étude dépasserait largement les limites de ce petit volume. Notons cependant que les ornements sont aujourd'hui beaucoup plus rares que dans le passé, car ils sont moins nécessaires. En effet, ces divers ornements avaient, essentiellement, pour but de pallier aux insuffisances d'expression des anciens instruments (clavicorde, clavecin, etc...)

Synthèse

Ces quelques leçons vous permettent, maintenant, de lire la plupart des partitions musicales. Tout le reste n'est plus que travail…

La méthode (de D. Vasarely) qui forme la troisième partie de ce volume vous permettra d'acquérir progressivement (et agréablement) la technique pianistique en exerçant vos talents sur des pièces musicales de plus en plus complexes.

Lorsque vous aurez pris goût à la musique, vous aimerez certainement mieux comprendre la structure interne de ce merveilleux édifice : la quatrième partie de ce volume — en étudiant les intervalles, les gammes, les accords, les harmoniques, etc… vous donnera la possibilité, non seulement de mieux comprendre ce qu'est la musique, mais également d'acquérir un solide bagage technique, pour aborder plus efficacement les œuvres des grands maîtres.

A titre d'exemple et de synthèse nous reproduisons, ci-après, une partition qui reprend les principales notions développées dans les précédentes leçons. Et, maintenant, place au pianiste…

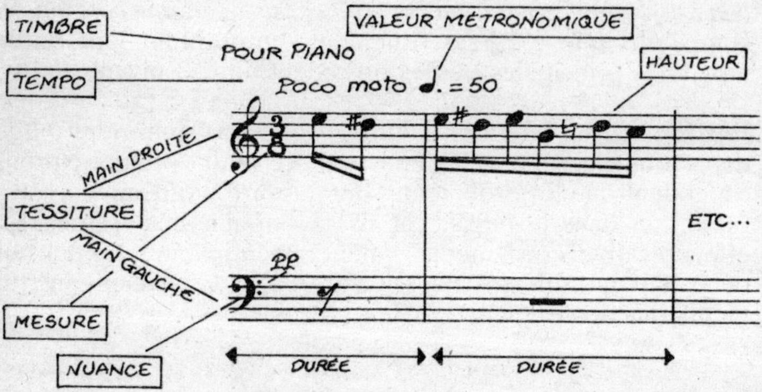

Les deux premières mesures de «Pour Elise» de L. von Beethoven

TROISIEME PARTIE

Le piano par la pratique

Mon premier professeur de piano... «J'avais sept ans et ma mère m'accompagnait. Il faudra, dit-elle, qu'il fasse un an de solfège, un an de gammes, un an d'études, un an d'harmonie, puis à la cinquième année il pourra jouer ce qu'il lui plaît. A ces mots je pris mes jambes à mon cou sans demander mon reste. Ma mère eut beaucoup de mal à me trouver : j'avais trouvé refuge dans une poubelle et mené le couvercle sur moi...

Bruno Lussato. *Le Défi Informatique*. (Fayard)

Introduction

Cette troisième partie, consacrée à la pratique du piano, est composée essentiellement d'un choix de morceaux faciles, extraits de la méthode de D. Vasarely*.

Notre choix est motivé par trois raisons :

— originalité (ce sont toutes des pièces inédites) ;

— musicalité (ce sont des morceaux très agréables à entendre) ;

— qualités pédagogiques.

Cette dernière raison mérite un mot d'explication. Comme le lecteur aura l'occasion de le constater, la progression des difficultés lui permet d'accéder assez rapidement à des pièces de niveau moyen. La première pièce musicale ne demandant aucune connaissance technique (elle fait appel à la position naturelle des mains, et est entièrement en clé de Sol) peut être jouée immédiatement. La seconde pièce, toujours très simple, fait encore appel à la clé de Sol. Dans la pièce « A l'Unisson » il faudra s'habituer à jouer avec les deux mains, et ainsi de suite. La progression est donc logique et ne peut qu'encourager l'étudiant.

Ceux qui désirent réellement faire des progrès techniques ont également intérêt à jouer les gammes (voir le chapitre qui leur est consacré).

Chacune des pièces ci-après sera commentée, et les éventuelles difficultés de doigté seront indiquées sur le clavier.

□ Rappelons que *le chiffre indiqué au-dessus de la portée* est une indication métronomique. Le lecteur devra s'habituer à jouer aux différents tempi.

□ *Les chiffres entre les portées* indiquent la manière de compter les temps.

Pour réaliser de rapides progrès, rien de mieux que l'assiduité... une demi-heure chaque jour est de loin préférable à trois heures le samedi après-midi !

Il est bon d'apprendre d'abord à jouer de la main droite et puis seulement à jouer des deux mains.

* La méthode complète (grand format) peut-être obtenue auprès de D. Vasarely en écrivant au 92, rue de l'Orient à 1040 Bruxelles.

De la décontraction avant toute chose...

Une position contractée empêche la bonne exécution d'une œuvre musicale. La bonne position peut se résumer en ces trois points :
1— bon siège à hauteur convenable.
2— poignets à l'horizontale (pas de poignets qui tombent!),
3— doigts légèrement pliés et en contact avec les touches.

Le doigté

C'est la façon de placer les doigts sur un instrument de musique pour en jouer. Au piano (comme d'ailleurs sur tous les instruments de musique) le doigté est extrêmement important pour de nombreuses raisons.

Un mauvais doigté augmente la difficulté technique d'une pièce musicale, de plus il risque de provoquer des accidents en cours d'exécution (doigt qui dérape). Enfin, la force des doigts n'étant pas identique, le doigté est également responsable (dans une certaine mesure) de l'interprétation. Ainsi, de nombreux compositeurs indiquent dans certains passages le bon doigté.

Depuis C. Ph. E. Bach le pouce est fortement sollicité (avant lui il était le plus souvent inutilisé et pendait; c'était souvent le médius qui chevauchait l'index).

La numérotation internationale des doigts (voir dessin) permet d'indiquer facilement sur chaque pièce le bon doigté.

Le jeune musicien doit, dès les premières heures, attacher

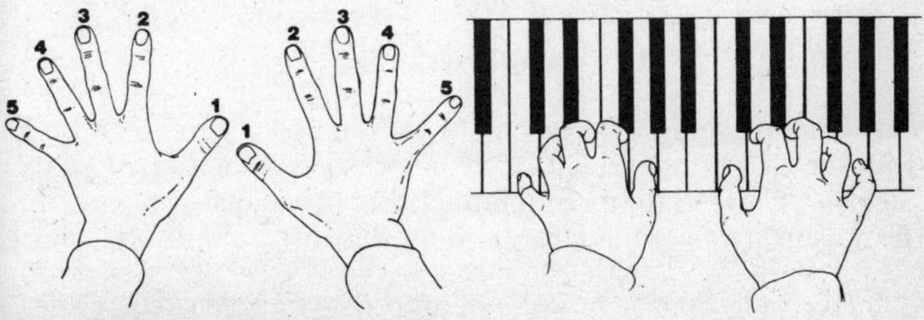

La numérotation internationale

une extrême importance au fait de toujours utiliser le bon doigt pour la bonne touche !

□ La position naturelle des doigts consiste à placer le pouce de *la main droite* sur le Do (milieu du clavier) et de déposer ensuite les autres doigts, un à un, sur les autres touches.

□ Pour *la main gauche,* on dépose le pouce sur le Sol rencontré en progressant vers le grave ; ensuite on place les autres doigts. Le petit doigt se posant sur le Do.

De la partition au clavier

Vous devez vous habituer à lire sans difficultés les partitions. Même si vous connaissez un morceau de musique de mémoire, prenez la peine de placer la partition devant vous et obligez-vous à lire les notes en jouant. Cet exercice — sans doute fastidieux — vous habituera à lire très vite toutes les partitions.

Si vous avez des difficultés, durant les premières semaines, à repérer facilement les notes correspondantes aux différentes octaves, nous vous conseillons de construire un clavier rigide que vous placerez sur le clavier du piano, verticalement.

Ce clavier sera dessiné sur un carton rigide ayant exactement la longueur de votre piano (on peut trouver de tels claviers dans certains magasins de musique). Tenez compte du nombre de notes de votre piano (88 ou 85) et sachez qu'une note blanche (± 22 mm) est plus large qu'une note noire (± 10 mm). Entre chaque blanche, il y a également 2 mm de jeu.

Comment se tenir devant le clavier

Sur la manière de se tenir au clavier il n'y a pas grand chose à ajouter à ce qu'écrivait, il y a presque exactement deux siècles, Carl Philipp Emmanuel Bach*, dans son célèbre Essai sur la vraie manière de jouer des instruments à clavier.

* C.P.E. Bach. *Essai sur la vraie manière de jouer des instruments à clavier.* J.C. Lattès 1979, 216 pages + 27 pages de partitions.

«Un instrumentiste doit s'asseoir face au milieu du clavier, afin de pouvoir jouer avec la même facilité aussi bien les notes les plus aiguës que les plus graves.»

«Il est assis à la bonne hauteur si les avant-bras sont légèrement plus haut que le clavier.»

«En jouant, les doigts doivent être fléchis et les nerfs détendus; plus on fait de fautes sur ces deux points, plus il faut y prêter attention. La raideur interdit tout mouvement et empêche, en particulier, de pouvoir étendre puis de rassembler les doigts, comme il faudrait pouvoir le faire à tout moment. (...) En jouant avec les doigts tendus et les nerfs raidis, outre les désavantages qui en découlent tout naturellement, on souffre d'un inconvénient majeur : les autres doigts, en raison de leur longueur, se trouvent trop loin du pouce, qui devrait pourtant se trouver aussi près que possible du reste de la main.»

Cloches de village

Il s'agit d'une petite pièce musicale extrêmement simple. Lisez d'abord les notes à voix haute en gardant la mesure. Il s'agit d'une mesure à deux temps dont chaque temps vaut une noire : comptez 1 pour les notes noires et le double (1 et 2) pour les notes blanches.

Cette pièce est écrite uniquement en clé de Sol (portée supérieure pour la main droite et portée inférieure pour la main gauche).

Les doigts sont en position naturelle.

En train

Ce petit morceau très simple mais très agréable à entendre contient deux nouvelles notes (le Fa et le Ré) mais reste toujours écrit uniquement en clé de Sol.

Il s'agit maintenant d'une mesure à trois temps dont chaque temps vaut une noire.

♩ =40-44-48-52

Rappelons que le point derrière une note augmente sa valeur de la moitié : une blanche pointée vaut donc trois noires.

Les doigts sont toujours en position naturelle.

A l'unisson

Jusqu'à présent les deux mains jouaient alternativement ; maintenant les difficultés se corsent et chaque main joue séparément. Cependant avant d'entreprendre l'exécution à deux mains il est bon de préparer le morceau à main séparée : main droite puis main gauche et, enfin, les deux mains.

Travaillez bien chaque main séparément : c'est la clé pour

bien réussir la coordination des deux mains.

Pour ne pas augmenter exagérément les difficultés, ce morceau est toujours écrit en clé de Sol.

Orgue de barbarie

Toujours uniquement en clé de Sol, ce morceau possède une très grande musicalité. Vous pouvez arriver à le jouer après seulement deux mois d'étude. Il s'agit d'un morceau à quatre temps dont chaque temps vaut une noire : apprenez à bien compter les temps.

L'accord Do-Mi-Sol termine le morceau, met le point final.

Pour arriver à bien coordonner les deux mains, vous devez apprendre à jouer ce morceau très lentement d'abord, et, pour commencer, à main séparée.

Danse folklorique

Il s'agit d'une chanson hongroise traditionnelle.

Elle se joue sur un rythme à deux temps. Il faut bien respecter le tempo. Apparition d'une figure de note : la croche.

Pour bien compter et jouer en mesure, la meilleure méthode est de compter les noires et d'intercaler entre les temps la syllabe « et » suivant le schéma ci-après : 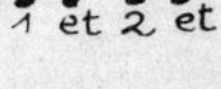

De cette manière il est facile d'exécuter deux croches sur un temps.

Cette jolie pièce contient beaucoup d'accords. Etudiez la mélodie et les accords d'abord à main séparée.

Faites bien travailler votre petit doigt de la main gauche : il doit enfoncer la touche complètement.

Noël à la campagne

Pour la première fois nous avons affaire à une clé de Fa ! Il s'agit d'une pièce musicale à quatre temps dont chaque temps vaut une noire.

Dans la seconde partie de cette pièce (neuvième mesure, indiquée par A) la main droite se déplace : le pouce joue le Si tandis que l'index se place sur le Ré comme sur le dessin ci-après :

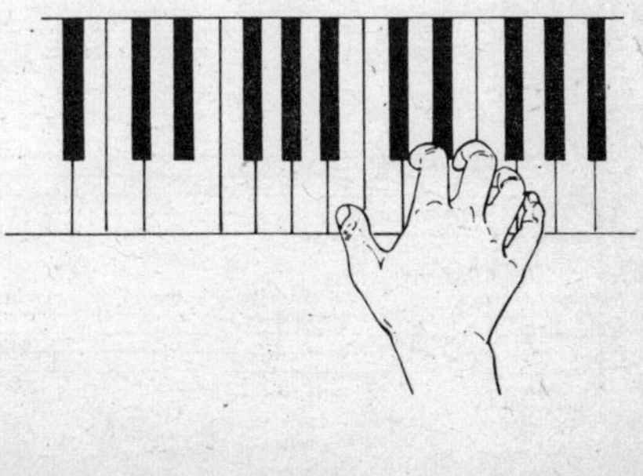

Le comptage des croches se fait comme pour la pièce précédente. A la quinzième mesure le soufflet du crescendo indique qu'il faut augmenter progressivement le niveau sonore. Vous avez donc la possibilité de donner à cette pièce musicale un «cachet personnel». Après le forte, vous reprenez en douceur exactement comme en première partie.

A l'avant dernière mesure (indiquée par un B), le cinquième doigt de la main gauche s'écarte pour arriver au Sol. comme cela apparaît sur le dessin ci-contre.

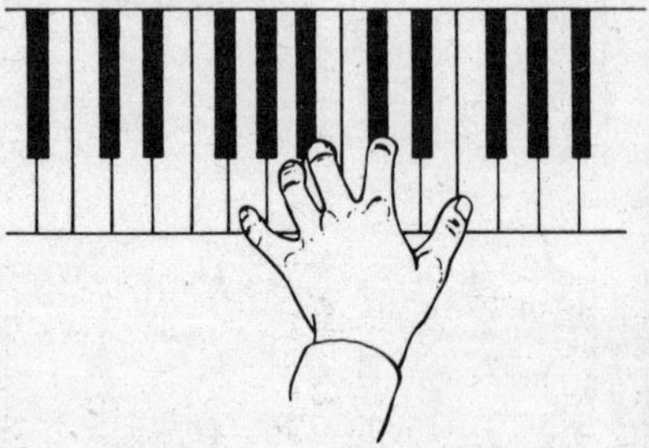

Le petit berger

Il s'agit d'une petite pièce très agréable à entendre et à jouer, mais truffée de pièges : c'est la raison pour laquelle nous l'avons retenue parmi les pièces de la méthode Vasareli.

Cette pièce doit être jouée assez longtemps à main séparée ; ce n'est que lorsque la main droite est bien connue qu'il faut se lancer dans la coordination des deux mains. Les nombreux pièges sont des pièges de doigtés ; pour bien jouer cette pièce, il faut respecter scrupuleusement le doigté illustré par les dessins ci-après (les chiffres entourés se rapportent aux dessins).

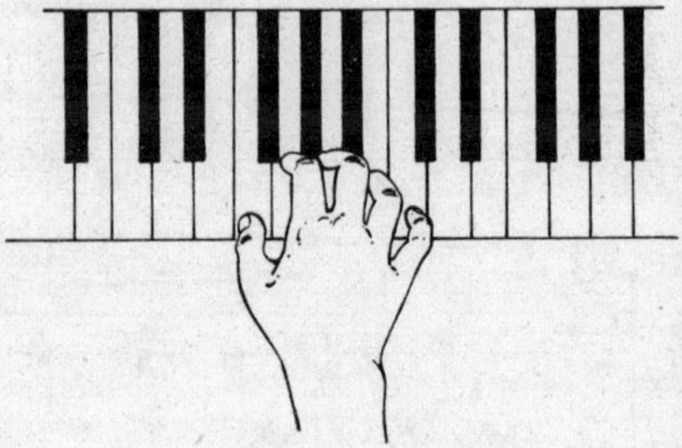

1 — La main quitte sa position habituelle sur le clavier ; ceci amène l'index sur le Sol.

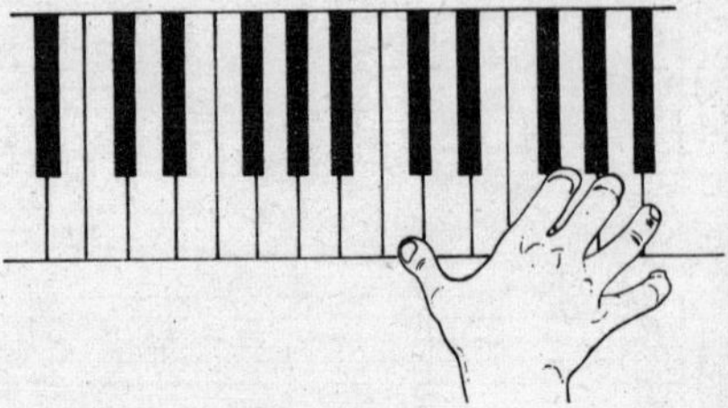

2 — La main, grâce à l'écartement du pouce, reprend sa position usuelle.

3 — Le pouce se pose sur le Ré.

4 — Passage du pouce sous le troisième doigt.

5 — Passage du troisième doigt au-dessus du pouce.

6 — Rétrécissement de la main, et retour du cinquième doigt de la main droite sur le sol.

Scherzo

Ce terme, emprunté à l'italien, signifie plaisanterie. Il s'agit d'une pièce de style plaisant, humoristique, taquin, et qui demande une interprétation gaie et enjouée.

Cette pièce en trois temps (dont chaque temps vaut une noire) contient de nombreux triolets de croches qui doivent être joués avec une grande régularité (l'aide du métronome est, au début, indispensable). Pour plus de facilité, jouez les triolets de la sixième et de la treizième mesure (écrits en clé de Fa) de la main droite.

Respectez les nombreux soupirs qui font partie du caractère de cette pièce, écrite en Fa majeur.

On remarquera, lors de la seconde partie de cette pièce (cinquième mesure après la double barre), la présence d'un bécarre qui annule le Si bémol : on passe ainsi de la tonalité de Fa majeur à celle de Do majeur. Cette seconde partie (mesures 17 à 20) se termine par une «cadence» en Do majeur (annulation de tous les Si bémol). Celui-ci est un ton voisin du Si bémol (pour plus de détails concernant la cadence et les modulations voir la quatrième partie : l'espace musical). Les degrés de cette «cadence» sont marqués par la main gauche suivant le schéma ci-après :

Cette «cadence» est accompagnée d'intervalles de sixtes à la main droite :

Après la reprise de la seconde partie, nous avons une «cadence rompue» qui signifie un repos momentané du discours musical sur le sixième degré de la tonalité de Fa majeur (tonalité principale de cette pièce musicale).

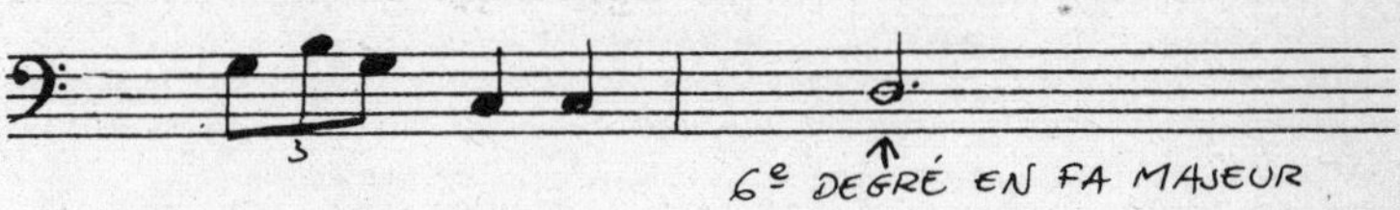

La dernière ligne est une cadence en finale dans l'esprit général de cette musique :

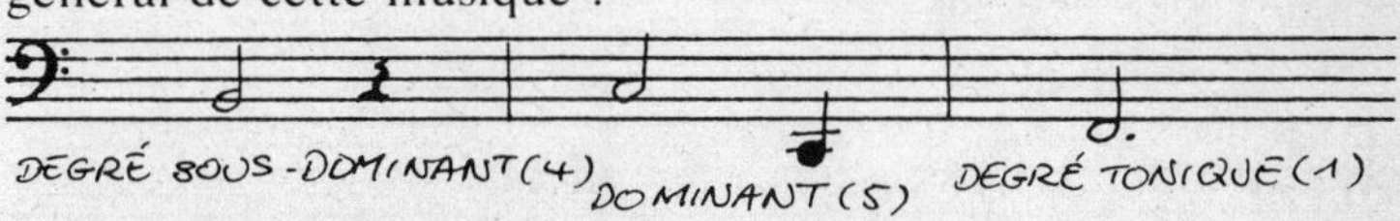

* Pour ce qui concerne les degrés, voir page 147.

SCHERZO

♩ = 40 - 48 - 60 - 72 - 80 - 88 - 100 - 120 - 144

1 2 et 3 et
1 + 2 + 3
mf
1 2 3
1 2 3
1 2 et 3 et
1 + 2 + 3
1 2 3
f
1 2 3
1 2 3
1 2 3
ff
1 2 et 3 et
1 et 2 et 3 et
1 et 2 et 3 et
1 et 2 et 3
1 2 3
1 2 3
1 2 3
1 2 3

mf
1 2 3
m.droite
1 + 2 + 3
m. droite
1 et 2 et 3 et
RETENIR . . . .
p

Les pédales

Nous avons déjà discuté des pédales et de leur importance dans la première partie consacrée à l'anatomie du piano. La pédale étant réellement l'« âme » du piano il nous paraît utile de reprendre (sous une autre forme) le sujet dans cette partie pratique.

De nombreux compositeurs considèrent la pédale comme l'âme du piano... il faut donc la manier comme on s'adresse aux âmes : avec douceur.

Rappelons que la pédale de droite en libérant la corde de l'action des étouffoirs libère également l'ensemble des harmoniques de chaque corde. Nous allons montrer, dans le paragraphe consacré aux harmoniques, comment mettre ceux-ci en évidence en agissant sur cette pédale. Nous constaterons que l'action sur une note met d'autres notes en résonnance. Lors d'un accord, l'action sur la pédale de droite peut donc quelquefois modifier le son par l'action réciproque des harmoniques. L'usage de cette pédale doit donc être parcimonieux.

Sur les partitions l'utilisation de la pédale est quelquefois indiquée par 𝒫 ou encore par 1/2𝒫. Pour indiquer qu'il faut enlever la pédale on utilise le signe *.

Louis Kentner a consacré quelques très belles pages à l'utilisation de la pédale : « Comment le grand pianiste, l'artiste inspiré peut-il charmer et envoûter ses auditeurs au point de leur faire croire à la beauté du son qu'il produit, si différent de celui qu'obtiendrait tout autre artiste moins inspiré dans les mêmes conditions (même instrument, même salle de concert, même public) ? (...) L'artiste véritable a fait l'expérience de ce mystère qui transporte parfois une exécution vers des sphères supérieures... »

Et il termine en affirmant : « Je suis convaincu qu'un bon usage de la pédale forte représente au moins la moitié de ce que nous appelons « sonorité ». Les artistes en font chacun un usage assez varié pour que nous puissions comprendre partiellement cette énigme déconcertante qu'est la grande différence de son obtenue entre des artistes à talents égaux jouant sur les mêmes instruments. » (32-67 et ss)

La pédale apporte donc au jeu un « supplément d'âme ».

■ La pédale et son jeu

Par pédale, on entend tout levier actionné par le pied de l'instrumentiste. Le piano n'est pas le seul instrument à disposer d'un pédalier (orgue, harpe, clavecin) mais il est le seul dans lequel l'action de la pédale modifie la sonorité de l'instrument.

La plupart des pianos droits ont deux pédales dont le rôle est différent. Les pianos à queue ont la plupart du temps une troisième pédale ; le mécanisme d'action de ces pédales est, par ailleurs, différent de celui du piano droit. Envisageons uniquement le cas du piano droit.

Il est facile de se rendre compte de l'action des deux pédales ; il l'est moins de savoir quand les utiliser. Si vous appuyez sur la pédale de droite, la note jouée se prolonge, tandis que l'action de la pédale gauche rend le son plus bref, plus sourd. Nous disséquerons d'abord le mécanisme responsable de cette modification sonore, pour ensuite nous consacrer à l'étude d'une utilisation judicieuse de la pédale.

■ Mécanisme

Les premiers pianos ne disposaient pas de pédale mais d'un mécanisme disposé sous le clavier et qui devait être actionné par le genou de l'exécutant. Ainsi que le fait remarquer Louis Kentner, « ce dispositif semblait destiné aux enfants prodiges ou aux personnes munies de très courtes jambes » (32. -29).

□ Actuellement, l'exécutant qui appuye sur *la pédale de droite* provoque un écartement des étouffoirs et donc permet à la corde de vibrer sans entrave.

□ S'il appuye sur *la pédale de gauche* il agit soit sur le clavier (sur les pianos à queue l'ensemble du clavier se déplace vers la droite et le marteau ne frappe que deux cordes au lieu de trois), soit encore sur les marteaux (les marteaux se rapprochent des cordes et la puissance de frappe est diminuée).

□ *La troisième pédale appelée sostenuto* (ou pédale de prolongation) permet de prolonger des notes ou des accords isolés, mais sans affecter l'ensemble du clavier. Cette pédale n'est présente que sur certains pianos récents.

■ Le choix du moment

La pédale peut être utilisée à trois moments différents :

— avec le son,
— avant le son (anticipation) ;
— après le son (en syncope).

Le mauvais choix du moment peut entraîner, ainsi que nous l'avons vu, une confusion des sons fort désagréable à l'oreille.

Notons que le jeu de la pédale n'est clairement indiqué qu'à partir de Beethoven (c'est lui aussi qui, le premier, indique clairement le tempo). Certains musicologues ont fait remarquer que les indications sont quelquefois fantaisistes et qu'il faut imputer ces fantaisies à sa surdité. Mais, ainsi que l'observe Kentner, ces bizarreries se retrouvent déjà dans son œuvre, bien avant que ne se déclare la surdité.

□ *La pédale de droite :* «La règle qui consiste à ne faire intervenir la pédale qu'après la note est valable toujours et partout, mais, comme toute règle, elle connaît des exceptions. Certains musiciens pensent qu'il est plus correct de considérer la pédale simultanée comme une exception à la règle.» (32-69)

Il existe quelques cas pourtant où l'utilisation de la pédale simultanée est obligatoire; le musicien complet qui connaît l'harmonie et comprend l'action de la pédale (libération des harmoniques) ne s'y trompera pas. Cette étude dépasse pourtant les limites de ce petit volume.

□ *La pédale de gauche* : contrairement à la pédale de droite, cette pédale doit être utilisée avant le son.

Nous ne pouvons mieux terminer cette courte analyse de l'âme du piano qu'en citant, une fois encore, Louis Kentner : «Voici un conseil qui s'adresse aux débutants : laissez vos talons au sol quand vous utilisez la pédale, c'est le bout des orteils qui l'actionne, et vous pouvez l'enfoncer plus ou moins profondément. Frapper la pédale ou battre la mesure avec le pied gauche ne sont pas les signes d'un tempérament fougueux, mais de très mauvaises habitudes qu'il faut perdre dès l'âge du biberon.» (32-74)

Le trac

Le trac, malheureusement tout le monde sait ce que c'est et

en a déjà été victime. Coupant le souffle, volatilisant la mémoire, provoquant le tremblement des mains, multipliant l'incoordination motrice, il rend celui qui en est atteint gauche et maladroit.

L'instrumentiste, plus que tout autre, craint le trac car il intervient à tous les niveaux de son art (mémoire, coordination musculaire, souplesse, contrôle, etc...). Le trac de l'acteur, de l'interprète, provient généralement de la présence d'un public; combien de pianistes débutants, quelquefois même excellents durant l'année, perdent tout contrôle au moment de l'examen ou d'une audition devant un public. Avec le temps le trac se maîtrise ou s'étiole mais cela demande une longue pratique du jeu en public. Nous ne pouvons donc que conseiller aux jeunes pianistes débutants de ne jamais hésiter à jouer (même des petits morceaux très simples) devant un public; surtout, si celui-ci est composé de connaisseurs qui peuvent juger (et critiquer) la prestation. Une critique constructive ne doit jamais être rejetée, mais au contraire recherchée.

Quel que soit votre niveau pianistique, quel que soit votre but en apprenant le piano, il est possible qu'un jour vous ayez à participer à un petit récital ou à présenter une épreuve de concours. Si vous n'avez pas une longue habitude du public, vous risquez d'être pris par le trac. Bien sûr, il existe sur le marché des médicaments qui combattent l'angoisse et le trac, mais ils ont également des effets secondaires (somnolence, diminution de la concentration, perturbation de la coordination, etc..) qui sont dangereux lors d'une exhibition.

Heureusement, il existe un moyen fort simple et (dit-on) efficace pour combattre le trac : l'acupressing.

■ L'acupressing de l'instrumentiste

L'acupressing, méthode qui consiste à stimuler manuellement certains points d'acupuncture, est aussi vieille que l'acupuncture, et il n'est pas interdit de penser que les musiciens qui devaient se présenter devant l'Empereur combattaient le trac en se massant certains points précis du corps.

Nous avons rencontré, pour la première fois, une utilisation de l'acupressing comme moyen de combattre le trac dans un ouvrage traitant des instruments à vent*. L'idée nous paraissant bonne et la réalisation pratique simple, nous avons alors recherché et trouvé, dans un ouvrage assez récent (De l'acupuncture à l'acupressing), un point aisément utilisable.

Le point utilisé dans le traitement du trac porte le joli nom de « Trong Li » ce qui voudrait dire village communicant. Il se trouve à la face antérieure du poignet, du côté cubital (côté opposé au pouce) à 1 travers de doigt du pli de flexion.

Pour lutter contre le trac, il faut stimuler ce point environ une heure avant la prestation (et, si possible, immédiatement avant celle-ci). « Les pressions doivent être fortes, mais non douloureuses — et, en principe, chaque pression dure quelques secondes. La durée totale des pressions exercées sur un point n'excède pas quelques minutes par séance. » (27-132). Le docteur Grigorieff, l'auteur de l'ouvrage cité, nous a aimablement autorisé à reproduire le document ci-après.

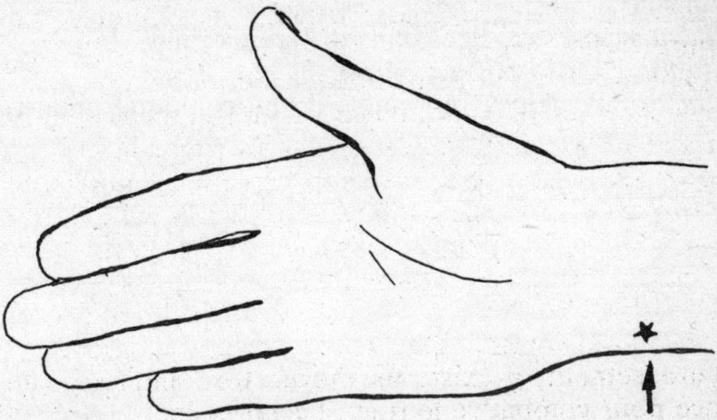

Conclusion

Vous voilà maintenant capable d'étudier et de jouer, quantité de petites pièces musicales, écrites par les plus grands compositeurs. Parmi celles-ci, retenons les sonatines de *Beethoven*, les pièces pour la jeunesse de *Schumann*, le petit livre de Clavecin d'*Anna Magdalena Bach* (qui comprend vingt-quatre pièces faciles), les sonatines de *Mozart* et d'*Haydn*, les

* M. Ricquier, *Traité méthodique de pédagogie*, 1976 (p.95).

morceaux faciles de *Kabalevsky*, etc... Dans un autre style vous pouvez également jouer les Pièces enfantines d'*Erik Satie*, les Touches noires et les Touches blanches de *Darius Milhaud*, etc... Si vous aimez les chansons françaises, vous apprécierez La Boutique d'Arlequin, recueil composé de quinze pièces faciles et progressives pour le piano sur des chansons de France*

En même temps que vous jouerez pour votre plaisir ces magnifiques pièces musicales, vous ne devez pas négliger les exercices techniques : votre virtuosité en dépend!

Nous vous recommandons de jouer les gammes, les arpèges, les octaves, etc... (voir quatrième partie : l'espace musical). Vous trouverez de nombreux exercices dans les ouvrages ci-après qui sont des «classiques» :

— *Czerny* : L'art de délier les doigts, Trente études de la vélocité, Vingt-quatre études de la vélocité, Trente études de mécanisme;
— *Cramer* : 84 exercices dans différents tons;
— *Hanon* : Le Pianiste virtuose;
— *Cortot* : Principes rationnels de la technique pianistique; etc.

* Editions Henry Lemoine Paris

QUATRIEME PARTIE

L'espace musical

La musique, c'est l'organisation des sons dans l'espace, en mouvement dans le Temps.
E. Andréani

Introduction

Jusqu'à présent notre étude théorique de la musique n'a porté que sur la représentation graphique de celle-ci ainsi que sur la fonction temps (valeur des notes et des signes, tempo, mesures, espace, etc...). La musique est également — et certains diront : surtout — espace et volume ; c'est à l'étude de ceux-ci que nous consacrons cette partie.

Certaines règles musicales sont conventionnelles (et nous avons déjà vu que les règles de temps, par exemple, sont complètement arbitraires), cependant la plupart obéissent non seulement à une logique rigoureuse mais également à des données physiques. On ne peut plus aujourd'hui écrire — ainsi que le faisait Reber* dans l'introduction à son Traité d'harmonie (1862) — «Que les données qui servent de base au système musical moderne soient naturelles ou conventionnelles, il faut les accepter comme on accepte une révélation...». Si la musique est souvent une révélation (comme la révélation des «dames», suivant la formule de Zwang) ce n'est jamais que dans un troisième temps. Il faut d'abord apprendre puis comprendre : la «révélation» ne vient qu'après.

Nous consacrerons l'essentiel de cette partie à l'étude des gammes (qui permettent de comprendre comment on écrit une pièce musicale), des accords (qui permettent de comprendre comment on harmonise la musique), aux harmoniques (qui permettent de comprendre les fondements de la musique), aux intervalles, etc...

Bien à regret, (afin de ne pas alourdir le texte) nous avons abandonné les références physiques et historiques pour ne conserver que l'essentiel.

Muni de ce bagage de base, le lecteur pourra, enfin, puiser dans l'étude des œuvres des grands maîtres et dans la lecture des ouvrages spécialisés (voir bibliographie) les éléments d'un enrichissement constant.

* Cité par E. Andréani dans son *Antitraité d'harmonie*, Coll. 10/18, page 8

Les gammes

... Ces gammes qui ressemblent à un roi, commandant une armée... Il vit avec étonnement que chaque soldat (..) pouvait devenir à son tour monarque...
R. Rolland *Jean-Christophe*

Faire ses gammes! Cette petite phrase, passée dans le langage courant pour désigner un apprentissage difficile, est à elle seule tout un programme.

L'étude de la gamme constitue un problème théorique des plus passionnants auquel des volumes entiers ont été consacrés. Notre but, dans ce modeste volume, est plus didactique et nous nous contenterons de jeter les bases élémentaires nécessaires à une étude théorique et pratique.

Que ce soit en littérature, en droit, en médecine, en météorologie ou en musique, nous sommes les héritiers des civilisations grecque et latine. Aujourd'hui, alors que les études classiques n'inspirent plus le respect qu'elles méritent, il est bon d'insister, lourdement, sur l'importance de l'héritage qui nous a été légué. Signalons, au passage, que notre oreille est, elle aussi, l'héritière des traditions d'une longue civilisation. Trop longtemps, on a tenu les musiques étrangères pour dissonantes et peu musicales, faute de comprendre que notre musique, que les lois de notre harmonie, que l'impression musicale sont le fruit d'une culture et d'un conditionnement. Nous aurons d'ailleurs l'occasion d'insister là-dessus lors de l'étude des accords et de la dissonance sur l'évolution de la sensation musicale. Ainsi, un accord qui paraissait jadis dissonant (comme, par exemple, la tierce) est considéré aujourd'hui comme parfaitement consonant : l'oreille musicale s'est adaptée. Nous reviendrons plus longuement sur cette notion — en comparant l'évolution de la musique à l'évolution d'une langue. Ce qui nous semble naturel aujourd'hui (par exemple la gamme classique : Do, Ré, Mi, Fa, Sol, La, Si) est en réalité surtout le fait d'une longue habitude. Ce phénomène a surpris ceux qui ont longuement étudié les civilisations différentes de la nôtre comme, par exemple, les Jésuites en Chine. L'un d'eux, le Père Amiot (qui nous a laissé plusieurs ouvrages sur la musique chinoise) était un bon joueur de clavecin et de flûte traversière et il pensait que la musique était un excellent moyen de gagner la sympathie de ses hôtes en leur jouant des morceaux de musique, célèbres en Europe... «Mais il s'apercevait que ses auditeurs chinois restaient impassibles. Un jour, il leur demanda ce qu'ils pensaient de la musique occidentale. «Ils me répondirent, écrit-il, le plus poliment qu'il leur fut possible, que nos airs n'étant point faits pour leurs oreilles, ni leurs oreilles pour nos airs, il n'était pas surprenant qu'ils n'en sentissent pas les beautés comme ils sentaient celles des leurs. (...) Les airs de notre musique passent de l'oreille jusqu'au cœur, et du cœur jusqu'à l'âme. Nous les sentons, nous les comprenons : ceux que vous venez de jouer ne font pas sur nous cet effet.» (Ysia Tchen, 63-44)

Nous consacrerons ce chapitre à l'étude des gammes : gammes classiques, mais aussi gammes plus rares (comme la gamme par tons) ou plus nouvelles (comme la gamme du jazz). Ce sera également l'occasion de consacrer quelques pages aux divers modes ou au diatonisme.

La dernière partie de ce chapitre comprend la description de toutes les gammes majeures et mineures. L'étude (et la compréhension) de celles-ci est le chemin nécessaire pour accéder aux racines de la musique.

La gamme diatonique

C'est la gamme la plus simple; celle que tout le monde connaît, et la première qu'on apprend à jouer.

Mettez-vous au clavier et jouez successivement toutes les touches blanches d'une octave : Do, Ré, Mi, Fa, Sol, La, Si, Do. Vous venez de jouer la gamme diatonique. Nous étudierons, plus loin, la manière de jouer cette gamme; c'est-à-dire le doigté des deux mains. Consacrons-nous d'abord à son étude théorique. Et, tout d'abord, que signifie le mot diatonique ? Si nous le décomposons nous obtenons le préfixe grec : dia, qui signifie par, et la racine grecque : tonos, qui signifie ton. **La gamme diatonique est donc une gamme par tons**. En fait, la gamme que nous utilisons traditionnellement en Occident est composée de tons et de demi-tons. Les tons étant plus nombreux que les demi-tons, on lui a donné le nom de gamme diatonique ou gamme par tons.

Ces tons et demi-tons ne sont pas disposés au hasard mais, au contraire, de façon bien précise, et leur succession constitue une échelle fixe (voir ci-dessous). Dans cette échelle les deux demi-tons ont un rôle extrêmement important : ils sont attractifs. Si en jouant au piano on s'arrête sur un demi-ton, on a l'impression que le son est comme suspendu, non achevé, et qu'il nécessite une résolution. Nous reviendrons, plus tard, en détail, sur l'importance de l'attraction et de la résolution. Retenons, pour l'instant, que les demi-tons jouant un rôle capital dans la succession des notes de la gamme, il est facile de comprendre qu'ils ne puissent se succéder immédiatement : ils doivent être séparés par des notes ayant la valeur d'un ton.

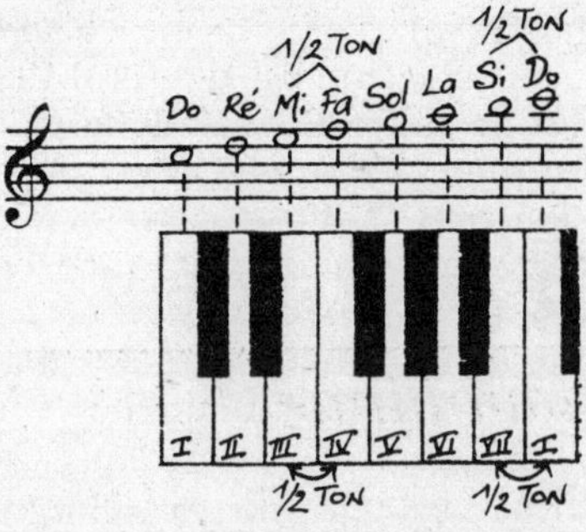

Place des tons et demi-tons dans la gamme diatonique

Un demi-ton trouve sa place presque au milieu de la gamme et l'autre à la fin de celle-ci.

Si on regarde un clavier, on voit immédiatement la place

qu'occupent les demi-tons ; en effet, à cet endroit il n'y a pas de notes noires (voir le clavier ci-dessus).

Ainsi, dans l'échelle diatonique l'ordre des tons et des demi-tons est le suivant :

1 ton — 1 ton — 1/2 ton — 1 ton — 1 ton — 1 ton — 1/2 ton

Partant de Do et progressant suivant l'ordre de cette gamme (1 ton, 1 ton, 1/2 ton, 1 ton, 1 ton, 1 ton, 1/2 ton) on joue la gamme de *Do majeur*. Nous verrons plus loin comment jouer les autres gammes majeures en respectant ces intervalles.

Cette gamme qui nous semble naturelle est l'aboutissement d'un long cheminement durant lequel d'autres dispositions ont été quelquefois préférées ; pourtant c'est la gamme diatonique de Do qui a emporté la lutte. L'histoire de cette gamme est passionnante, mais nous entraînerait plus loin que le but assigné à ce petit volume.

Les degrés de la gamme

Nous avons vu que la place des tons et des demi-tons est rigoureusement fixe. Partant d'une note grave (par exemple le Do) on progresse vers l'aigu en procédant par degrés. La valeur de chaque degré (ton ou demi-ton) est fixée une fois pour toutes. Puisque chaque degré de la gamme occupe une place unique, un rang déterminé, il est normal qu'il occupe également une fonction. Tout se passe, ici, comme dans une société hiérarchisée, où chacun a un rang bien déterminé et une fonction précise.

Chaque son musical, chaque note, est, d'ailleurs, un « être sonore », et nous verrons plus loin qu'il est possible de décrire avec précision chaque note musicale. Comme dans les sociétés humaines, certains « êtres sonores » sympathisent immédiatement avec tout le monde, d'autres demandent du temps, d'autres, encore, ne sympathisent qu'avec de rares élus. Lorsque plusieurs notes sympatisent, on peut les jouer ensemble, *l'accord est consonant* ; si elles ne sympathisent pas *l'accord sera dissonant.* Nous reviendrons là-dessus, lors de l'étude des accords.

Dans une société hiérarchisée, pour que la vie se déroule

« mélodieusement » — il est nécessaire que chacun respecte son rang. En musique, c'est la même chose...

Chaque degré de la gamme a donc une fonction hiérarchique et porte un nom.

□ Pour la clarté de l'exposé, signalons que *deux degrés (deux notes) qui se touchent sont dits conjoints* (par exemple Do-Ré) ; *s'ils sont séparés par des notes intermédiaires ils sont dits disjoints* (par exemple Do-Fa).

Nom des degrés

Nous nous occupons, actuellement, simplement des touches blanches du piano en partant de Do ; c'est-à-dire de la gamme diatonique de Do. Nous verrons, plus tard, que ce que nous avons dit au sujet de cette gamme s'applique parfaitement aux autres gammes.

■ **Pour désigner les différents degrés de la gamme**, on utilise les chiffres romains de I à VII ; on a donc la progression suivante :

Do : I
Ré : II
Mi : III
Fa : IV
Sol : V
La : VI
Si : VII

Le huitième degré de la gamme (VIII) est le Do de l'octave supérieure. Du fait de l'attraction du Si (VIIe degré) par le Do (VIIIe degré) on a l'habitude de jouer la gamme en s'arrêtant sur le Do suivant.

■ **Chaque degré porte un nom** qui donne une idée de son rang hiérarchique, c'est-à-dire de son importance dans la gamme.

Les noms de degrés sont les suivants :

□ *Le premier degré* porte le nom de **tonique.**
□ *Le second degré* porte le nom de **sus-tonique.**
□ *Le troisième degré* porte le nom de **médiante.**
□ *Le quatrième degré* porte le nom de **sous-dominante.**
□ *Le cinquième degré* porte le nom de **dominante.**

☐ *Le sixième degré* porte le nom de **sus-dominante.**
☐ *Le septième degré* porte le nom de **sensible.**

Quelques définitions

Malheureusement, nous devons encore introduire, ici, quelques définitions nouvelles : intervalles, tierce, quarte, quinte et mode. Ces notions seront expliquées en détail plus loin mais il est indispensable d'en connaître, déjà maintenant, le sens.

■ L'intervalle

☐ *C'est la distance qui sépare deux sons, qu'ils soient émis l'un après l'autre ou en même temps.*

Nous avons déjà rencontré deux intervalles différents : le ton et le demi-ton. Il y en a encore beaucoup d'autres.

Un intervalle que vous connaissez bien est l'octave : c'est la distance entre un Do et le Do suivant.

Les autres intervalles les plus importants sont la *tierce*, la *quinte* et la *quarte*. Que ces notions ne vous effraient pas, elles sont toutes simples.

Soit la gamme diatonique de Do qui nous a servi jusqu'à présent : Do, Ré, Mi, Fa, Sol, La, Si, Do.

Représentons graphiquement les intervalles qui nous sont déjà familiers.

☐ *Le ton :*

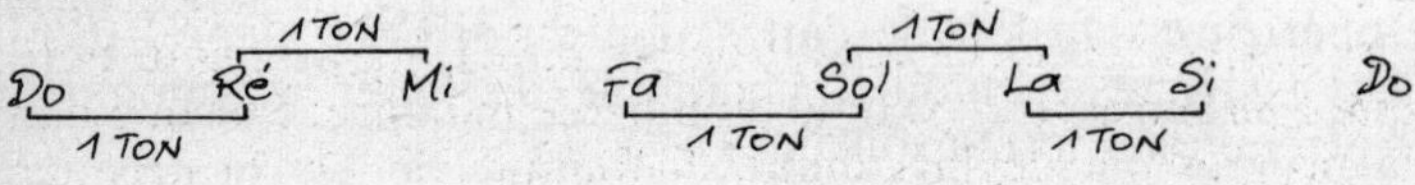

☐ *Le demi-ton diatonique :*

☐ *L'octave :*

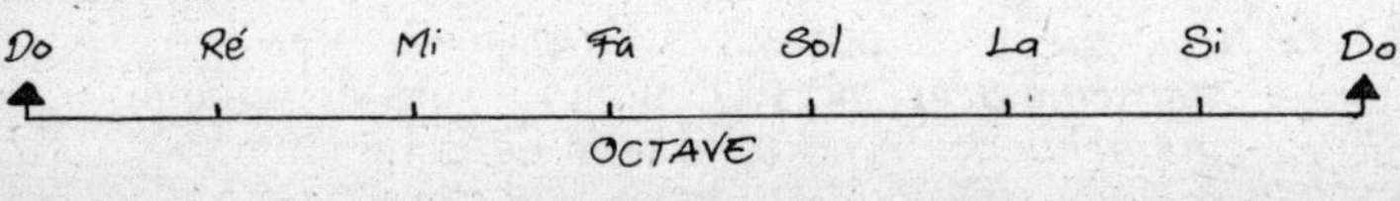

Les autres intervalles ne sont pas plus compliqués.

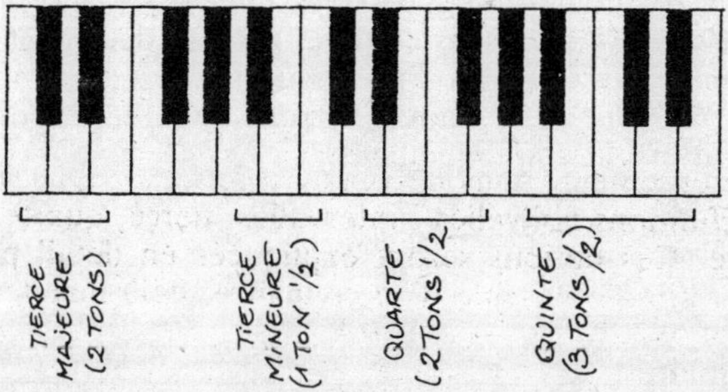

■ **La tierce**

□ C'est *un intervalle à distance de trois degrés.* Seulement, voilà, nous savons qu'il y a des degrés larges (qui ont un ton) et des degrés étroits (qui n'ont qu'un demi-ton). Une tierce pourra donc être large, grande (ou **majeure**) ou étroite, petite (ou **mineure**).

□ *Une tierce majeure* a pour intervalle deux tons.

□ *Une tierce mineure* a pour intervalle un ton et un demi-ton.

La différence entre une tierce majeure et une tierce mineure (entre une grande tierce et une petite tierce) est donc d'un demi-ton diatonique.

□ Si on part de Do (comme nous l'avons fait jusqu'à présent), on traverse, pour arriver à l'intervalle de tierce, deux fois un ton (de Do à Ré, et de Ré à Mi). La première tierce que l'on rencontre est donc une tierce majeure. Puisque dans la progression de la gamme diatonique de Do la première tierce rencontrée est une tierce majeure, on dira qu'on a affaire à *une gamme majeure :* la gamme majeure de Do ou plus exactement *la gamme de Do majeur.* Déjà maintenant vous voyez l'importance de la tierce... et cela ne s'arrête pas là, comme nous aurons l'occasion de le découvrir ensemble.

Nous pouvons donc représenter graphiquement la seule tierce qui nous intéresse actuellement, la tierce majeure.

□ *Tierce majeure :*

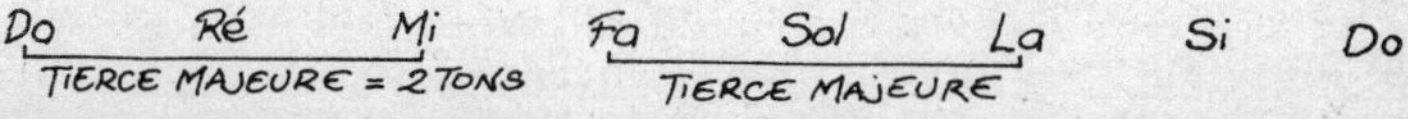

■ La quarte

Comme son nom l'indique, c'est l'*intervalle à distance de quatre degrés.* Cette quarte sur la gamme de Do majeur se compose de deux tons et d'un demi-ton.

□ *Elle est dite juste* (nous verrons plus tard pourquoi). Représentons-la graphiquement.

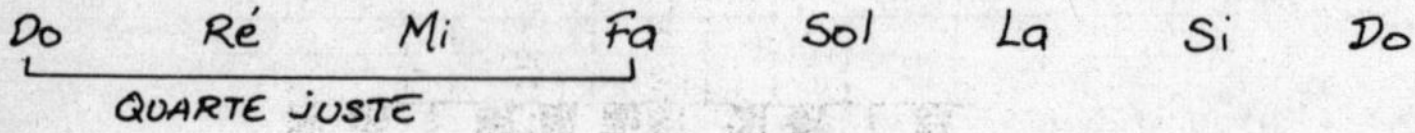

■ La quinte

□ C'est l'*intervalle à distance de cinq degrés.* Il est facile de se rendre compte que la quinte sur la gamme de Do majeur se compose de trois tons et d'un demi-ton. La quinte joue un rôle prépondérant en musique. Nous aurons l'occasion de revenir en détail sur son analyse.

□ La quinte de la gamme de Do majeur est dite *quinte juste* (nous verrons, plus tard, la raison de cette appellation) représentons-la graphiquement :

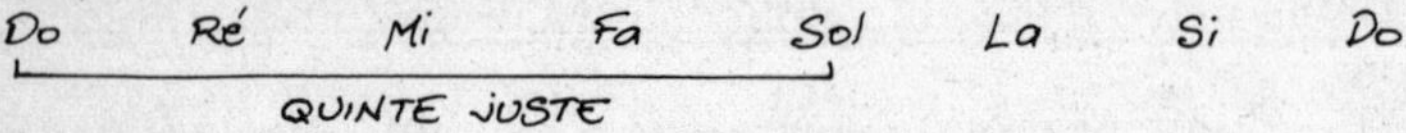

■ Les autres intervalles

Nous étudierons les autres intervalles (seconde, sixième, septième,...) dans le chapitre consacré aux intervalles et accords.

Fonction des degrés

■ Le premier degré est la tonique

Dans tonique on trouve ton; la tonique est, en effet, le premier ton de la gamme. Dans la gamme diatonique de Do, qui nous intéresse pour le moment, c'est naturellement Do, mais nous verrons que dans d'autres gammes ce n'est pas le cas.

La tonique est donc le premier ton de la gamme; c'est elle qui lui donne son nom. Nous connaissons déjà la gamme de

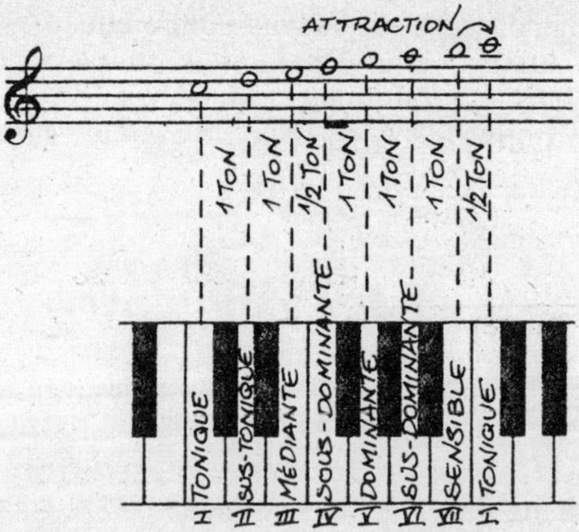

Do, nous étudierons également la gamme de Ré, de Mi, etc... *Dans toutes ces gammes c'est le premier degré, la tonique, qui donne le nom à la gamme.* C'est la note essentielle, la note de repos de la gamme.

Nous verrons, plus tard, que c'est en partant de la tonique que l'on détermine le mode (majeur ou mineur). Partant de la même tonique on peut jouer en mode majeur ou mineur. N'anticipons pas.

■ Le second degré est la sus-tonique

Puisqu'on procède par degrés du grave vers l'aigu, ce degré est au-dessus de la tonique : d'où son nom.

Entre le premier et le second degré il y a un ton.

■ Le troisième degré est la médiante

Cette note est extrêmement importante. Nous savons déjà pourquoi : ce troisième degré détermine la tierce. Or, suivant l'importance de l'intervalle de celle-ci (large = majeur ou étroit = mineur) on détermine le mode (majeur ou mineur). *Le troisième degré, la médiante, détermine donc le mode : c'est la première note modale.* Cette note, la troisième sur sept, porte le nom de médiante, car elle est située à mi-chemin entre la tonique et la cinquième note (la dominante) qui sont les deux pôles de la gamme : elle n'a donc pas usurpé son nom.

■ Le quatrième degré est la sous-dominante
Ce nom ne lui provient pas du fait qu'il est situé sous le cinquième degré (la dominante) mais du fait qu'il se trouve à intervalle de quinte de la tonique de l'octave supérieure :

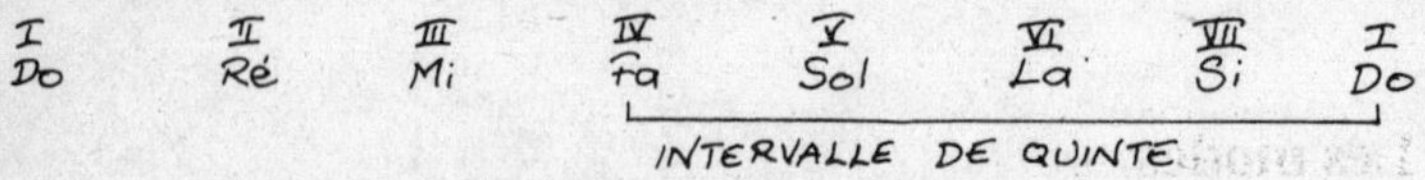

Ce quatrième degré est important et nous y reviendrons longuement lors de l'étude des accords.

■ Le cinquième degré est la dominante
Son nom indique bien sa place dans la gamme : il domine. L'intervalle entre la tonique et la dominante est l'intervalle de quinte. En Do majeur, la quinte est dite juste.

Nous verrons plus tard que les gammes s'enchaînent par quintes ascendantes et, dès lors, la dominante devient la tonique de la gamme suivante. *Tonique, sous-dominante et dominante sont les trois pôles de la gamme.* Nous verrons qu'eux seuls supportent les accords parfaits.

■ Le sixième degré est la sus-dominante
Cette note doit son nom au fait qu'elle suit la dominante. Dans les gammes mineures le sixième degré peut également déterminer le mode. *Cette note constitue donc la seconde note modale*; cependant, elle est beaucoup moins importante que la première note modale (la médiante).

■ Le septième degré est la sensible
Cette note est à un demi-ton de la tonique de l'octave supérieure; il y a attraction de cette note vers la tonique : elle est donc sensible à la tonique qui la suit, d'où son nom. Nous verrons, lors de l'étude des modes mineurs, que tout a été fait pour garder à cette note sa caractéristique de sensible.

■ La note suivante est à nouveau la tonique. **L'intervalle entre les deux toniques porte le nom d'octave.** Notons que la gamme que nous venons d'étudier, et qui n'utilise que les touches blanches du clavier, est appelée gamme naturelle. Elle ne doit pas ce nom au fait qu'elle est « dictée par la nature » mais simplement à des raisons historiques et au fait que ses notes ne sont pas « altérées » par des dièses ou des bémols, les dièses et les bémols étant les notes noires du piano.

Les modes

L'étude de la gamme naturelle nous a amené à parler des modes. C'est le moment de définir ce qu'on entend par ce mot. Tous, musiciens ou non, nous avons déjà entendu parler d'une Sonate en Si bémol majeur, d'un Concerto en Ré dièse majeur ou encore d'une Grande Messe en Si Mineur. Cette dénomination n'est pas arbitraire, comme nous allons le voir, et repose d'une part sur la note tonique (la première note de la gamme utilisée dans la pièce musicale) et d'autre part sur le mode majeur ou mineur de cette gamme.

Certains musiciens et mélomanes sont capables de reconnaître la gamme utilisée à la simple audition d'un morceau de musique. Les Grecs déjà reconnaissaient aux modes des qualités diverses. Dans un très beau pamphlet, le Dr G. Zwang, bien connu pour ses travaux sexologiques, affirme que « le Fa majeur sent la campagne, le Sol majeur est plein d'innocence (« un ton de fleur » disait Schumann), le Ré mineur brûle des feux de la passion, le Ré majeur célèbre les solennités pompeuses, l'Ut majeur est le « ton du Bon Dieu » (disait Gounod)... » (71-65). Et il ajoute, « Ce ne sont pas des rapprochements oiseux, mais réalités du méso-cortex » (c'est-à-dire la partie du cerveau où a lieu, entre autres, l'intégration supérieure de la sensibilité, de l'émotivité, de l'affectivité). La musique parle donc directement au cerveau et ce qu'elle exprime est fonction du mode utilisé.

Pour reconnaître les modes, à la simple audition, il faut bien entendu une oreille musicale (ne pas l'avoir n'empêche d'ailleurs ni de jouer du piano ni d'apprécier la musique !) mais aussi beaucoup travailler. Le docteur Zwang, écrit — nous ne résistons pas au plaisir de le citer — que cette possibilité doit être exploitée : « il faut la pratique de la musique, la pratique persévérante et quotidienne d'un instrument, pour délivrer brusquement cette possibilité enclose. Du jour au lendemain (comme la «révélation» des dames!) l'«innocent» (!) musicien se rend compte qu'il identifie les notes, qu'il les reconnaît par leur nom. Le voici entouré non plus de sons anonymes, mais de vrais Fa, de vrais Ré, qui lui sourient et le charment personnellement, amicalement, affectueusement. C'est un émerveillement» (71-66).

Dans un style moins poétique, le Directeur du Conservatoire de Musique (Claude Delvincourt), dans sa préface à une Théorie Complète de la Musique (biblio : 8) écrit que tout bon élève doit arriver à «déceler au passage, sans hésitation, les degrés sur lesquels s'opèrent les repos du discours musical, les modulations même très passagères, le mode ou les modes employés au cours du morceau, les principaux accords...». Tout ceci ne s'acquiert pas sans peine et beaucoup n'y arrivent jamais; ce qui, rappelons-le, ne les prive ni du plaisir de la musique ni de celui de jouer d'un instrument. Notre but, en citant ces deux auteurs, a été, simplement, de vous faire prendre conscience que la musique et les modes ne sont pas quelque chose d'abstrait : il est possible, avec de l'entraînement et une bonne oreille, de reconnaître les notes, les accords, les modes comme on reconnaît les lettres, les mots et la signification d'une phrase. Encore faut-il connaître la langue et sa grammaire!

Déterminer le mode

Pour comprendre exactement ce qu'est un mode majeur et un mode mineur, la meilleure manière est encore de revenir à notre gamme naturelle.

■ Le mode majeur =
1 ton - 1 ton - 1/2 ton - 1 ton - 1 ton - 1 ton - 1/2 ton
Nous avons vu qu'en jouant les touches blanches du piano, en partant de Do et jusqu'au Do suivant (octave) on réalise la gamme de Do majeur. Cette gamme porte ce nom car le premier degré (la tonique) est sur Do et que l'intervalle de tierce comprend deux tons entiers (Do-Ré, Ré-Mi).

□ Nous avons vu, redisons-le puisque c'est fondamental, que *la tierce détermine le mode :* si elle est large (= majeure = 2 tons) le mode est majeur, si elle est étroite (= mineure = 1 ton et un 1/2 ton) le mode est mineur.
□ Essayons, tout en respectant la hiérarchie décrite, (1 ton, 1 ton, 1/2 ton, 1 ton, 1 ton, 1 ton, 1/2 ton) de mettre la tonique sur Ré. Qu'obtenons-nous : de Ré à Mi : 1 ton, de Mi à Fa : 1/2 ton,... Il n'y a pas moyen de respecter la hiérarchie de la gamme en se contentant des touches blanches. Si nous essayons avec les autres notes (Mi, Fa,...) nous arrivons à la même constatation : pour obtenir une gamme majeure autre que la gamme de Do il faut faire intervenir les touches noires. C'est ce que nous allons faire... plus tard.

■ Le mode mineur = 1 ton-1/2 ton-1 ton-1 ton-1/2 ton-1 ton-1 ton

Il y a cependant moyen en utilisant ces seules touches blanches d'obtenir une gamme, mais cette fois en mode mineur. Pour la gamme en mode mineur, la première tierce n'est que d'un ton et d'un demi-ton : la hiérarchie sera la suivante : 1 ton-1/2 ton-1 ton-1 ton-1/2 ton-1 ton-1 ton

Comparons la à la gamme majeure : 1 ton-1 ton-1/2 ton-1 ton-1 ton-1 ton-1/2 ton

Si nous procédons avec logique, la solution doit nous apparaître facilement. Reprenons le problème à la base : on doit essayer en gardant la même progression de tons et de demi-tons de créer une nouvelle gamme dont l'intervalle entre la tonique et le troisième degré (la médiante) soit, non plus de deux tons, mais d'un ton et d'un demi-ton. La solution au problème consiste donc, si c'est possible, à commencer la gamme à un autre endroit que le Do (on décale la gamme). Il est facile de voir que le seul moyen d'y arriver (en respectant l'ordre des tons et des demi-tons) est de commencer par les deux derniers intervalles, soit La-Si (un ton) et Si-Do (un demi-ton).
□ La seule gamme mineure qu'il est donc possible de jouer en n'utilisant que les touches blanches est *la gamme de La mineur.*

Représentons-la sur la portée en donnant à chaque degré le nom qui lui revient :

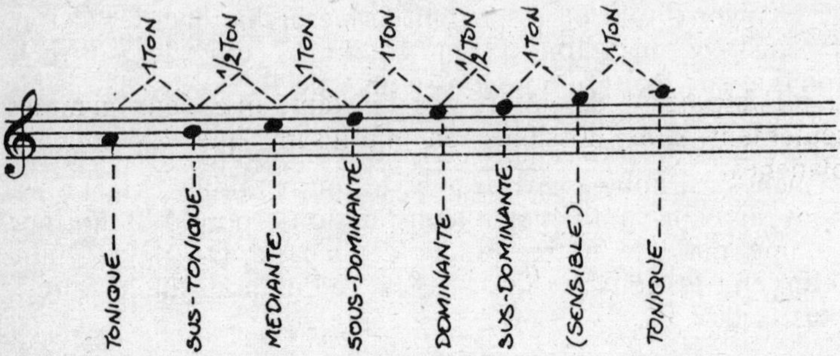

☐ Le lecteur attentif aura remarqué une erreur... *Le septième degré n'est plus à intervalle d'un demi-ton de la tonique de l'octave suivante*, comme en mode majeur, mais à intervalle d'un ton : le septième degré n'est donc plus attiré par la tonique suivante et perd son qualificatif de sensible pour devenir *sous-tonique*. Reprenons l'exemple avec sa correction et nous avons la gamme de La mineur type antique.

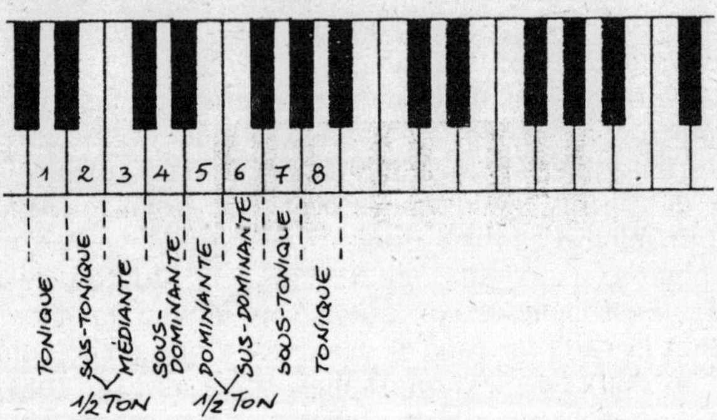

☐ *Cette gamme est dite antique*. Dans le but de conserver à la sensible son rôle attractif, on modifiera le dernier intervalle pour former le type mineur harmonique et le type mineur mélodique. Il n'y a qu'une gamme majeure mais plusieurs gammes mineures. Ceci sera discuté plus tard.

Les gammes relatives

Il est important de noter, dès l'instant, que deux gammes seulement sont possibles en n'utilisant que les touches blanches :
— la gamme de Do majeur
— la gamme de La mineur.

Ces deux gammes sont dites relatives car (c'est facile à constater...) :
— elles ont la même armure : ni dièse, ni bémol ; rien que des notes naturelles ;
— elles sont à distance de tierce : la tonique de Do majeur est la médiante de La mineur.

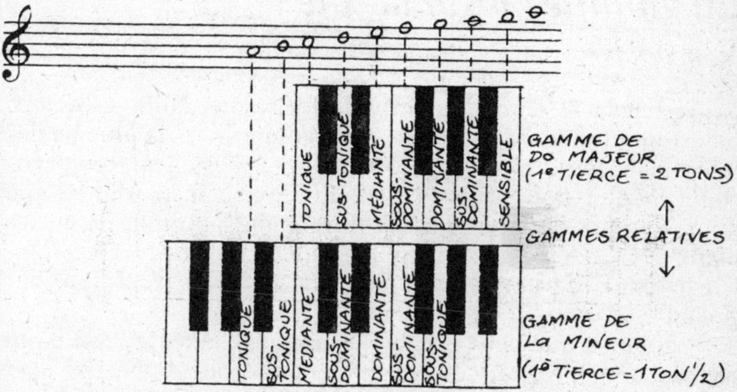

□ *La gamme mineure relative d'une gamme majeure est donc à distance d'une tierce mineure en dessous de la gamme majeure.*

Le diatonisme

Ce terme se rapporte à la gamme diatonique, telle que nous l'avons vue, c'est-à-dire gamme de sept sons séparés par des tons et des demi-tons. Le diatonisme, responsable de la tonalité, est caractérisé par :
— une stricte hiérarchie dans les degrés de la gamme,
— la suprématie de la tonique sur les autres degrés de la gamme,
— attraction vers la tonique,
— le discours musical est introduit par la tonique et s'achève, habituellement, sur celle-ci,
— suprématie de la consonance sur la dissonance : la dissonance doit se résoudre sur une consonance.

Actuellement, certains musiciens rejettent le système tonal : c'est ce qu'on appelle l'**atonalité**.

La gamme chromatique

Notre bagage est maintenant déjà fort riche. Nous savons ce qu'est une tonalité, un mode ; nous connaissons la plupart des intervalles importants, et nous comprenons la place qu'occupe chaque note dans la gamme. Pour l'instant, nous ne nous sommes occupés que de la gamme naturelle (touches blanches) et des deux principaux modes utilisés en Occident. Il est temps de donner aux touches noires la place qui leur revient.

Rappelons que celles-ci, qu'on appelait jadis *feintes*, n'ont pas de nom propre : elles prennent le nom d'une des sept notes de la gamme diatonique (Do, Ré, Mi, Fa, Sol, La, Si) ; nom que l'on fait suivre du qualificatif de bémol, dièse, double bémol, double dièse ou bécarre, et qui indique la nature et le degré de l'altération subie par la note de la gamme diatonique dont elle prend le nom. Par exemple, Do peut être pourvu d'un des accidents (altération) cités : Do bémol, Do dièse, etc..

De demi-ton en demi-ton…

L'octave, nous l'avons vu, contient des tons et des demi-tons (au total 6 tons) ; les touches noires ont un rôle bien précis : elles divisent les tons entiers en demi-tons. Cependant, puisqu'entre Mi et Fa et entre Si et Do il n'y a qu'un demi-ton, il n'y aura donc pas de touche noire entre ces deux notes. Nous avons donc sept touches blanches et seulement cinq touches noires ; soit au total douze touches pour diviser six tons.

■ En partant de Do et en jouant dans l'ordre de leur succession les douze touches du piano (blanches et noires) **nous jouons une gamme chromatique dont la progression pour chaque degré est d'un demi-ton**.

■ **Remarquons que les demi-tons ne sont pas identiques**. Dans la gamme diatonique nous avions des tons et des demi-tons : ces derniers sont des demi-tons diatoniques. Notre gamme chromatique contient donc deux variétés de demi-tons :
☐ *le demi-ton diatonique* (entre Mi et Fa, et entre Si et Do). Les demi-tons diatoniques sont les deux demi-tons rencontrés dans la gamme diatonique. On peut donc définir le demi-ton diatonique comme celui placé entre deux notes de noms différents (Mi et Fa, Si et Do).
☐ *le demi-ton chromatique* (par exemple entre Do et Do dièse). Les demi-tons chromatiques font intervenir — paradoxe chromatique — les touches noires. Ils sont placés entre deux notes de même nom (Do et Do dièse, par exemple).
☐ Dans un clavier tempéré de manière égale (comme c'est le cas pour le piano), *le demi-ton diatonique est égal au demi-ton chromatique* ; ce n'est pas vrai — il faut le signaler — dans les instruments non tempérés.

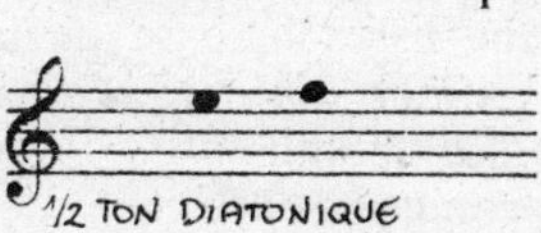

On peut jouer une gamme chromatique à partir d'une quelconque note mais — et c'est important — nous devons remarquer que nous n'avons pas dans la gamme chromatique la solidarité tonale qu'on avait dans la gamme diatonique, où chaque degré avait une fonction hiérarchique.

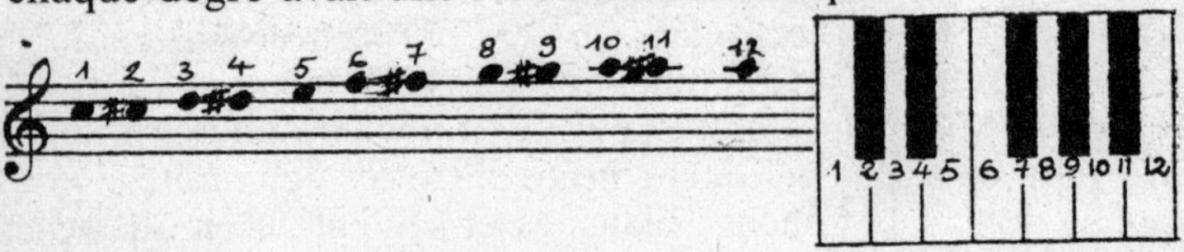

Signalons encore que la gamme chromatique porte aussi le nom de gamme à douze sons ou *gamme dodécaphonique*.

On n'est, bien entendu, pas obligé de jouer toutes les touches noires et nous avons vu que pour jouer les gammes diatoniques autres que celles de Do majeur ou de La mineur on est obligé de faire appel à des touches noires. Ce sera l'objet du prochain chapitre.

Comprendre et jouer les gammes

Il est important de bien comprendre la différence qu'il y a entre une gamme chromatique et une gamme diatonique. *Le seul fait d'utiliser des touches noires ne transforme pas une gamme diatonique en gamme chromatique* :

— dans la gamme chromatique on utilise toutes les touches de l'octave, ainsi une même note y est représentée deux fois : la première fois à l'état naturel et la seconde fois avec une altération (par exemple, Do-Do dièse) ;

— dans la gamme diatonique chaque nom de note (naturelle ou pourvue d'un accident) n'est exprimé qu'une seule fois (par exemple, Do ou Do dièse ; mais jamais Do et Do dièse).

Rappelons encore que le diatonisme est à la base de la musique occidentale, et que dans la gamme diatonique chaque degré a une fonction précise (tonique, dominante,...), ce qui n'est pas le cas dans la gamme chromatique.

Maintenant que nous connaissons mieux les touches noires, nous pouvons étudier les variétés de gammes diatoniques. L'étude de ces gammes est fort importante, car l'immense majorité des compositions musicales occidentales est écrite en fonction de ces gammes. Connaître les variétés de gammes, les reconnaître immédiatement, savoir les jouer (c'est-à-dire connaître le doigté exact) est indispensable au musicien qui veut progresser tant du point de vue technique que du point de vue intellectuel.

Les gammes diatoniques majeures

Rappelons, une fois encore, qu'une gamme diatonique est une gamme dans laquelle la succession des notes respecte des intervalles (tons et demi-tons) fixés une fois pour toute.

La gamme diatonique est majeure, si la première tierce est majeure (deux tons).

Nous avons déjà étudié la gamme de Do majeur, il nous reste à analyser les autres gammes diatoniques majeures — ayant pour tonique les autres notes.

Contrairement à ce que le lecteur pourrait croire, nous n'allons pas, maintenant, étudier la gamme de Ré majeur, Mi majeur, etc.. Mais bien d'abord la gamme de Sol majeur. Puis de Ré majeur, etc.. Pourquoi?

Les solfèges traditionnels insistent trop peu sur les raisons de ce choix; pourtant, comme presque tout en musique, il obéit à une logique rigoureuse. C'est ce que nous allons tenter d'expliquer, fort de ce que nous savons déjà au sujet des principaux intervalles.

La mélodie d'une octave

L'octave est la base de la plupart des systèmes musicaux. Si je joue au piano Do, Ré, Mi, Fa, Sol, La, Si, Do, Ré,... l'auditeur, même pourvu d'une oreille médiocre, se rend facilement compte qu'il y a une étrange similitude entre le premier Do et le second, entre le premier Ré et le second,... A partir du second Do, je rejoue — d'une certaine manière— la même mélodie. L'octave possède donc une certaine unité, et le jeu d'une seconde octave donne une impression de déjà entendu.

□ Ce que l'oreille perçoit, la physique l'explique : *chaque note (chaque son) a une fréquence propre : à l'octave, ce son est doublé.* Ainsi, le La du diapason vibre à la fréquence de 440 cycles par seconde, le La à l'octave supérieure vibre à 880 cycles par seconde et le La de l'octave inférieure à 220 cycles par seconde.

□ *Le rapport des fréquences entre deux notes identiques situées à une octave d'intervalle est donc de un à deux.* C'est le rapport le plus simple entre deux notes; dans l'échelle des sons harmoniques* (voir page 260) c'est aussi le premier rapport. Ceci explique que l'octave soit la base de notre musique. Cependant, si partant d'une note (par exemple, Do), je saute d'un intervalle d'octave à un autre, je reproduis toujours un Do (même s'il est physiquement différent).

□ *Il est donc difficile en se basant sur l'intervalle d'octave de créer de nouveaux rapports entre les sons.*

Pour créer ces nouveaux rapports je vais donc faire appel à un autre rapport simple entre deux notes : le rapport de quinte.

Le cycle des quintes

Le rapport le plus simple entre deux notes est, nous l'avons vu, celui d'octave : le rapport des fréquences y est de deux à un. Cependant en progressant d'octave en octave on reproduit toujours les mêmes notes; le cycle des octaves est donc, en quelque sorte statique, non générateur. Pour obtenir un cycle générateur nous devons nécessairement utiliser un autre intervalle que l'octave.

L'intervalle de quinte se détache facilement des autres intervalles :

□ *le rapport des fréquences entre les deux notes* (par exemple, Sol et Do) *est aussi très simple : trois à deux*,

□ d'autre part, notre échelle des harmoniques (voir page 271) nous montre que *c'est également le second intervalle qu'on y rencontre.*

* Les sons harmoniques auxquels nous consacrons, plus loin, un paragraphe sont les sons «satellites» émis en même temps que le son joué (son fondamental ou harmonique 1).

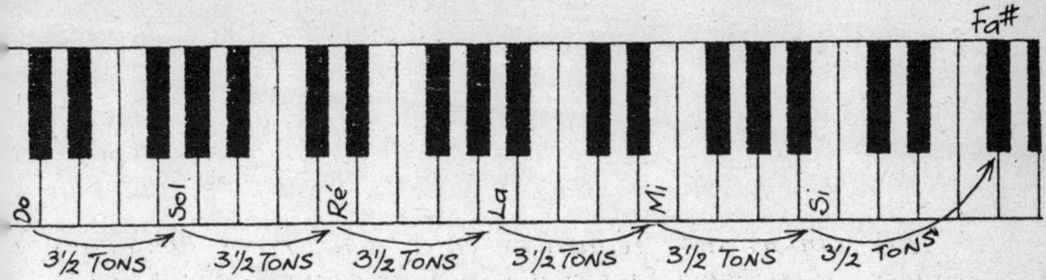

S'il nous fallait, encore, d'autres preuves de l'importance de cet intervalle, il nous suffirait d'interroger l'histoire de la musique, ou les chanteurs, et nous aurions confirmation de la place essentielle qu'il occupe en musique.

Nous proposons au lecteur de s'installer devant son piano (ou, à défaut, d'utiliser la représentation du clavier ci-jointe) et de sauter de quinte en quinte (Do, Sol, Ré, La,...); il constate, aisément, qu'en progressant ainsi, de quinte en quinte, on ne reproduit pas les mêmes notes : c'est exactement ce que nous désirions.

Le cycle des quintes est donc un cycle générateur : il reproduit les sept notes de la gamme diatonique. Nous allons donc jouer nos gammes en commencant chaque fois à la quinte suivante; ceci nous donnera dans l'ordre :

— Do majeur
— Sol majeur
— Ré majeur
— La majeur
— Mi majeur
— Si majeur
— Fa dièse majeur
— Do dièse majeur

Ce Fa dièse s'explique facilement : toute quinte doit avoir trois tons et demi (elle est formée d'une tierce mineure et d'une tierce majeure); or, en partant de Si nous rencontrons deux demi-tons. Ainsi, pour obtenir le compte il faut augmenter l'intervalle d'un demi-ton : le dièse du Fa.

Progressions par quintes ascendantes

Comme nous allons le remarquer immédiatement, il est impossible de jouer les gammes (ayant d'autres toniques que

Do) en respectant les intervalles, sans faire appel aux dièses ou aux bémols (touches noires).

□ Ce qui mérite d'être noté, c'est que *chaque fois que la tonique de la gamme est à la quinte de la tonique précédente* (par exemple Sol par rapport à Do), *il y a une altération nouvelle à la clé* (celle-ci se trouve à la quinte de la précédente). En d'autres mots, la gamme de Do majeur, gamme naturelle, n'a pas d'altération (pas de note diésée), par contre la gamme de Sol majeur a une altération (un dièse), la gamme de Ré majeur en a deux, la gamme de La majeur en a trois, et ainsi de suite.

□ *Ces altérations sont dites constitutives de la gamme*, et on les note juste après la clé dont elles constituent l'armature.

Jouons la première gamme, celle de Sol majeur, et énumérons les notes rencontrées : (rappel ; le mode majeur = 1 ton-1 ton-1/2 ton-1 ton-1 ton-1 ton-1/2 ton) Sol, La, Si, Do, Ré, Mi, Fa dièse, Sol.

Pour respecter les intervalles entre le 6e et le 7e degrés (un ton) et entre le 7e et le 8e degré (1/2 ton), nous avons dû hausser d'un demi-ton le Fa, qui devient ainsi Fa dièse. Le premier dièse de l'armature, le premier dièse constitutif, est donc un Fa dièse.

Nous verrons en jouant les autres gammes que le second dièse est un Do (à la quinte du Fa), le troisième sera un Sol, etc...

■ Ordre des dièses

L'ordre des dièses que l'on rencontrera à l'armature est donc : **Fa, Do, Sol, Ré, La, Mi, Si,** et nous aurons donc les gammes suivantes :

Gamme de Do majeur	0 dièse
Gamme de Sol majeur	1 dièse (Fa)
Gamme de Ré majeur	2 dièses (Fa, Do)
Gamme de La majeur	3 dièses (Fa, Do, Sol)

Gamme de Mi majeur	4 dièses (Fa, Do, Sol, Ré)
Gamme de Si majeur	5 dièses (Fa, Do, Sol, Ré, La)
Gamme de Fa dièse majeur	6 dièses (Fa, Do, Sol, Ré, La, Mi)
Gamme de Do dièse majeur	7 dièses (Fa, Do, Sol, Ré, La, Mi, Si)

□ *On ne peut rencontrer une altération constitutive sans rencontrer également toutes celles qui la précèdent* dans la série ci-dessus.

Si on a un Ré dièse on aura également le Sol, le Do et le Fa ; il est impossible de n'avoir, par exemple, en armature qu'un Do et un Mi dièse. Cette règle ne souffre aucune exception et est fort pratique pour savoir immédiatement en quel ton on est (voir page 169).

Progressions par quintes descendantes

Au lieu de progresser, comme nous l'avons fait jusqu'à présent, de gauche à droite ; nous pouvons également sauter de quinte en quinte en allant de droite à gauche : nous déterminons ainsi l'ordre des bémols :

gamme de Do majeur	0 bémol
gamme de Fa majeur	1 bémol (Si)
gamme de Si bémol majeur	2 bémols (Si, Mi)
gamme de Mi bémol majeur	3 bémols (Si, Mi, La)
gamme de La bémol majeur	4 bémols (Si, Mi, La, Ré)
gamme de Ré bémol majeur	5 bémols (Si, Mi, La, Ré, Sol)
gamme de Sol bémol majeur	6 bémols (Si, Mi, La, Ré, Sol, Do)
gamme de Do bémol majeur	7 bémols (Si, Mi, La, Ré, Sol, Do, Fa)

Notons qu'au-delà de sept dièses ou de sept bémols on ne progresse plus puisqu'on ne peut mettre plus de sept altérations à la clé (il n'y a que sept notes...). En progressant on obtiendrait des doubles dièses ou des doubles bémols ce qui ne s'écrit jamais en armature et n'aurait pas de sens car un double dièse ou un double bémol correspond à une note naturelle.

Cycle des quintes

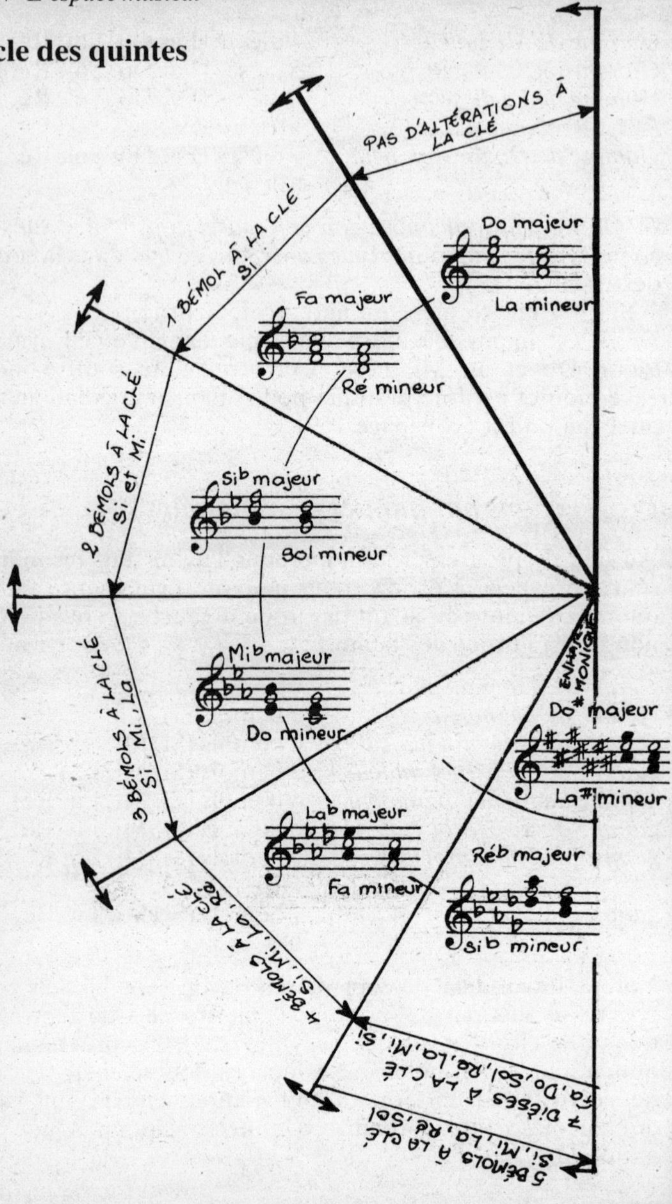

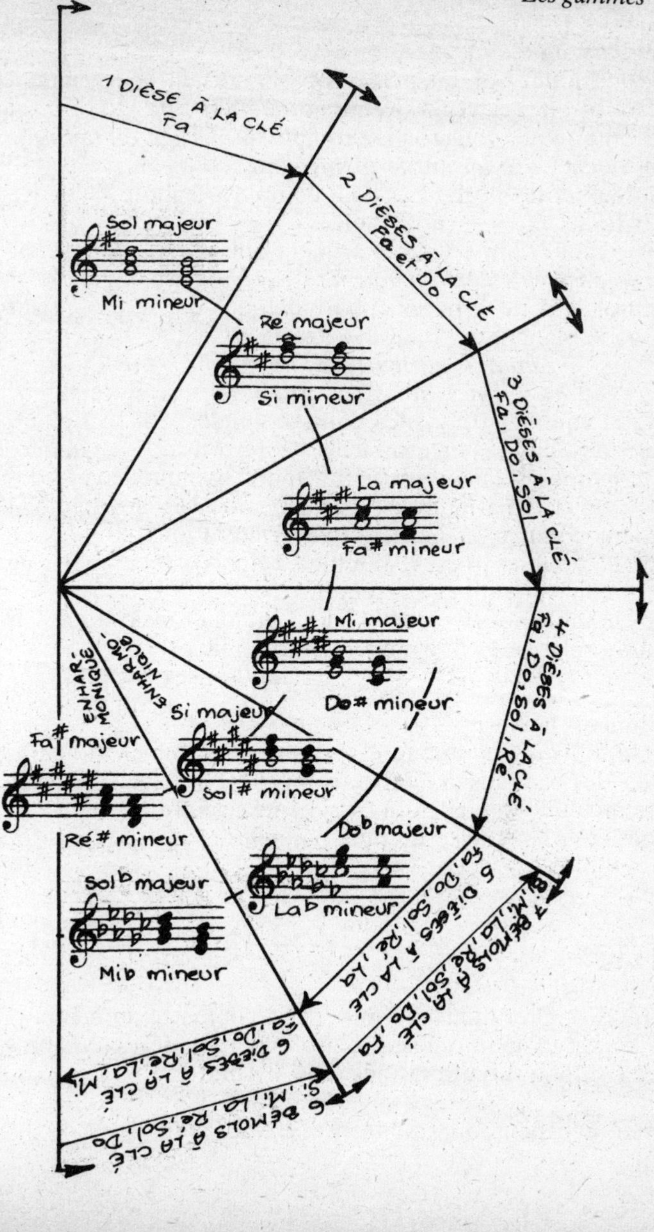

1 DIÈSE À LA CLÉ
Fa
2 DIÈSES À LA CLÉ
Fa et Do
3 DIÈSES À LA CLÉ
Fa, Do, Sol
4 DIÈSES À LA CLÉ
Fa, Do, Sol, Ré
5 DIÈSES À LA CLÉ
Fa, Do, Sol, Ré, La
6 DIÈSES À LA CLÉ
Fa, Do, Sol, Ré, La, Mi
7 BÉMOLS À LA CLÉ
Si, Mi, La, Ré, Sol, Do, Fa
6 BÉMOLS À LA CLÉ
Si, Mi, La, Ré, Sol, Do
Sol majeur
Mi mineur
Ré majeur
Si mineur
La majeur
Fa# mineur
Mi majeur
Do# mineur
Si majeur
Sol# mineur
Fa# majeur
Ré# mineur
Do♭ majeur
La♭ mineur
Sol♭ majeur
Mi♭ mineur
ENHAR-MONIQUE
ENHARMO-NIQUE

■ L'enharmonie

□ Si vous jouez sur un piano, ou sur un autre instrument tempéré, (orgue, clavecin, harmonium, etc...), le Do dièse et le Ré bémol, vous vous rendez compte qu'*il s'agit en fait de la même touche, produisant le même son.*

Ces deux notes portent le nom de notes «enharmoniques» ou encore de notes «synonymes».

Il est important de remarquer que *l'enharmonie ne concerne pas seulement les touches noires*; ainsi, Mi dièse et Fa naturel sont deux notes enharmoniques qui se jouent sur une touche blanche.

□ *Certaines gammes portent des noms différents mais se jouent avec les mêmes notes* (et produisent donc le même son) : ces gammes sont dites enharmoniques. En consultant le cycle des quintes il est facile de retrouver les gammes enharmoniques. Théoriquement toute gamme avec des dièses a pour enharmonique une gamme avec des bémols; cependant comme on n'inscrit pas d'altérations doubles en armature (doubles dièses, doubles bémols), le nombre de gammes enharmoniques est réduit.

Dans le tableau des gammes, nous indiquerons chaque fois la gamme relative et la gamme enharmonique.

■ Gamme relative

Le cycle des quintes donne également les gammes mineures relatives des gammes majeures. Rappelons que deux gammes sont relatives lorsqu'elles ont la même armure et que leurs toniques sont à distance de tierce mineure.

Quel ton?

L'ordre des altérations permet de reconnaître immédiatement le ton d'un morceau. La première étape consiste à regarder s'il y a des altérations dans l'armure.

■ **Sans altérations** on se trouve : en Do majeur ou en La mineur.

■ **Si on a des dièses dans l'armature** il suffit :
☐ de savoir qu'*en mode majeur, le dernier dièse correspond à la note sensible*; il suffit donc de le hausser d'un demi-ton pour obtenir la tonalité du morceau musical. Exemple, si le dernier dièse est Fa, la tonalité du morceau sera en Sol majeur (Fa dièse + 1/2 ton = Sol).
☐ de savoir qu'*en mode mineur, le dernier dièse indique le second degré*; il suffit donc de l'abaisser d'un ton pour obtenir la tonalité du morceau musical. Exemple : si le dernier dièse est Do, la tonalité du morceau est en Si mineur (Do dièse - 1 ton = Si).

■ **Si on a des bémols dans l'armature,** il suffit :
☐ de savoir qu'*en mode majeur, le dernier bémol correspond au quatrième degré.* Il est facile, dès lors, de déterminer le premier degré ou tonalité du morceau.
☐ de savoir qu'*en mode mineur, le dernier bémol représente le sixième degré.* Il est facile, dès lors, de déterminer le premier degré de la gamme.

Le tableau ci-après vous donne directement la tonalité du morceau de musique en fonction du nombre de dièses ou de bémols.

Altérations de la clé	*Gammes majeures*	*Gammes mineures*
0 dièse	Do majeur	La mineur
1 dièse	Sol majeur	Mi mineur
2 dièses	Ré majeur	Si mineur
3 dièses	La majeur	Fa dièse mineur
4 dièses	Mi majeur	Do dièse mineur
5 dièses	Si majeur	Sol dièse mineur
6 dièses	Fa dièse majeur	Ré dièse mineur
7 dièses	Do dièse majeur	La dièse mineur
0 bémol	Do majeur	La mineur
1 bémol	Fa majeur	Ré mineur
2 bémols	Si bémol majeur	Sol mineur
3 bémols	Mi bémol majeur	Do mineur
4 bémols	La bémol majeur	Fa mineur

5 bémols	Ré bémol majeur	Si bémol mineur
6 bémols	Sol bémol majeur	Mi bémol mineur
7 bémols	Do bémol majeur	La bémol mineur

Les trois gammes mineures

Alors qu'il n'existe qu'une seule gamme majeure classique (en jazz, nous le verrons, ceci n'est plus absolument vrai), il y a trois gammes mineures qu'on appelle antique, harmonique ou mélodique. Comment expliquer cela ?

Dans la gamme diatonique majeure, nous l'avons vu et revu, chaque note, chaque degré a une fonction bien précise. Ainsi, la dernière note (le Si dans la gamme de Do majeur), située à distance d'un demi-ton de la première note de la gamme suivante, est attirée par celle-ci, elle est en quelque sorte sensible à son pouvoir attractif ; d'où le nom de sensible attribué au septième degré.

□ Dans la gamme mineure, calquée sur la gamme diatonique majeure, mais située une tierce plus bas, *le septième degré n'est plus à distance d'un demi-ton de la tonique de l'octave supérieure*, mais bien à distance d'un ton. La dernière note de la gamme (le septième degré) n'est donc pas attirée par la tonique de l'octave adjacente. Pour cette raison ce septième degré perd le qualificatif de « sensible » et est appelé **sous-tonique**.

□ Ainsi, alors que dans la gamme diatonique majeure la présence de la sensible incitait à prolonger le jeu sur une nouvelle octave, dans la gamme diatonique mineure, l'absence d'attraction supprime cet appel au jeu ; il y a, en quelque sorte, un point final après l'audition de la première gamme. *Cette gamme mineure « naturelle » porte le nom de gamme mineure type antique.*

□ Dans le but d'éviter cet aspect statique on a imaginé de *rendre artificiellement le septième degré sensible* en le haussant d'un demi-ton. On crée ainsi une nouvelle gamme mineure.

Le mineur antique

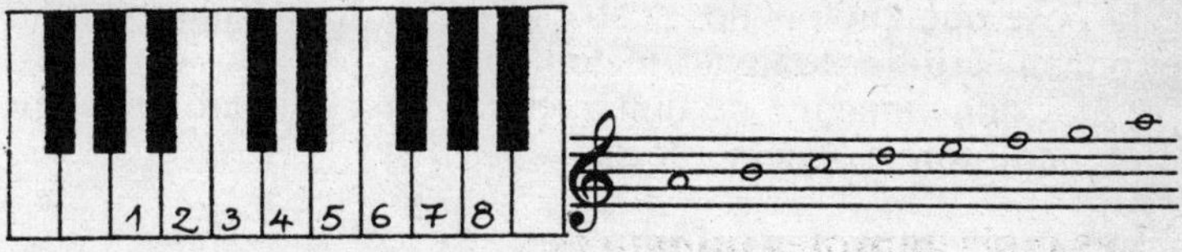

Gamme de La mineur, type antique

☐ Là première gamme mineure, celle qui *se joue uniquement avec les altérations de l'armure,* porte le nom de gamme mineure antique.
☐ *Il n'y a pas de note « sensible » mais seulement une « sous-tonique ».*

Le mineur harmonique

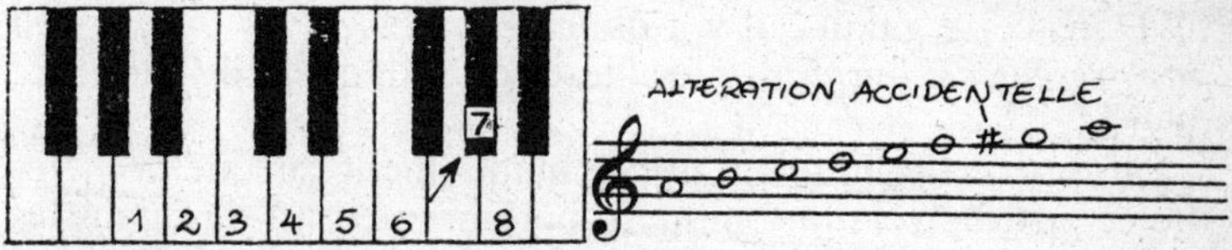

Gamme de La mineur, type harmonique

☐ La seconde gamme mineure, *jouée avec une altération accidentelle (donc non présente à l'armure)* haussant d'un demi-ton le septième degré, porte le nom de gamme mineure harmonique.
☐ *Le septième degré est à nouveau « sensible ».*
☐ Elle doit sa naissance (et son nom) à la découverte des lois de l'harmonie (étude des accords). Remarquons que le sixième degré (sus-dominante) est à distance de un ton et demi du septième degré (sensible).

Le mineur mélodique

Dans la gamme mineure harmonique le sixième degré (sus-dominante) est à distance de un ton et demi du septième degré (sensible) : c'est plus que les intervalles habituels et cela pose quelquefois des problèmes dans la musique vocale et dans l'écriture de lignes mélodiques.

On a donc imaginé de diminuer cet intervalle en haussant d'un demi-ton le sixième degré.

Gamme de La mineur, type mélodique

☐ Dès lors, *l'écart entre le sixième et le septième degré n'est plus que d'un ton.* On crée ainsi la troisième gamme mineure. Celle-ci doit son nom à la nouvelle disposition des intervalles, plus vocale et donc plus mélodique.

☐ Dans cette gamme il y a donc *deux altérations qui ne sont pas présentes à l'armure :* les dièses du sixième et du septième degré.

Ce type mélodique est utilisé uniquement lorsque la mélodie est attirée vers la tonique supérieure, c'est-à-dire dans les mouvements ascendants ; pour cette raison on l'appelle aussi mineur **mélodique ascendant**. Lorsque la mélodie et descendante il n'y a pas d'intérêt à modifier le septième degré (et dès lors, non plus, le sixième) puisque l'attraction doit se faire non plus vers la tonique supérieure mais vers la dominante (premier pôle de la gamme rencontré en descendant). Dans ce cas, le type antique est le plus adéquat (on l'appelle dès lors aussi **mélodique descendant**).

Rappel concernant les altérations

☐ *Les altérations présentes à l'armure sont les altérations constitutives de la gamme,* telles qu'elles ont été décrites plus haut (par exemple, gamme de Do majeur : pas de dièse ; gamme de Sol majeur : 1 dièse, etc...).

□ *Les altérations des deux gammes mineures modifiées ne sont pas constitutives de la gamme :* ce sont des ajoutes apportées à la gamme mineure type antique. Pour cette raison elles ne sont jamais écrites en armure mais en tant qu'altérations accidentelles. La recherche de ces altérations accidentelles permet de préciser quelquefois la nature mineure du mode d'une pièce musicale.

La gamme mineure pratique

Pour qu'un morceau de musique soit mélodieux, c'est-à-dire qu'il ne heurte pas l'oreille, mais qu'au contraire il la charme, il est nécessaire de conserver l'attraction naturelle entre certains degrés. Cette attraction permet une résolution naturelle car «attendue» par l'oreille. On conçoit aisément que la place des notes attractives ne doive pas être identique dans la gamme ascendante ou dans sa forme descendante : *c'est vers la fin, lorsque qu'on touche au but, que l'attraction doit se réaliser.* Ainsi, en pratique, on joue la gamme mineure en montant dans le type mélodique (attraction sensible-tonique) et en descendant dans le type antique (attraction sus-dominante-dominante).

Cette gamme composée de deux types différents porte le nom de **gamme de Rameau.**

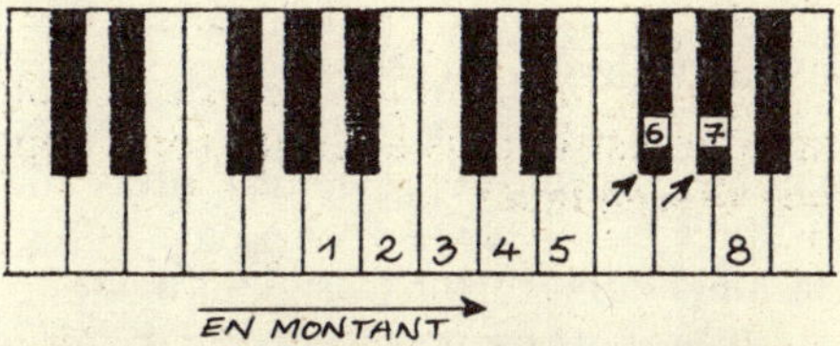

Synthèse

■ Alors qu'il n'y a qu'**une gamme majeure** il existe **trois gammes mineures** qui résultent du fait que le sixième et le septième degré sont des degrés flottants.

■ **Le mineur antique** (encore appelé mineur naturel, mineur sans sensible ou mineur mélodique descendant) se joue *uniquement avec les altérations de l'armure.*

■ **Le mineur harmonique** possède *une altération accidentelle sur le septième degré* qui transforme la sous-tonique en sensible.

■ **Le mineur mélodique** possède *deux altérations accidentelles* ; l'une sur le septième degré et l'autre sur le sixième degré.

■ **Lorsqu'on parle d'un ton mineur** sans en spécifier le type (antique, mélodique ou harmonique) on se rapporte toujours au type le plus usuel qui est **le mineur harmonique.**

■ En pratique, **la gamme mineure se monte en type mélodique** (mélodique ascendant) **pour redescendre en type antique** (mélodique descendant). Cete gamme porte le nom de gamme de Rameau.

Les gammes non classiques

L'octave, nous l'avons vu, représente l'intervalle de base de toutes les musiques européennes, et même non européennes. Il y a à cela plusieurs raisons, rappelons-les : subjectives (impression de très nette parenté entre deux notes de même nom, mais à des octaves différentes), acoustiques (fréquences dans le rapport de deux à un), harmoniques (rapport immédiat dans l'échelle des harmoniques).

Dans l'étendue des fréquences d'une octave, l'oreille est capable de distinguer, de «séparer», trois cents intervalles. On pourrait donc imaginer un piano qui aurait trois cents touches différentes par octave. Cette unité correspondant au pouvoir séparateur de l'oreille porte le nom de **savart**, du nom d'un médecin qui s'est illustré dans le domaine de l'acoustique et de la lutherie (on lui doit la construction d'un violon d'un modèle original). Une octave comprend 301 savarts, chiffre qu'on arrondit à 300.

Notre octave étant divisée en 12 parties égales (gamme à tempérament égal), chaque partie (demi-ton) vaut donc 25 savarts et un ton entier équivaut alors à 50 savarts.

Modifications de la gamme diatonique

Notre gamme diatonique, héritière de la gamme grecque, est divisée, nous l'avons vu, en ton et demi-tons. Le demi-ton étant placé entre Mi/Fa et Si/Do. Il n'existe qu'une seule gamme de mode majeur. Par contre, en mode mineur (mineur harmonique), pour conserver l'effet d'attraction de la sensible (Si), on modifie l'avant-dernier intervalle : ceci constitue une première modification dans l'échelle des intervalles. Une seconde modification intervient dans le mineur mélodique (voir plus haut). Cependant, dans ces deux modifications, on respecte la modalité : on reste en mineur, c'est-à-dire que le premier intervalle de tierce est une tierce mineure.

Dans la musique classique il n'existe donc qu'une seule gamme diatonique de mode majeur bien qu'il existe plusieurs gammes diatoniques de mode mineur (rappelons qu'en mode mineur, si on ne spécifie pas la nature de la gamme, on convient qu'il s'agit du mineur harmonique). En musique de jazz, puisque c'est à cela que nous conduit ce petit préambule, la gamme de mode majeure est modifiée. Avant d'analyser la structure du jazz, il est bon de jeter encore un rapide coup d'œil sur des gammes autres que la gamme diatonique.

Gamme chromatique et gamme par ton

Dans la gamme diatonique chaque degré (chaque note) a sa

fonction; celle-ci est d'ailleurs bien définie par le nom du degré (tonique, dominante,...).

■ **Dans la gamme chromatique ou gamme par demi-tons** (c'est celle qu'on obtient en jouant toutes les touches du piano, placées dans l'intervalle d'une octave : blanches et noires), il n'y ni tonique, ni dominante, ni sensible. L'intervalle entre chaque note étant identique (un demi-ton) il n'y a pas de note qui puisse prétendre à une fonction particulière.

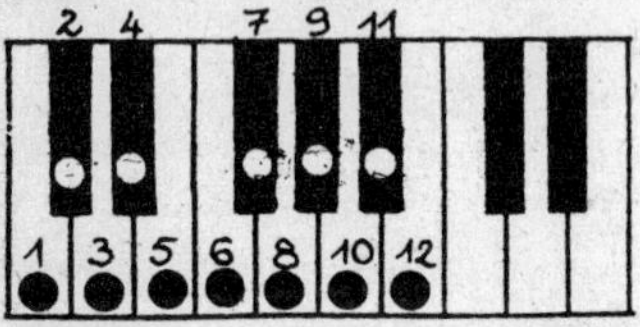

Gamme chromatique : division de l'octave en douze parties égales

Cette gamme chromatique est fort utilisée en musique contemporaine, et a donné naissance à de nombreux courants musicaux (dodécaphonisme, musique sérielle, etc...) qu'il nous est impossible d'analyser ici.

■ A côté de cette gamme par demi-tons, on utilise également **la gamme par tons**. Dans cette gamme l'octave, au lieu d'être divisée en sept parties inégales (gamme diatonique) ou en douze parties égales (gamme chromatique), est divisée en six parties égales. Il y a donc une succession de tons entiers.

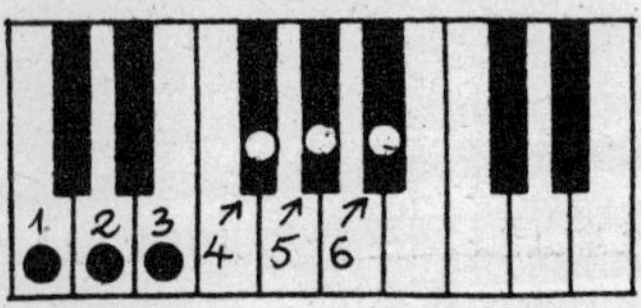

Gamme par tons : division de l'octave en six parties égales

La gamme par ton, née de recherches intellectuelles (elle ne trouve aucune justification dans la nature), ne possède pas non plus de tonique : c'est une gamme artificielle et atonale. Cette gamme, du fait d'une division simple, n'a que peu de possibilités; pourtant génératrice d'une certaine tension (elle privilégie le triton*), elle a connu son heure de gloire (avec Debussy). Une analyse plus fouillée de cette gamme dépasserait le cadre de notre exposé, qui se veut sommaire.

* *Le triton ou quarte augmentée* est composé de trois tons.

Remarquons, cependant, que la gamme par ton n'est guère riche en possibilités ; en effet, il s'agit d'un mode à transposition limitée, puisqu'il n'y a que deux gammes différentes possibles en progressant chaque fois d'un ton.

La gamme pentatonique

Notre gamme traditionnelle, par tons et demi-tons, divise l'octave en sept parties inégales ; on l'appelle gamme diatonique ou encore heptatonique.

□ *La gamme qui divise l'octave en cinq parties est appelée gamme pentatonique.*

Notons, au passage, qu'on appelle également gammes défectives toutes les gammes qui ne sont pas heptatoniques ; c'est malheureux, car cela laisserait supposer que la gamme heptatonique fut la première gamme à être utilisée, et la plus universelle. Or, cela est faux. Ce n'est que progressivement qu'on est arrivé à cette gamme, et elle est loin d'être universelle. *La gamme pentatonique, par contre, est de loin plus ancienne et est universellement distribuée.* Mais d'abord en quoi consiste cette gamme pentatonique ?

□ Cette gamme ne contient pas de demi-tons. On l'obtient donc en supprimant dans la gamme diatonique les deux notes modales (Mi et Si).

Pour la justifier on remarque qu'elle s'obtient en ordonnant les cinq premiers sons du cycle des quintes (Fa, Do, Sol, Ré, La) ; soit : Do, Ré, Fa, Sol, La.

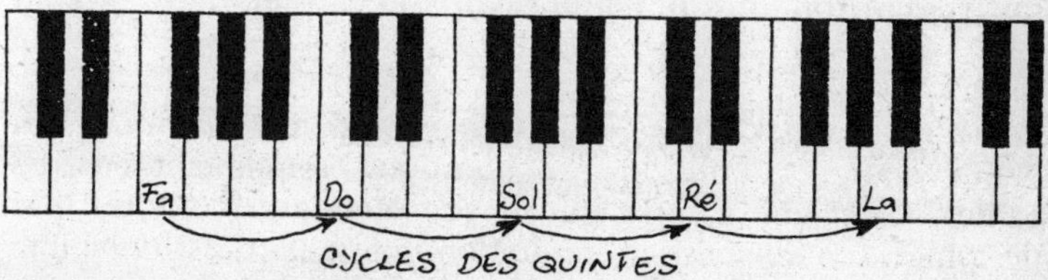

Le lecteur est, ici, invité à se précipiter vers son clavier pour jouer cette gamme ; sa simplicité mélodieuse lui apparaîtra immédiatement.

Cette gamme est très répandue dans le folklore et « de nombreuses chansons populaires enfantines d'Europe sont à base pentatonique. On constate du reste que les enfants de cinq à six ans, musicalement doués, improvisent instinctivement sur des échelles pentatoniques, confirmant par là la nature primordiale de celles-ci et leur lien avec un stade primitif (au sens de premier) du développement psychique et spirituel. » (S. Gut in D2-772)

On retrouve la gamme pentatonique dans de nombreuses civilisations anciennes qui n'ont pas nécessairement eu de contacts entre elles. Ainsi, elle est à la base non seulement de la musique chinoise mais aussi des musiques d'Indonésie, d'Afrique, du Lapon, des Indiens d'Amérique, etc..

« En Europe, certaines régions relativement épargnées par les courants musicaux dominants conservent des mélodies pentatoniques : les Balkans, la Bretagne, l'Ecosse, le pays Basque. »(ib.)

Ce petit préambule concernant la gamme pentatonique va nous permettre d'aborder l'étude du jazz et de mieux comprendre sa structure.

Divisions de l'octave

On peut donc diviser l'octave en un nombre variable de parties, égales ou inégales. Les divisions les plus utilisées sont les suivantes :

■ **En 300 parties égales :** cette division correspond au pouvoir séparateur de l'oreille. Chaque division équivaut à 1 savart. Un ton vaut donc 50 savarts et un demi-ton en vaut 25.

■ **En 12 parties égales :** c'est *la gamme chromatique*. Au piano chaque demi-ton est identique (gamme tempérée égale). C'est une gamme qui ne privilégie aucune note : pas de tonique ni de sensible, ni de dominante,... C'est donc une gamme atonale (c'est-à-dire ne possédant pas de tonique).

■ **En 7 parties inégales :** c'est *la gamme diatonique* dont on connaît le mode majeur (première tierce majeure) et le mode mineur (première tierce mineure). Chaque degré de la gamme a une fonction précise.

■ **En 6 parties égales :** c'est *la gamme par tons.* C'est une gamme artificielle (elle ne peut être justifiée ni par le cycle des quintes, ni par la succession des harmoniques) et atonale (elle ne privilégie aucune note).

■ **En 5 parties inégales :** c'est *la gamme pentatonique.* Cette gamme est certainement la plus naturelle. Elle est universellement utilisée depuis les temps les plus primitifs. C'est la gamme primitive.

Le jazz

Il n'est pas question dans ce petit paragraphe de soumettre le jazz à une analyse complète ; de gros volumes n'y suffiraient pas. Pourtant, il nous a semblé utile de proposer au lecteur les rudiments nécessaires à la compréhension de cette musique née d'une intense communion entre deux civilisations.

On a beaucoup (surtout à ses débuts) décrié le jazz, ce qui n'empêche pas un compositeur (et musicologue) aussi averti qu'Arthur Honegger d'écrire qu'«il est curieux de constater qu'après avoir entendu des œuvres classiques et particulièrement les symphonies de Beethoven, certains morceaux de jazz semblent beaucoup plus raffinés tant au point de vue orchestral qu'harmonique, au point qu'on serait tenté de croire que c'est là qu'est la vraie musique. «(cité par B. Heuvelmans in *De la Bamboula au Be Bop,* page 9).

Après avoir défini le jazz, nous décrirons ses structures de base que nous illustrerons par quelques exemples.

■ **Le jazz et le blues**

Le jazz, nous l'avons dit, est une musique entièrement différente de la musique occidentale traditionnelle. Cette musi-

que est née de la rencontre de deux civilisations et surtout de deux gammes différentes : la gamme heptatonique (gamme européenne traditionnelle) et la gamme pentatonique (gamme primitive). Le jazz ne se réduit pourtant pas seulement à l'existence d'une gamme particulière ; nous devons encore tenir compte :
— du rythme (nous verrons qu'il est ternaire) ;
— du déroulement d'un morceau (l'architecture est spécifique suivant la pièce jouée) : découpage en mesures ;
— des caractéristiques propres au jazz : break (arrêt momentané pendant lequel un soliste improvise).

Le jazz connaît plusieurs formes : ainsi *le blues, le ragtime, le riff,* etc... Pourtant, le blues est la moelle même du jazz dont les autres formes ne sont que des dérivés. Dans les quelques pages qui suivent nous n'analyserons donc que le jazz-blues, laissant au lecteur intéressé le soin de consulter des ouvrages plus spécialisés, s'il désire comparer les différentes formes du jazz.

Le mot même de jazz mérite qu'on s'y attarde ; sa définition n'étant, en effet, que rarement proposée.

■ Définition du mot jazz

On a offert de nombreuses définitions au mot jazz ; pourtant une seule s'impose, ce mot désigne simplement les rapports sexuels. On ne doit pas oublier en présence de la musique de jazz que celle-ci était une musique chantée : chant d'amour, chant de travail, chant de revendication,... La musique participait à toutes les joies de la vie, mais aussi, elle seule, permettait de supporter les malheurs. Le blues lui-même trouve son origine dans une très vieille expression : « To be blue » ou « I've got the blues » ; expression qui signifie je suis triste, j'ai le spleen, le cafard, j'ai des idées noires. Ceci fait écrire au romancier noir Ralph Ellison que le blues représente « la chronique autobiographique de catastrophes personnelles exprimées sous une forme lyrique ».

Celui qui écoute la musique de jazz ne doit jamais oublier que la musique qu'il écoute trouve son origine dans les événements de la vie quotidienne qu'ils soient « érotiques » (jazz), « mélancoliques » (blues) ou « spirituels » (negro spiritual). Le canevas de la vie était quasi immuable, seuls des événements éphémères peuvent se produire. La musique de jazz est également construite de cette façon : un canevas strict et de nombreuses improvisations...

■ La rencontre des deux gammes

La rencontre de la gamme heptatonique européenne et de la gamme pentatonique africaine allait donner naissance à une nouvelle gamme majeure, la gamme du jazz.

Borneman *, qui a longtemps étudié le jazz nous explique cette rencontre d'une manière rationnelle : « Jusqu'à l'époque où l'esclavage mit, pour la première fois, des Africains en contact avec des civilisations étrangères, la musique africaine, de la Côte d'Ivoire au Congo, était demeurée fermée à tout développement d'une harmonie indigène. Même de nos jours, chez les peuplades qui sont restées à l'écart d'une musique étrangère, les accords se produisent, uniquement, comme rencontres accidentelles de deux ou plusieurs lignes mélodiques. Les mélodies s'organisent à l'intérieur d'un système pentatonique ignorant le demi-ton, une échelle de cinq tons entiers qui coïncident avec cinq des intervalles de la gamme diatonique et ne s'accordent pas avec deux d'entre eux, le troisième et le septième, qui sont des demi-tons de la gamme diatonique et sont, par suite, étrangers à l'oreille africaine. Lorsqu'il est mis en contact avec une musique dans un ton majeur diatonique, l'Africain a tendance à ne plus savoir où il est, toutes les fois que l'on s'approche de la tierce ou de la septième, dans n'importe quel accord. Il aura tendance à les distordre par de violents effets de vibrato jusqu'à ce qu'elles entrent dans sa gamme par altération dièse ou bémol. Le temps passe et de telles modifications tendent à se cristalliser sous forme de nouvelles gammes que l'on ne doit pas considérer plus longtemps comme des fantaisies, mais qui doivent être admises dans notre vocabulaire musical comme des créations originales d'une nouvelle tradition afro-américaine. De telles gammes se sont développées dans la région de Surinam en Guyane hollandaise, la région de Bahia au

* Borneman E. A *critic looks at jazz*. Jazz music books. London 1946. Le passage cité a été traduit par B. Heuvelmans dans son ouvrage *De la Bamboula au Be-bop*. Editions de la main jetée. Paris 1951. pp 46-47

Brésil, dans toutes les îles Caraïbes et les Antilles et même sur le continent Nord-Africain. De l'une de ces gammes est sortie toute la tradition du jazz américain. Cette gamme est la gamme majeure additionnée de tierces et de septièmes mineures».

Dans son remarquable ouvrage, Borneman démontre également qu'on peut rattacher la gamme du jazz à des structures linguistiques propres aux langages africains. On retrouve d'ailleurs ces habitudes linguistiques dans la manière qu'ont certains Africains de parler l'anglais. Ici, encore, nous retrouvons donc une parenté étroite entre le langage et la musique. Rappelons que Jean-Jacques Rousseau avait déjà abordé ce passionnant problème dans son essai consacré à l'Origine des Langues. La place nous manque pour développer ici le sujet ; revenons donc à notre gamme du blues.

■ Gamme du blues et blue notes

La rencontre de la gamme majeure avec la gamme pentatonique aboutit à une gamme particulière, la gamme du blues, dans laquelle le troisième et le septième degré sont modifiés. Le musicien habitué à la gamme pentatonique lorsqu'il rencontre ce troisième et ce septième degré est surpris et tend à revenir à une position plus stable : *il baisse d'un demi-ton le troisième et le septième degré qui seront donc bémolisés* et nous obtenons la gamme suivante :

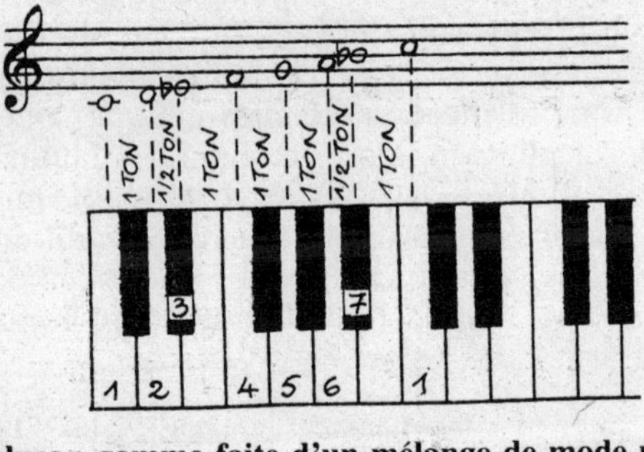

Gamme du blues : gamme faite d'un mélange de mode majeur et de mode mineur

□ Ces deux notes (le Mi bémol et le Si bémol) confèrent aux mélodies du blues leur aspect particulier ; pour cette raison on les appelle *les blue notes*.
□ La présence de ces deux notes modifie la gamme majeure, mais ne la rend pas pour autant totalement mineure ; il y a cœxistence des deux modes et on dira que *le jazz est amodal*.

■ **Amusement en blues** (D. Vasarely)

Gammes majeures

Les pages suivantes comprennent les principales gammes majeures et mineures. Chaque gamme est traitée séparément et située par rapport aux autres gammes. Le doigté à utiliser est indiqué au-dessus (pour jouer la gamme en montant) ou en dessous (pour jouer la gamme en descendant) des notes. Pour plus de facilité, nous avons indiqué les touches noires par des notes noires.

L'apprentissage de ces gammes constitue un excellent exercice technique. Cet apprentissage comprend trois temps :

☐ *comprendre les gammes* (elle sont toutes, rappelons-le, construites sur le même modèle que la gamme diatonique de Do majeur) ;

☐ *apprendre le doigté correct* ;

☐ *mémoriser les gammes.*

Ce travail — que certains trouveront fastidieux — facilitera considérablement les choses plus tard (lorsque vous apprendrez des morceaux difficiles).

Gamme de Do majeur (C)

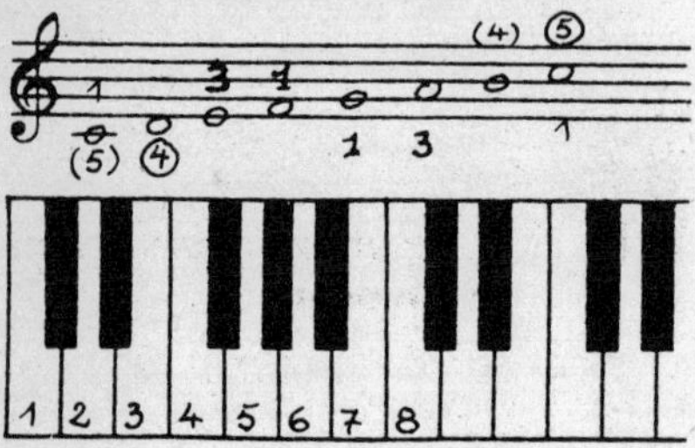

☐ *Tonique (ton de...)* : Do

☐ *mode* : majeur

☐ *altérations* : 0

☐ *enharmonique de* : -

☐ *gamme relative de* : **La mineur**

Gamme de Do dièse majeur (C♯)

☐ *tonique (ton de...)* : Do dièse

☐ *mode* : majeur

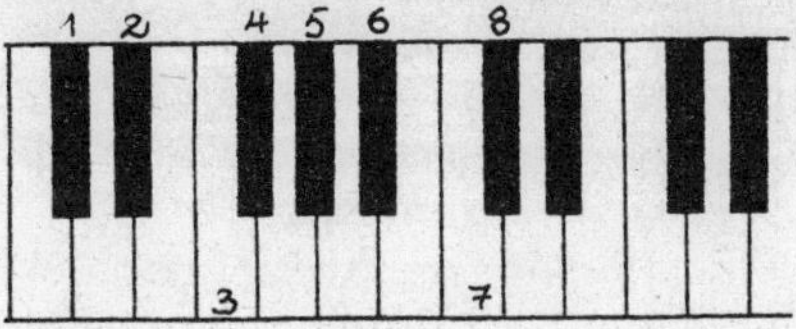

☐ *altérations* : 7 altérations
☐ *enharmonique de* : **Ré bémol majeur**
☐ *gamme relative de* : **La dièse mineur**

Gamme de Ré bémol majeur (D♭)

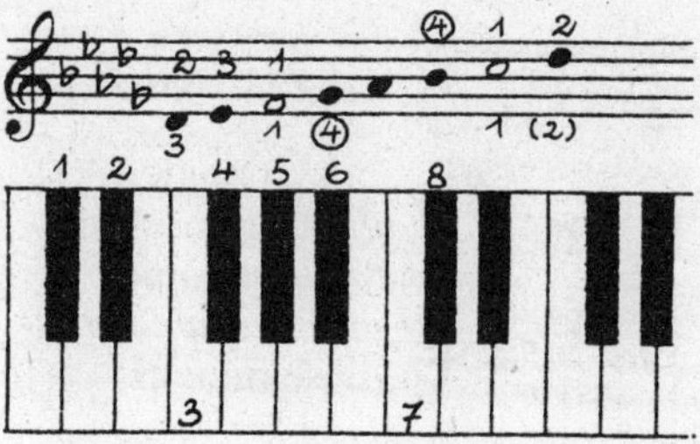

☐ *tonique (ton de...)* : Ré bémol
☐ *mode* : majeur
☐ *altérations* : 5 bémols
☐ *enharmonique de* : **Do dièse majeur**
☐ *gamme relative de* : **Si bémol mineur**

Gamme de Ré majeur (D)

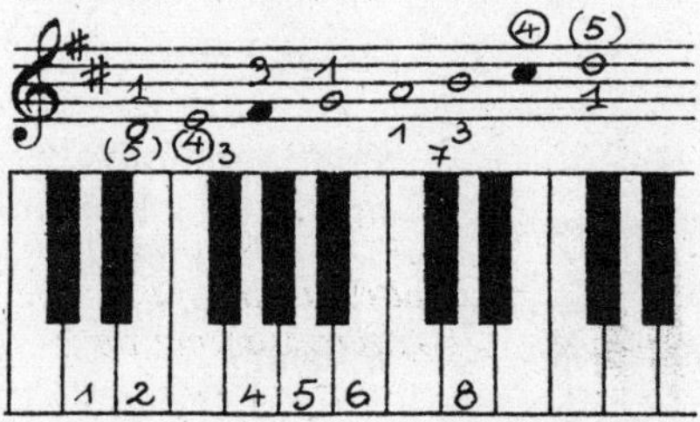

☐ *tonique (ton de...)* : Ré
☐ *mode* : majeur
☐ *altération* : 2 dièses
☐ *enharmonique de* : -
☐ *gamme relative de* : **Si mineur**

Gamme de Mi bémol majeur (E♭)

☐ *tonique (ton de...)* : Mi bémol
☐ *mode* : majeur

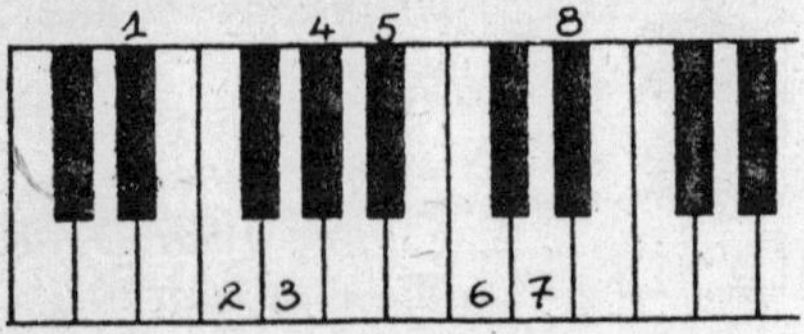

☐ *altérations* : 3 bémols
☐ *enharmonique de* : -
☐ *gamme relative de* :
Do mineur

Gamme de Mi majeur (E)

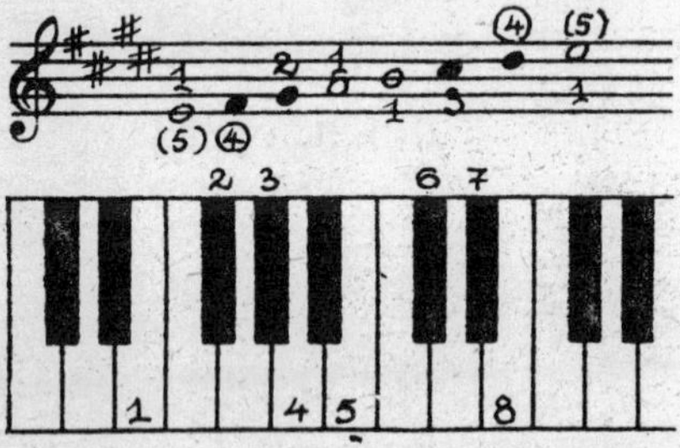

☐ *tonique (ton de...)* :
Mi
☐ *mode* : majeur
☐ *altérations* : 4 dièses
☐ *enharmonique de* : -
☐ *gamme relative de* :
Do dièse mineur

Gamme de Fa majeur (F)

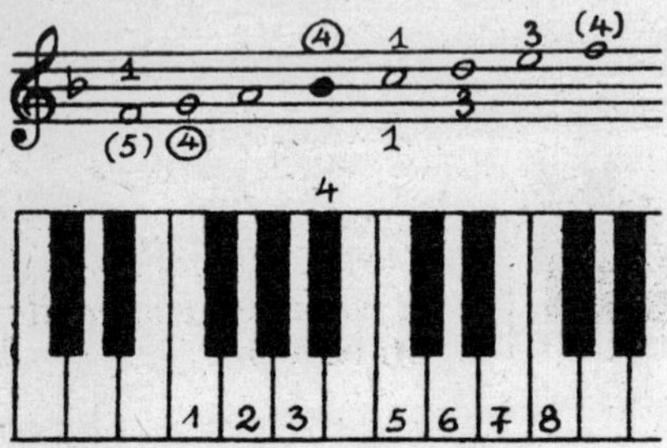

☐ *tonique (ton de...)* :
Fa
☐ *mode* : majeur
☐ *altérations* : 1 bémol
☐ *enharmonique de* : -
☐ *gamme relative de* :
Ré mineur

Gamme de Fa dièse majeur (F#)

☐ *tonique (ton de...)* :
Fa dièse
☐ *mode* : majeur

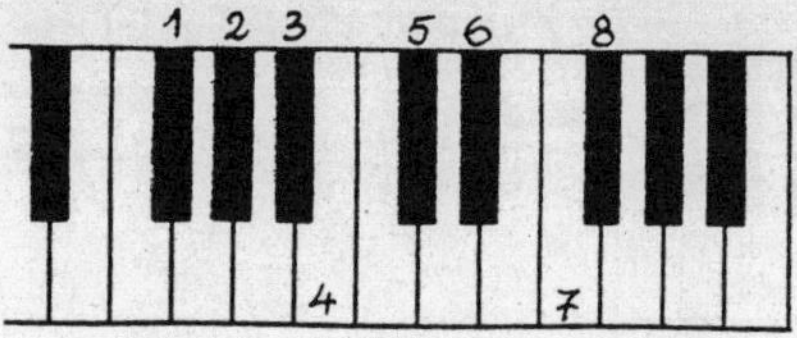

☐ *altérations* : 6 dièses
☐ *enharmonique de* :
Sol bémol majeur
☐ *gamme relative de* :
Ré dièse mineur

Gamme de Sol bémol majeur (G♭)

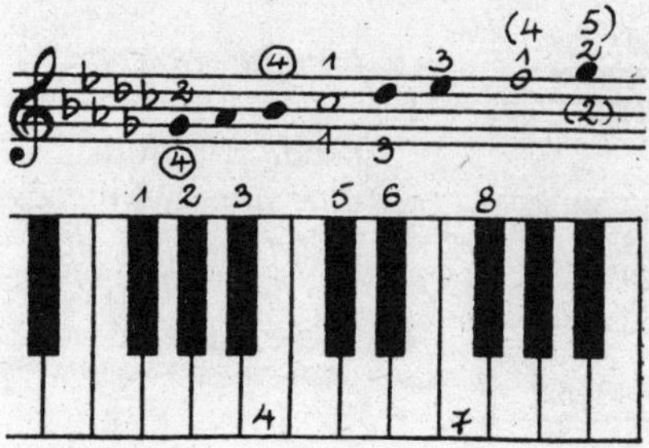

☐ *tonique (ton de...)* :
Sol bémol
☐ *mode* : majeur
☐ *altérations* : 6 bémols
☐ *enharmonique de* :
Fa dièse majeur
☐ *gamme relative de* :
Mi bémol mineur

Gamme de Sol majeur (G)

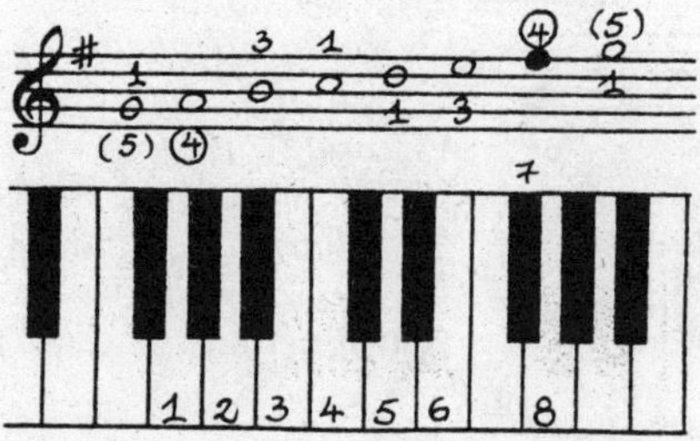

☐ *tonique (ton de ...)* :
Sol
☐ *mode* : majeur
☐ *altérations* : 1 dièse
☐ *enharmonique de* : -
☐ *gamme relative de* :
Mi mineur

Gamme de La bémol majeur (A♭)

☐ *tonique (ton de...)* :
La bémol
☐ *mode* : majeur

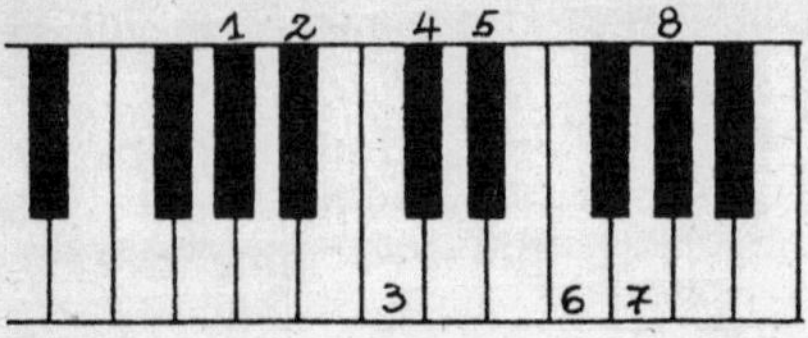

☐ *altérations* : 4 bémols
☐ *enharmonique de* : -
☐ *gamme relative de* : **Fa mineur**

Gamme de La majeur (A)

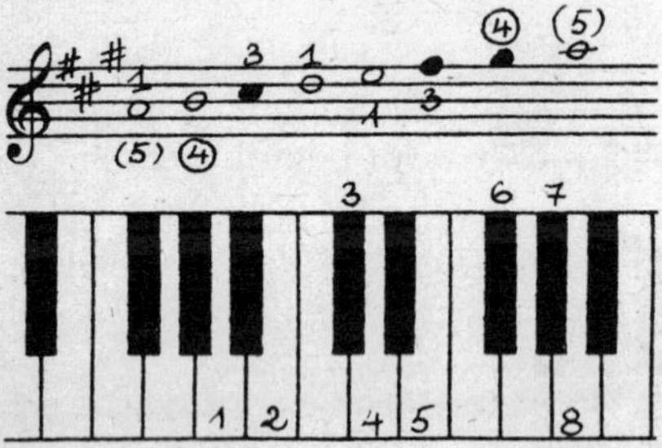

☐ *tonique (ton de...)* : La
☐ *mode :* majeur
☐ *altération :* 3 dièses
☐ *enharmonique de :* -
☐ *gamme relative de* : **Fa dièse mineur**

Gamme de Si bémol majeur (B♭)

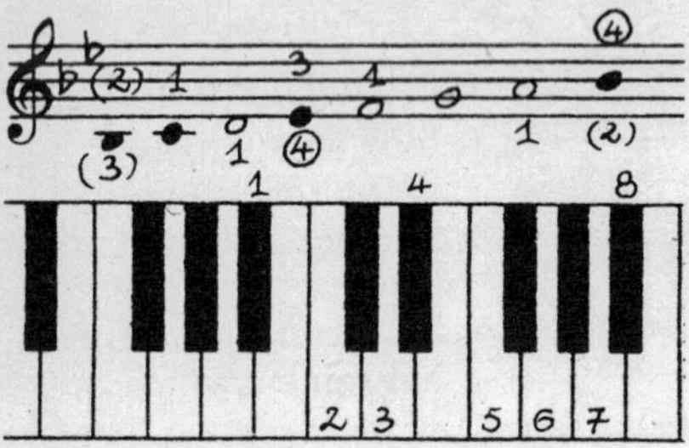

☐ *tonique (ton de...)* : Si bémol
☐ *mode* : majeur
☐ *altérations* : 2 bémols
☐ *enharmonique de* : -
☐ *gamme relative de* : **Sol mineur**

Gamme de Si majeur (B)

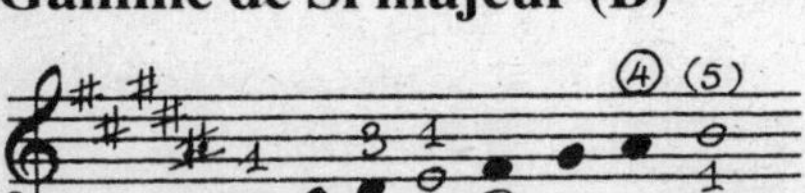

☐ *tonique (ton de...)* : Si
☐ *mode* : majeur
☐ *altérations* : 5 dièses

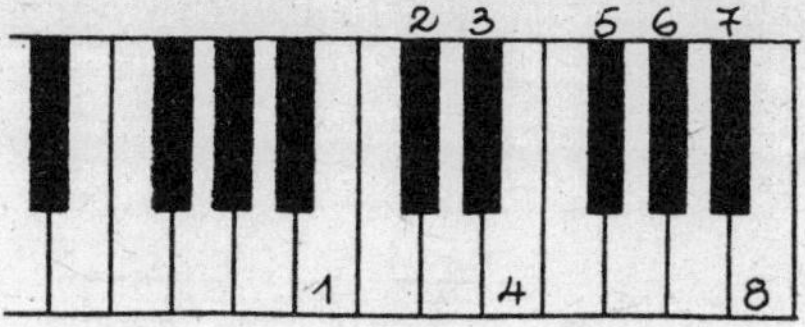

☐ *enharmonique de :* **Do bémol majeur**
☐ *gamme relative de :* **Sol dièse mineur**

Gamme de Do bémol majeur (C♭)

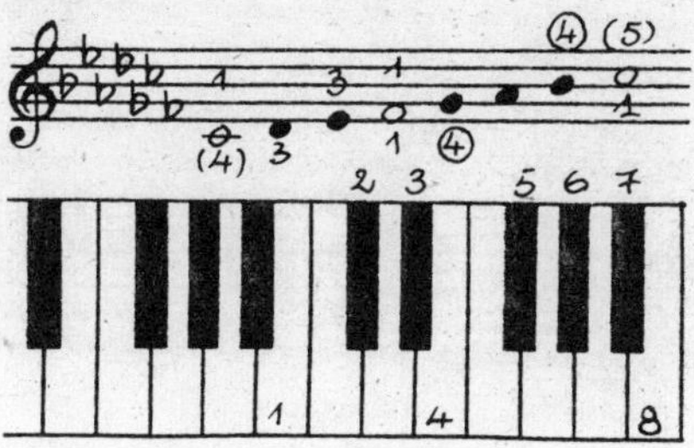

☐ *tonique (ton de...) :* Do bémol
☐ *mode* : majeur
☐ *altérations* : 7 bémols
☐ *enharmonique de :* **Si majeur**
☐ *gamme relative de :* **La bémol mineur**

Gammes mineures

Gamme de Do mineur

■ **Type antique**

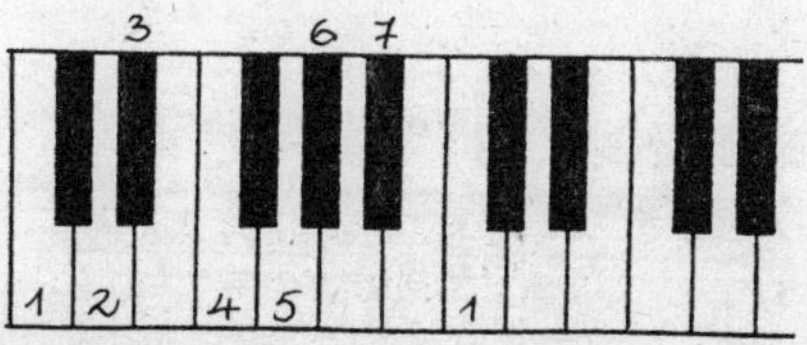

☐ *tonique (ton de...) :* Do
☐ *mode* : mineur
☐ *altérations*: 3 bémols
☐ *enharmonique de* : -
☐ *gamme relative de :* **Mi bémol majeur**

■ **Type harmonique** (la sous-tonique devient sensible).

■ **Type mélodique** (hausse le sixième degré d'un demi-ton)

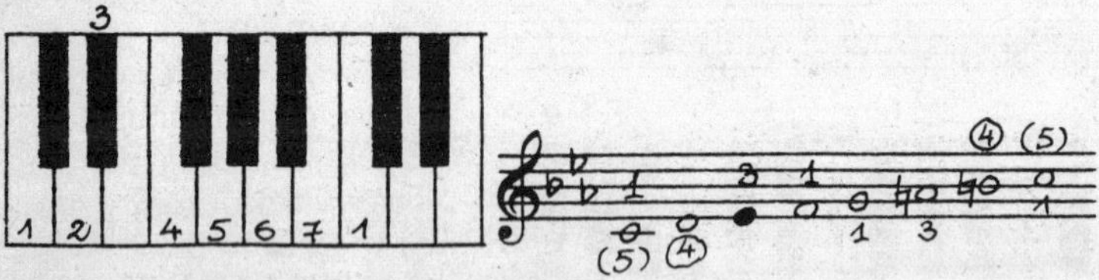

Gamme de Do dièse mineur

■ **Type antique**

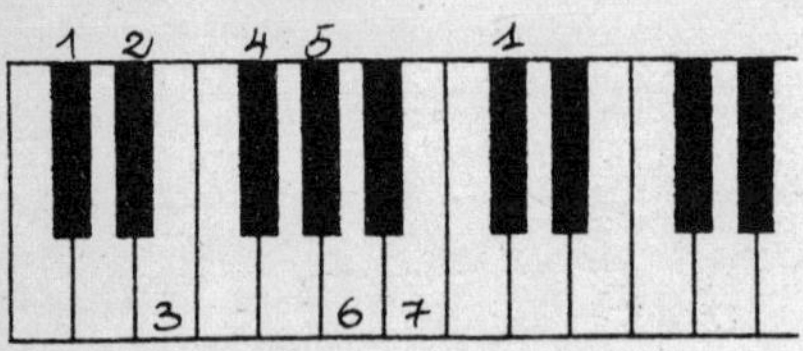

□ *tonique (ton de...)* : Do dièse
□ *mode* : mineur
□ *altérations* : 4 dièses
□ *enharmonique de* : -
□ *gamme relative de* : **Mi majeur**

■ **Type harmonique**

■ **Type mélodique**

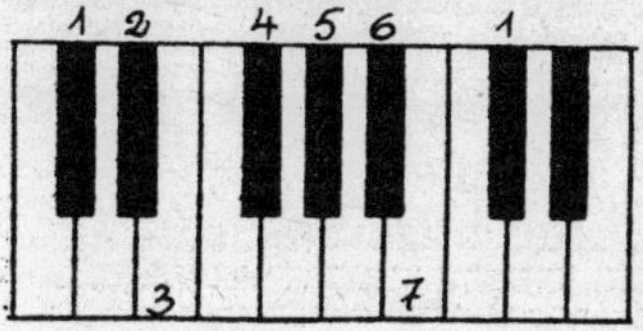

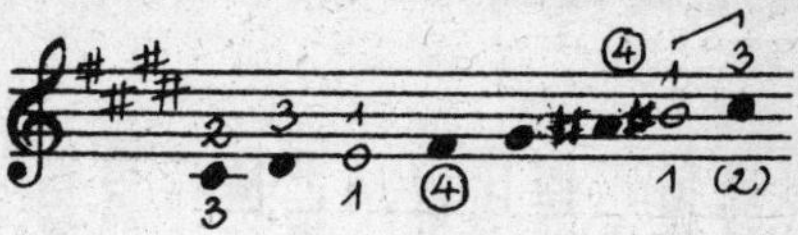

Gamme de Ré mineur

■ **Type antique**

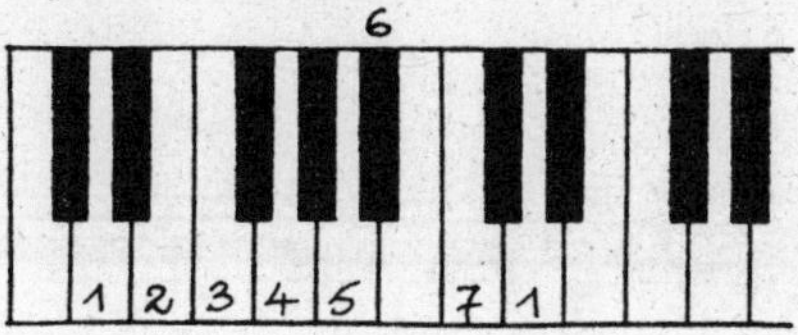

☐ *tonique (ton de...)* : Ré
☐ *mode* : mineur
☐ *altérations* : 1 bémol
☐ *enharmonique de* : -
☐ *gamme relative de* : **Fa majeur**

■ **Type harmonique**

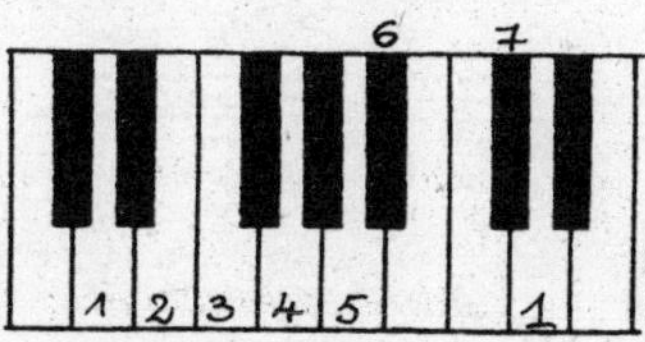

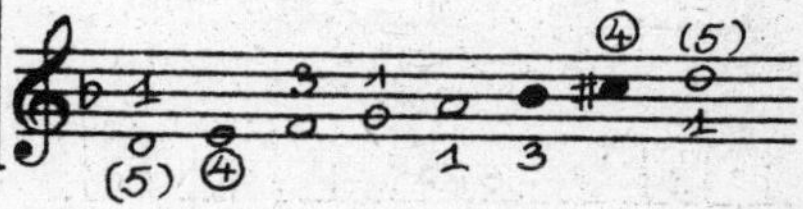

■ **Type mélodique**

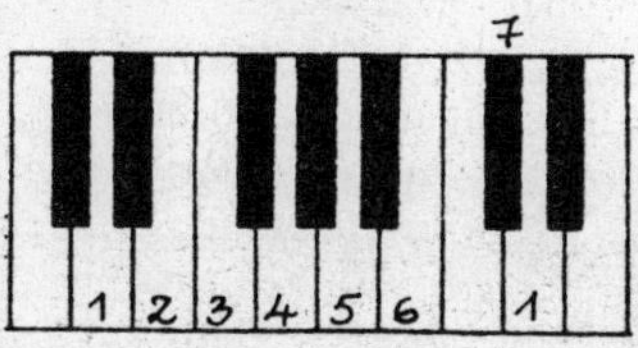

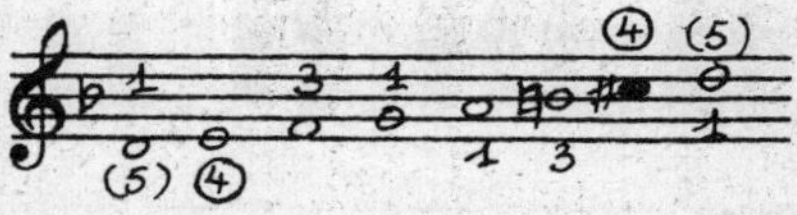

Gamme de Ré dièse mineur

■ **Type antique**

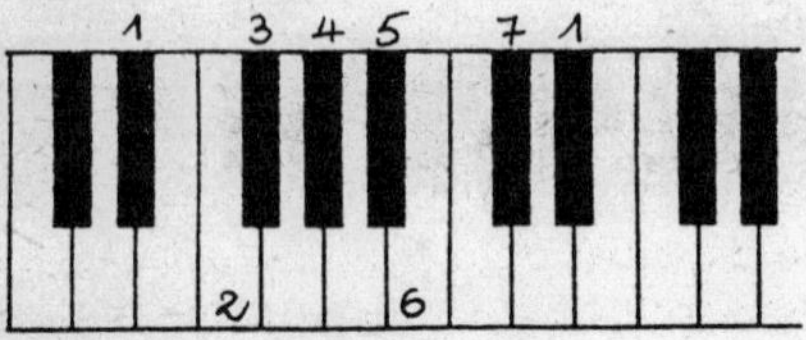

☐ *tonique (ton de...)* : Ré dièse
☐ *mode* : mineur
☐ *altérations* : 6 dièses
☐ *enharmonique de* : **Mi bémol mineur**
☐ *gamme relative de* : **Fa dièse majeur**

■ **Type harmonique**

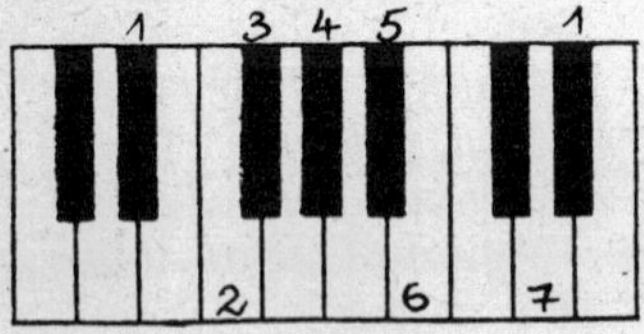

■ **Type mélodique**

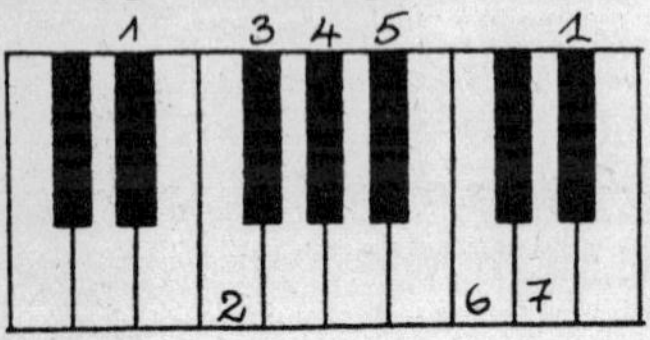

Gamme de Mi bémol mineur

■ **Type antique**

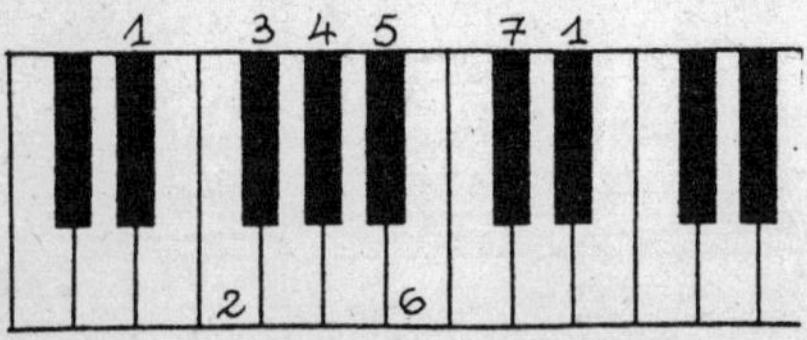

☐ *tonique (ton de...)* : Mi bémol
☐ *mode* : mineur
☐ *altérations* : 6 bémols
☐ *enharmonique de* : **Ré dièse mineur**
☐ *gamme relative de* : **Sol bémol majeur**

■ **Type harmonique**

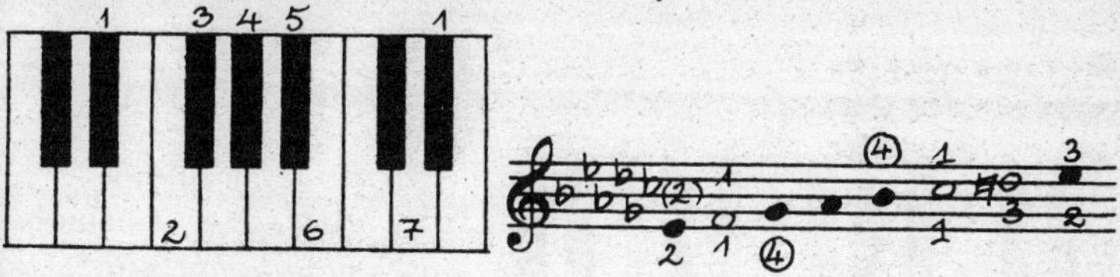

■ **Type mélodique**

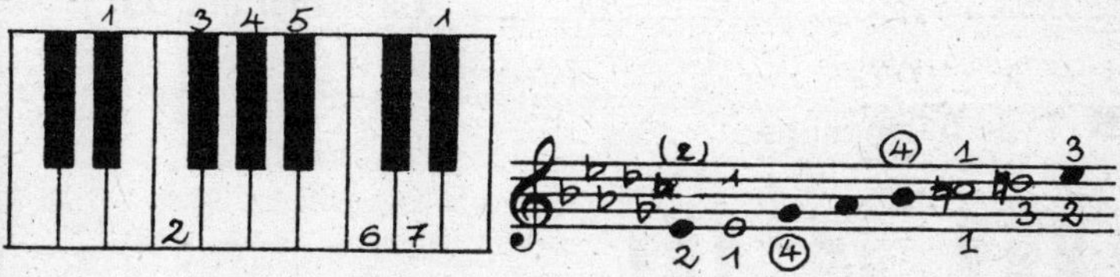

Gamme de Mi mineur

■ **Type antique**

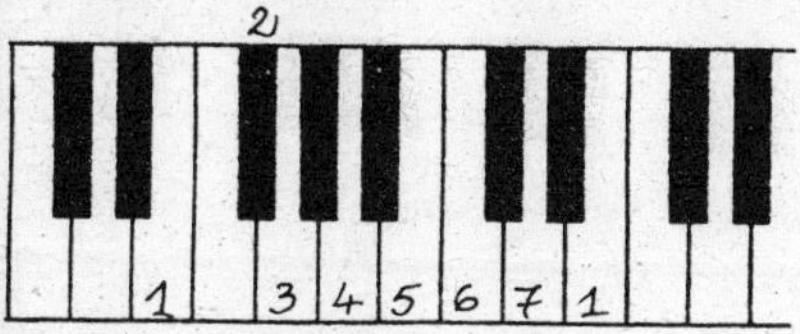

□ *tonique (ton de...)* : Mi
□ *mode* : mineur
□ *altérations* : 1 dièse
□ *enharmonique de* : -
□ *gamme relative de* : **Sol majeur**

■ **Type harmonique**

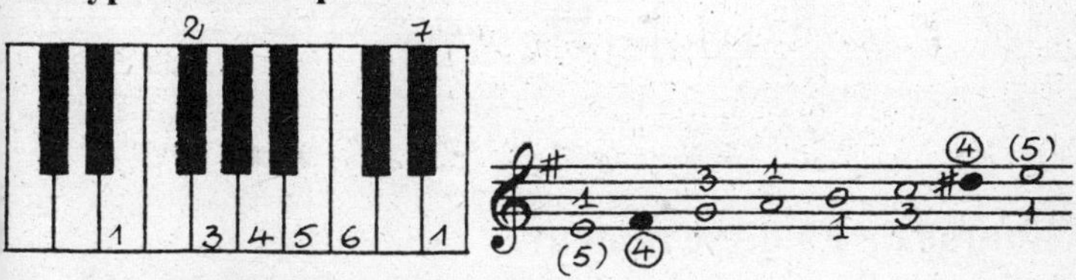

■ **Type mélodique**

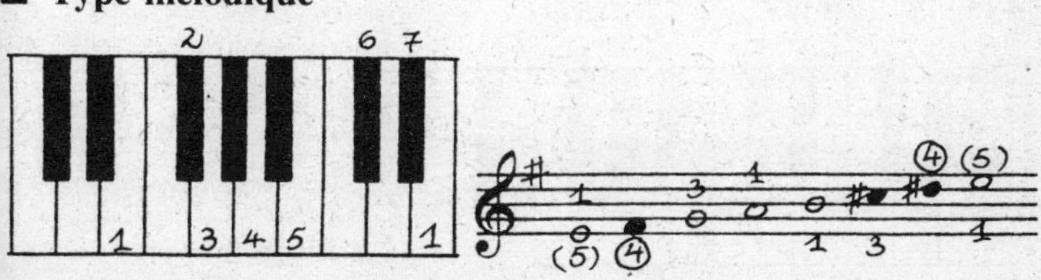

Gamme de Fa mineur

■ Type antique

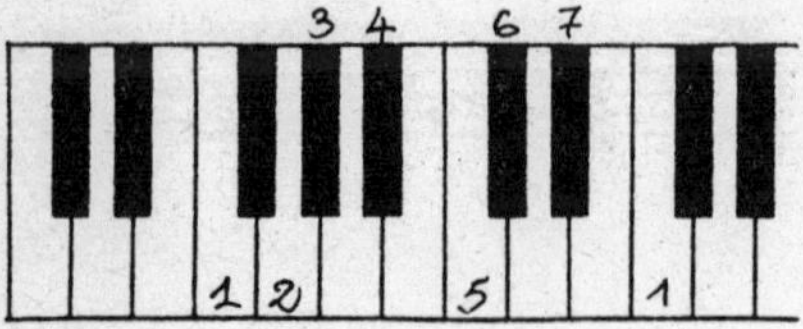

☐ *tonique (ton de...)* : Fa
☐ *mode* : mineur
☐ *altérations* : 4 bémols
☐ *enharmonique de* : -
☐ *gamme relative de* : **La bémol majeur**

■ Type harmonique

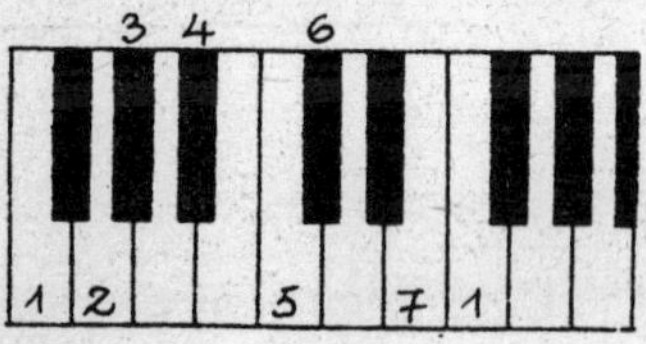

■ Type mélodique

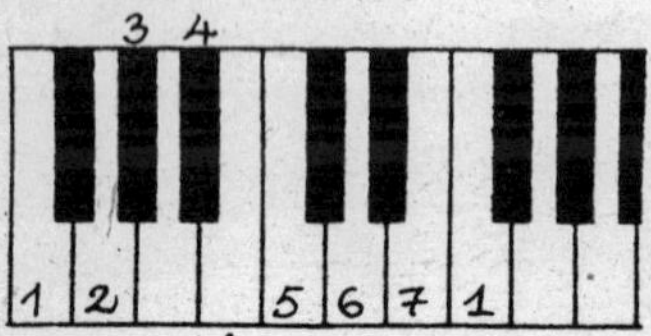

Gamme de Fa dièse mineur

■ Type antique

☐ *tonique (ton de...)* : Fa dièse
☐ *mode* : mineur
☐ *altérations* : 3 dièses
☐ *enharmonique de* : -
☐ *gamme relative de* : **La majeur**

■ **Type harmonique**

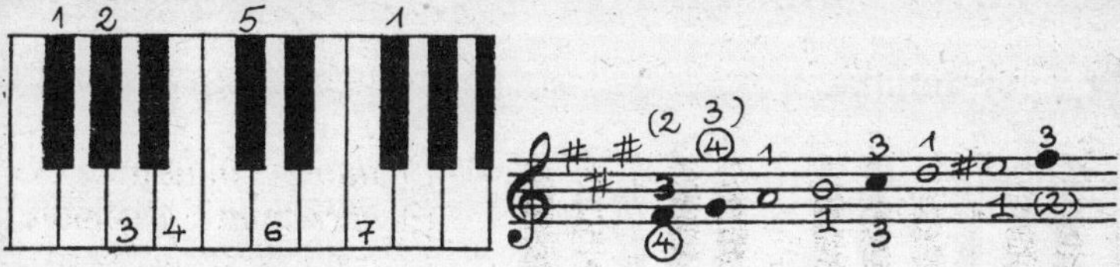

■ **Type mélodique**

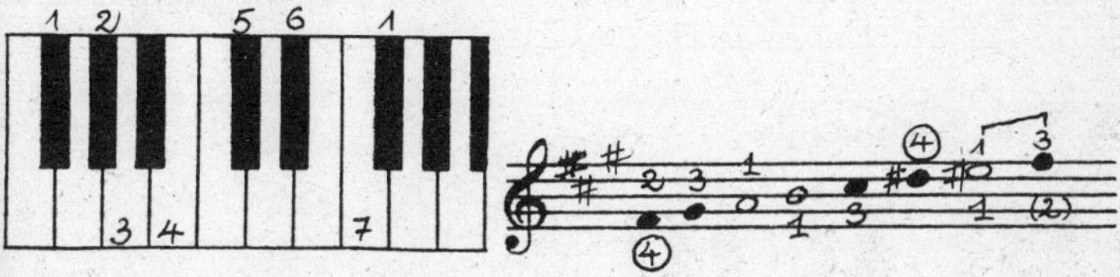

Gamme de Sol mineur

■ **Type antique**

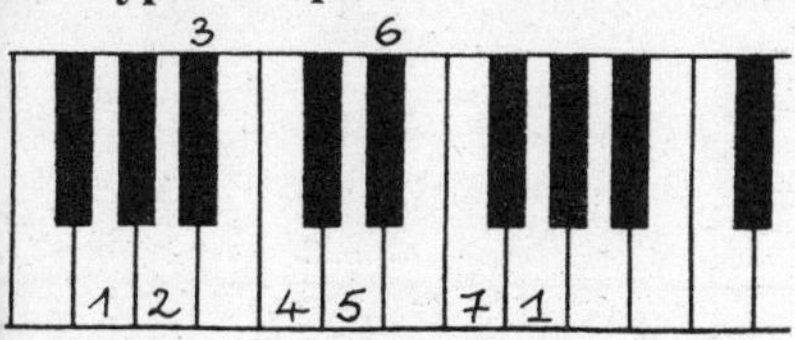

☐ *tonique (ton de...)* : Sol
☐ *mode* : mineur
☐ *altérations* : 2 bémols
☐ *enharmonique de* : -
☐ *gamme relative de* : **Si bémol majeur**

■ **Type harmonique**

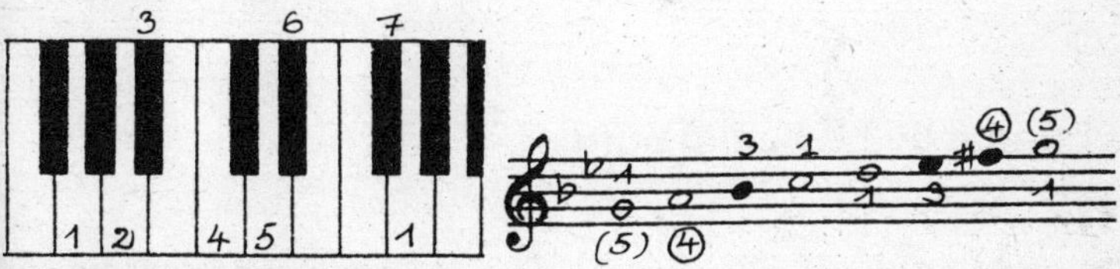

■ **Type mélodique**

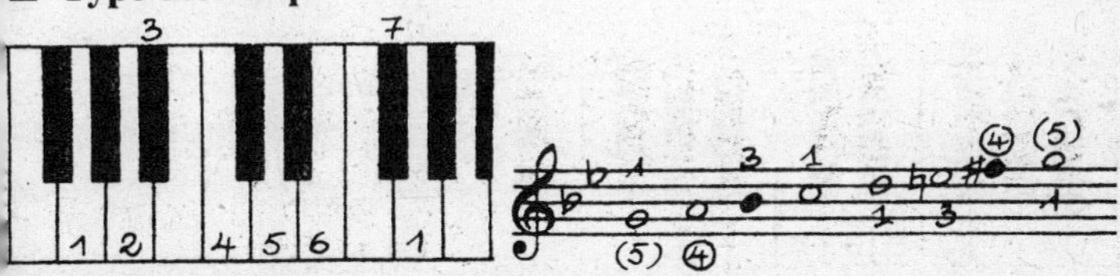

Gamme de Sol dièse mineur

■ **Type antique**

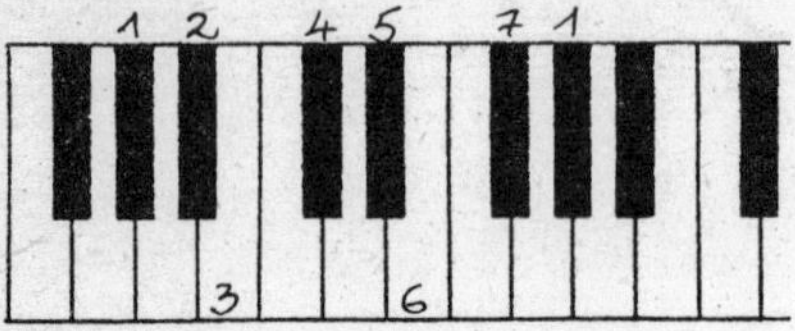

☐ *tonique (ton de...)* : Sol dièse
☐ *mode* : mineur
☐ *altérations* : 5 dièses
☐ *enharmonique de* : **La bémol mineur**
☐ *gamme relative de* : **Si majeur**

■ **Type harmonique**

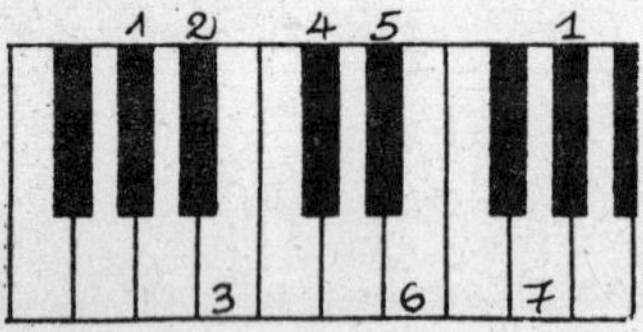

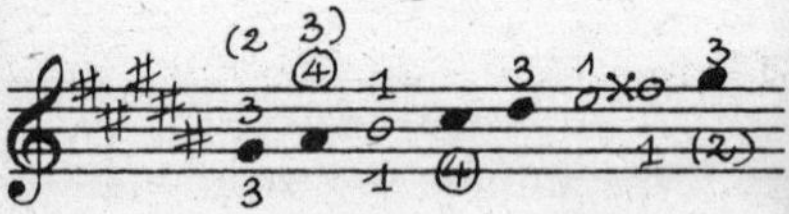

■ **Type mélodique**

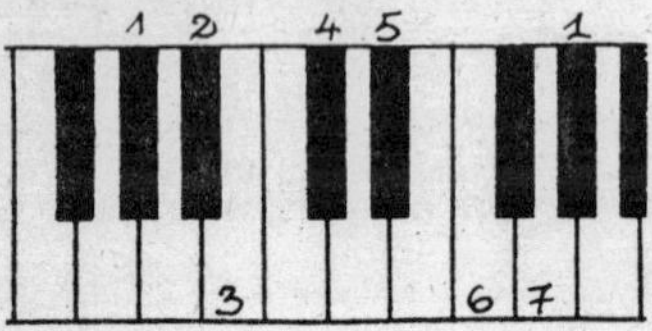

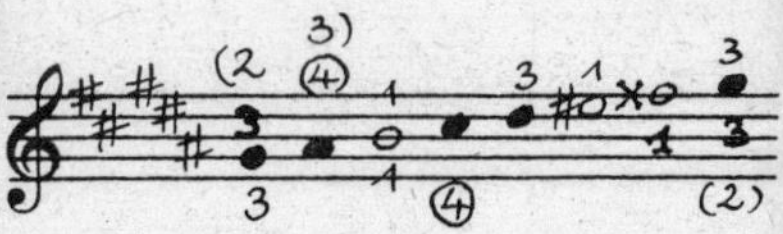

Gamme de La bémol mineur

■ **Type antique**

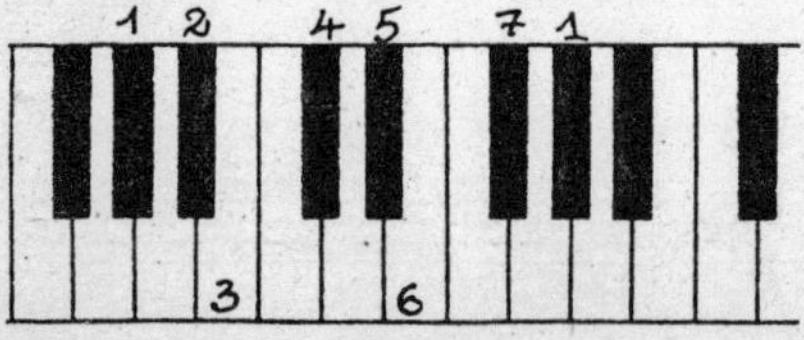

☐ *tonique (ton de...)* : La bémol
☐ *mode* : mineur
☐ *altérations* : 7 bémols
☐ *enharmonique de* : **Sol dièse mineur**
☐ *gamme relative de* : **Do bémol majeur**

■ **Type harmonique**

■ **Type mélodique**

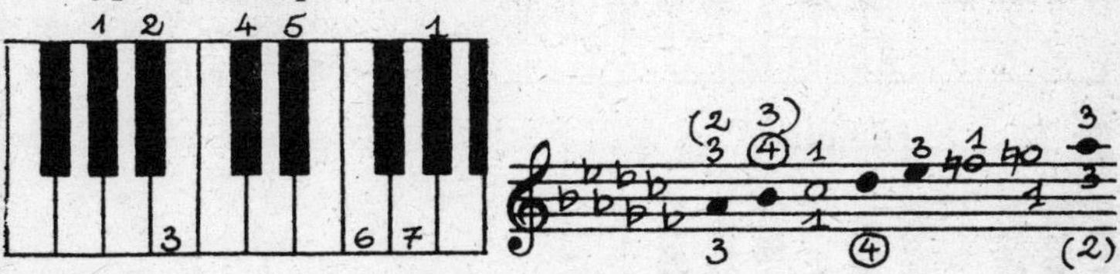

Gamme de La mineur

■ **Type antique**

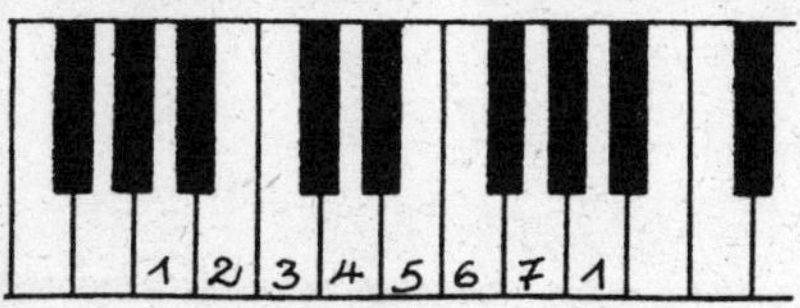

☐ *tonique (ton de...)* : La
☐ *mode* : mineur
☐ *altérations* : 0
☐ *enharmonique de* : -
☐ *gamme relative de* : **Do majeur**

■ **Type harmonique**

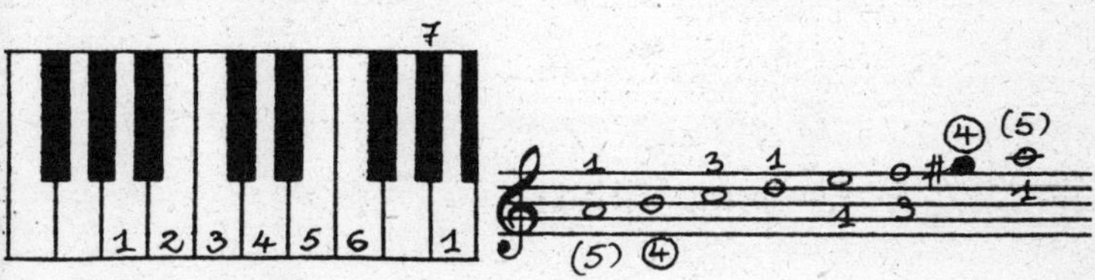

■ **Type mélodique**

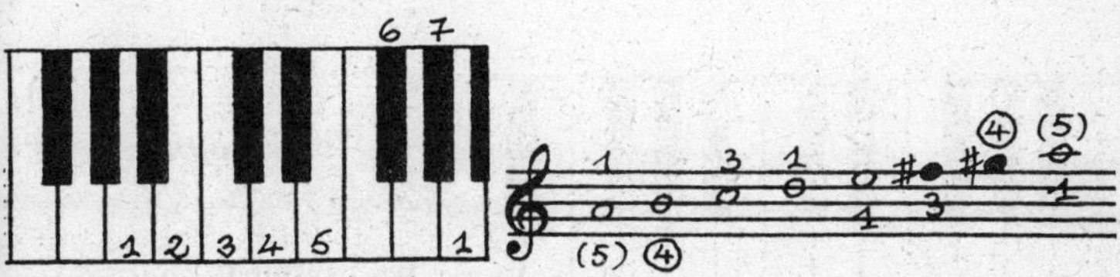

Gamme de La dièse mineur

■ **Type antique**

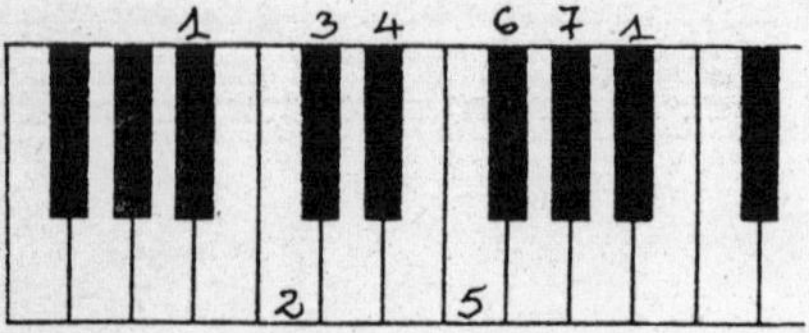

☐ *tonique (ton de...)* : La dièse
☐ *mode* : mineur
☐ *altérations* : 7 dièses
☐ *enharmonique de* : **Si bémol mineur**
☐ *gamme relative de* : **Do dièse majeur**

■ **Type harmonique**

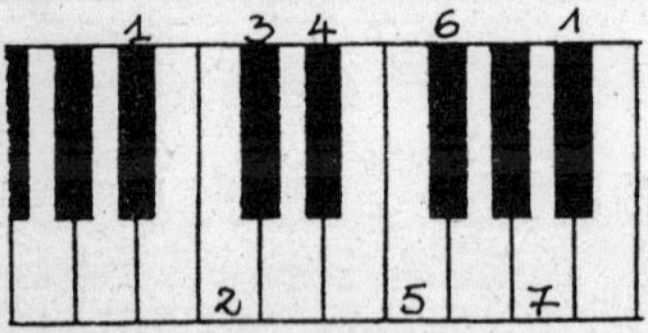

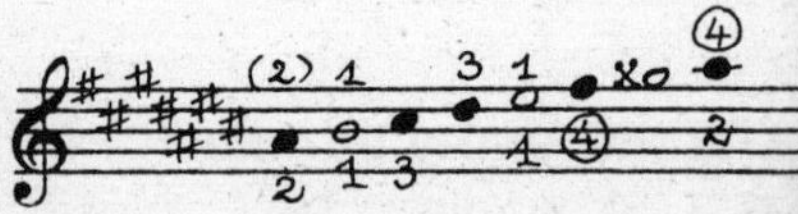

■ **Type mélodique**

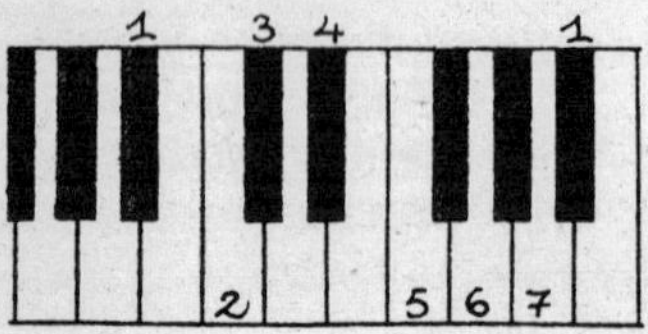

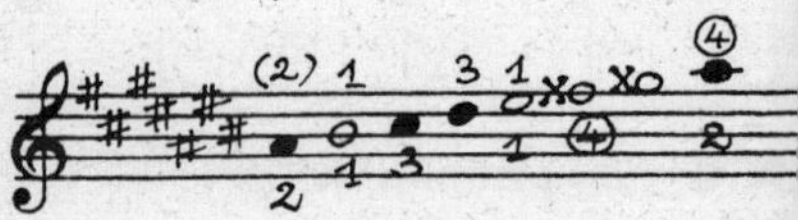

Gamme de Si bémol mineur

■ **Type antique**

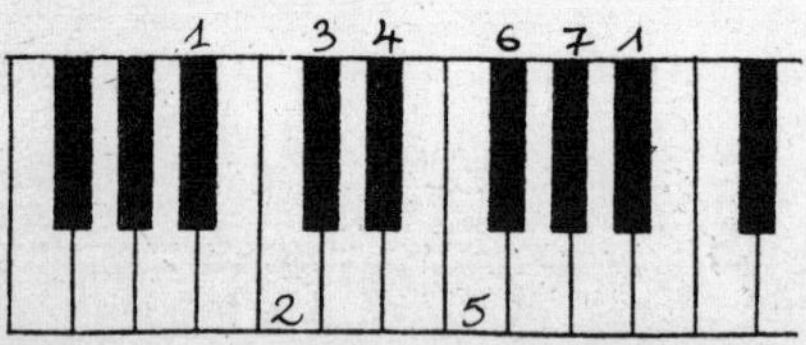

☐ *tonique (ton de...)* : Si bémol
☐ *mode* : mineur
☐ *altérations* : 5 bémols
☐ *enharmonique de* : **La dièse mineur**
☐ *gamme relative de* : **Ré bémol majeur**

■ Type harmonique

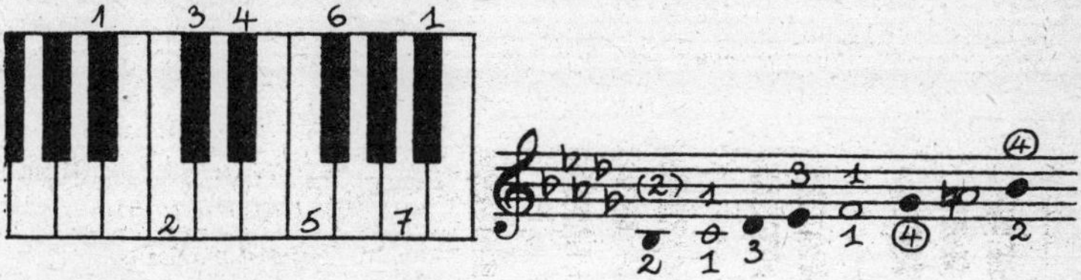

■ Type mélodique

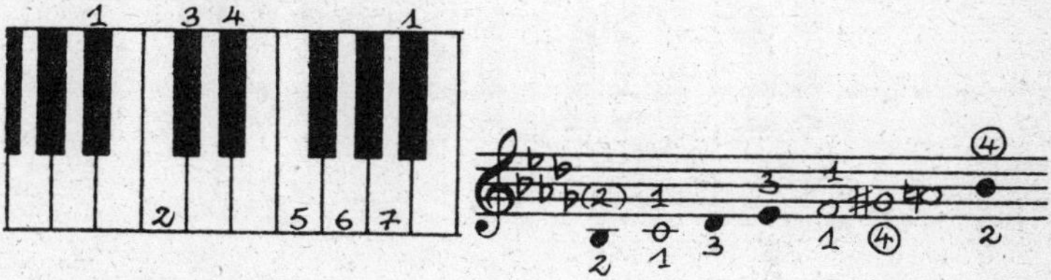

Gamme de Si mineur

■ Type antique

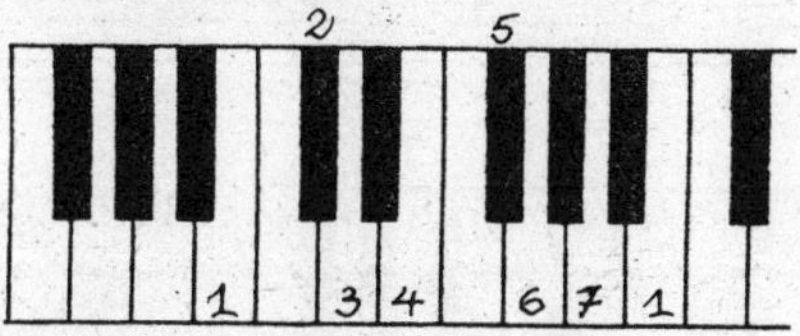

- ☐ *tonique (ton de...)* : Si
- ☐ *mode* : mineur
- ☐ *altérations* : 2 dièses
- ☐ *enharmonique de* : -
- ☐ *gamme relative de* : **Ré majeur**

■ Type harmonique

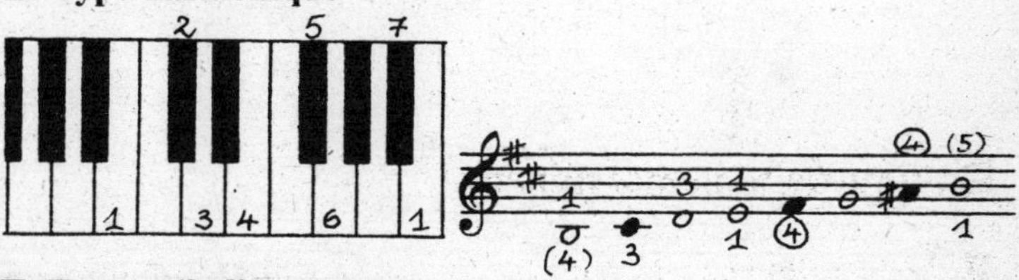

■ Type mélodique

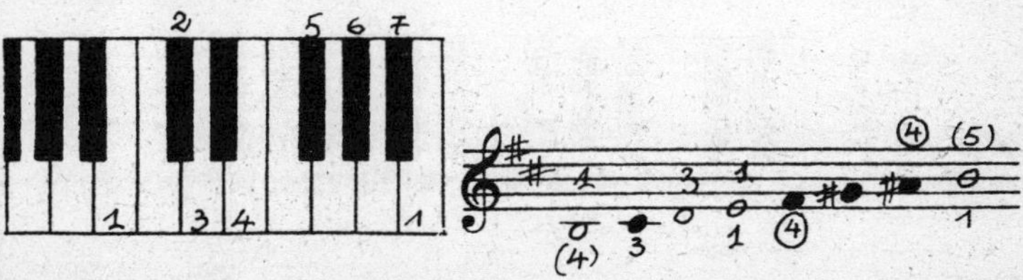

Gammes de Rameau

Do mineur

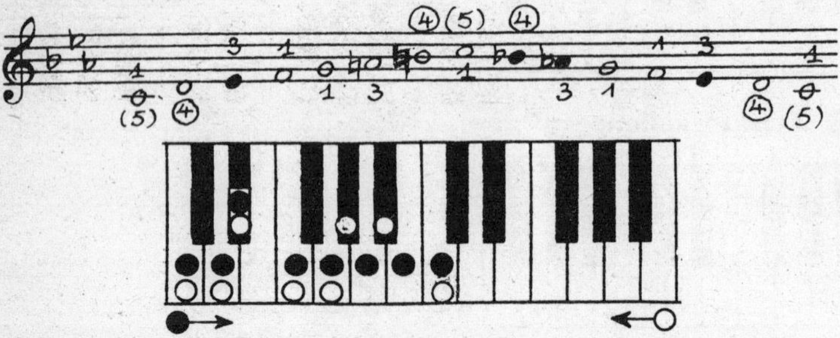

Do dièse mineur

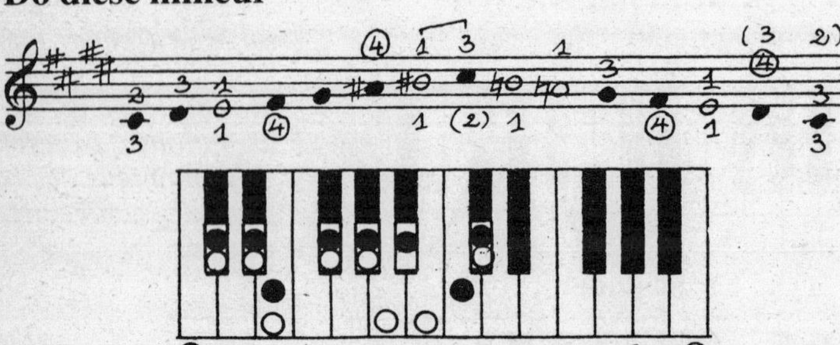

Ré mineur

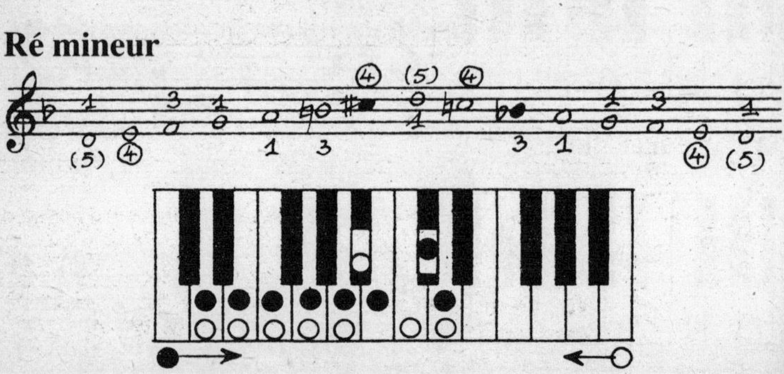

Ré dièse mineur

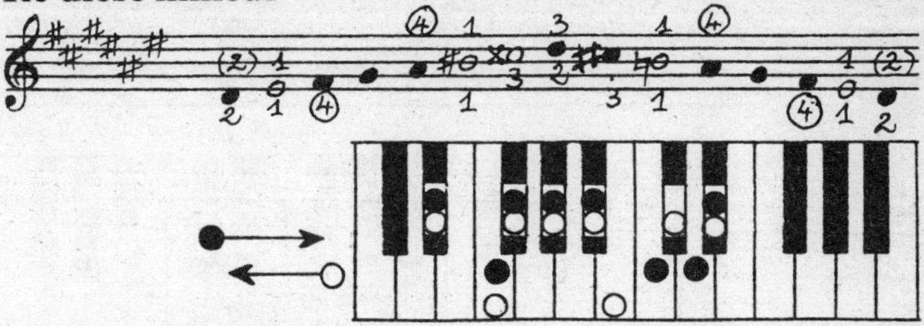

Mi bémol mineur

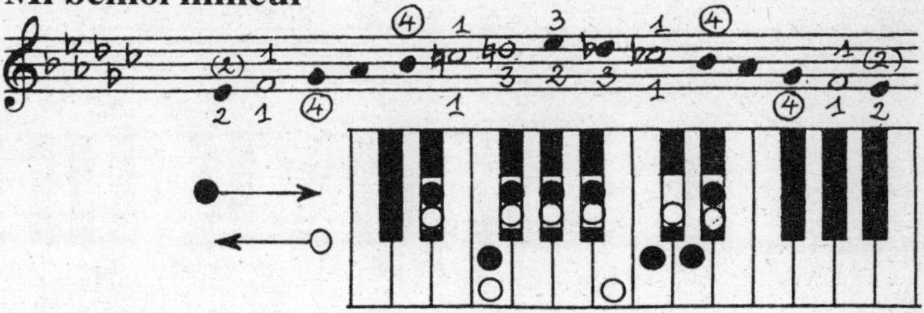

Mi mineur

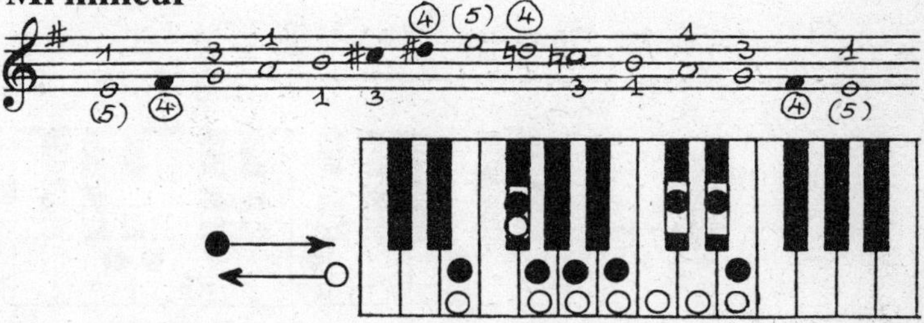

Fa mineur

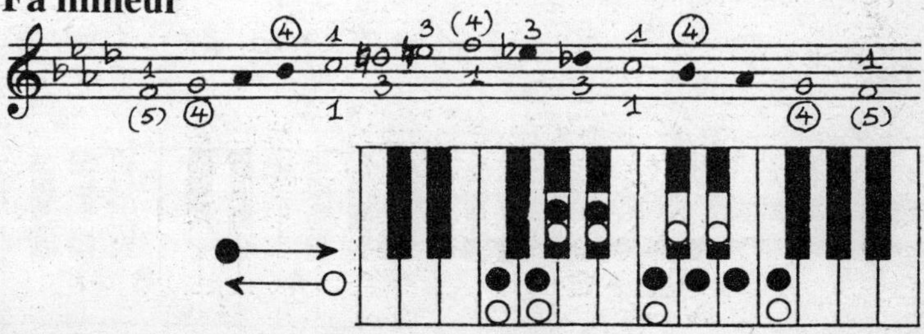

Fa dièse mineur

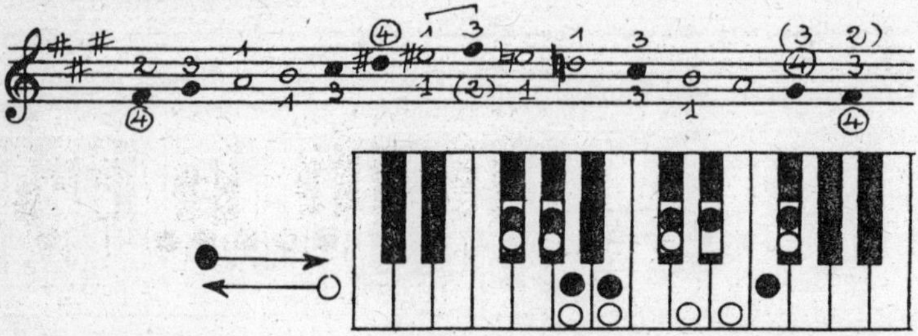

Sol mineur

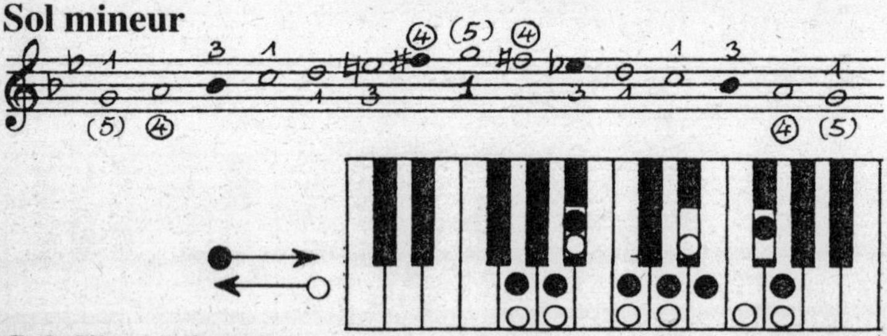

Sol dièse mineur

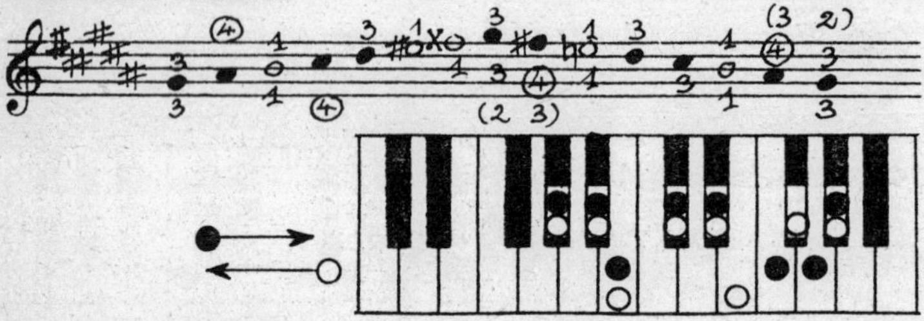

La bémol mineur

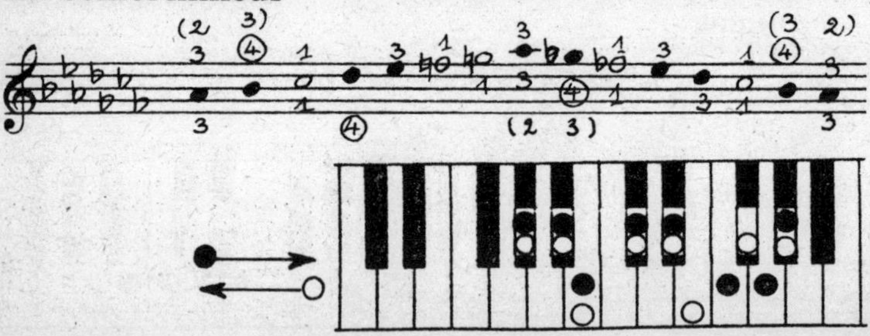

La mineur

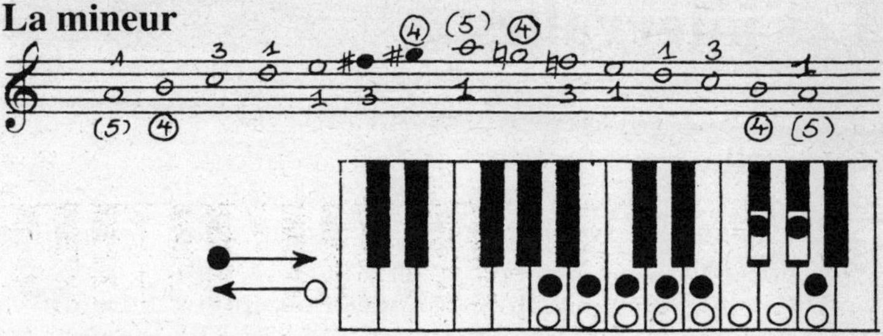

La dièse mineur

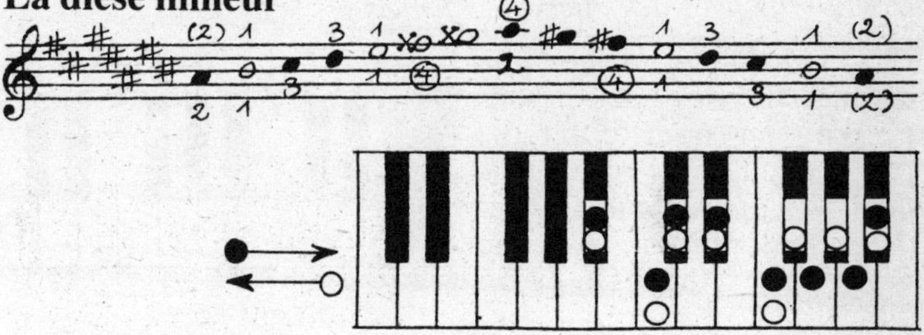

Si bémol mineur

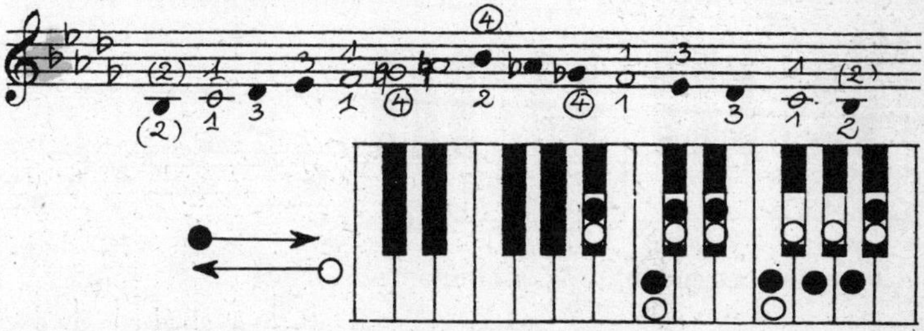

Si mineur

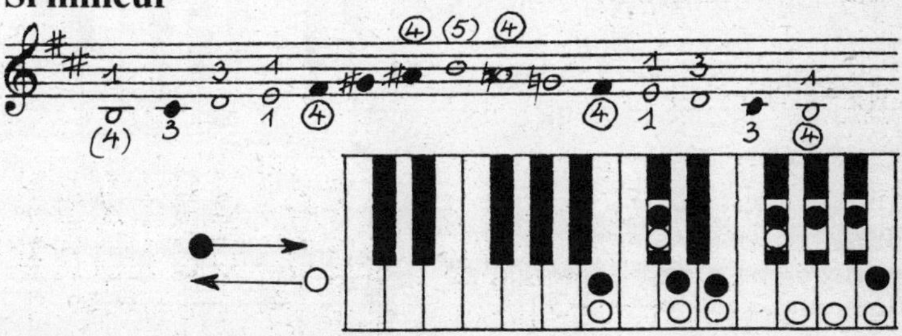

Les intervalles

Généralités

☐ Un intervalle est simplement *la distance qui sépare deux sons différents.*
☐ Ces deux sons peuvent être joués l'un après l'autre, *intervalle mélodique*, ou simultanément, *intervalle harmonique.*
☐ *Le plus petit des intervalles usuels est le ½ ton.*

☐ On distingue *le demi-ton diatonique* (les deux sons portent un nom différent ; par exemple Fa et Mi) et *le demi-ton chromatique* (les deux sons portent le même nom ; par exemple Do et Do dièse).

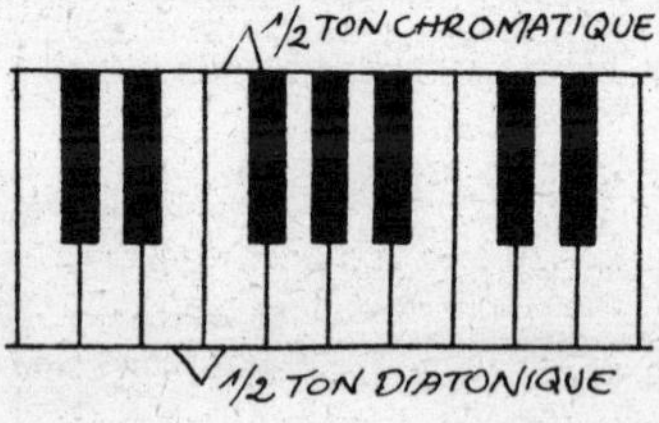

☐ *Les intervalles peuvent être ascendants ou descendants.*

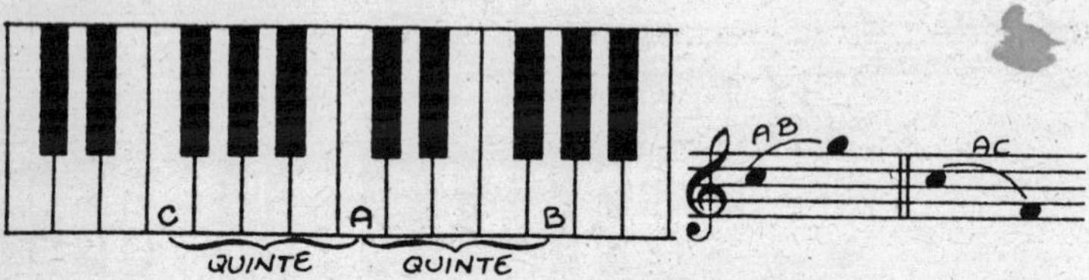

AB : quinte ascendante ; AC : quinte descendante

☐ Sauf indication contraire, on *énonce toujours les intervalles de bas en haut.* Dans l'exemple ci-contre l'intervalle est énoncé Do-Sol.

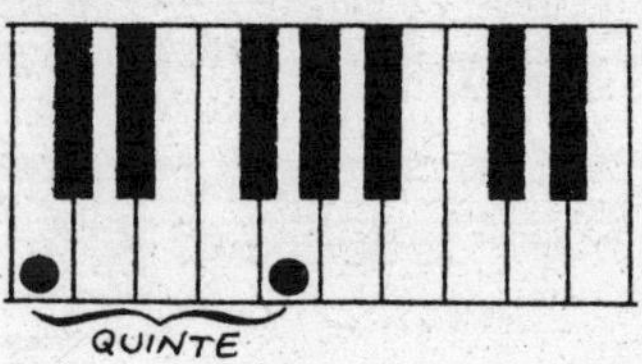

☐ *Les deux notes d'un intervalle jouées l'une après l'autre constituent* **un intervalle mélodique** :

☐ *Si nous les jouons simultanément, elles constituent* **un intervalle harmonique** :

☐ Rappelons que *l'adjonction d'une note supplémentaire détermine* non plus un intervalle mais **un accord** :

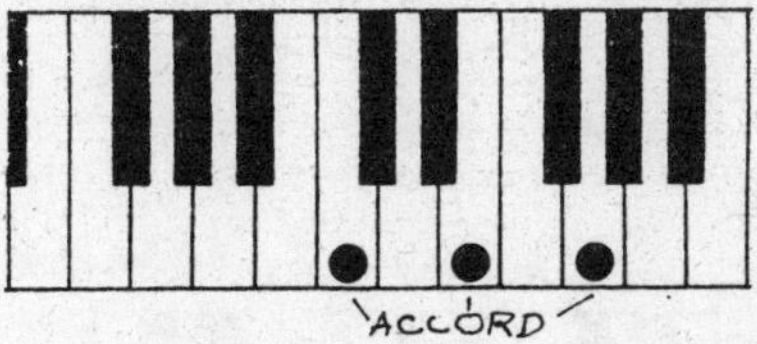

Qualification des intervalles

Pour qualifier un intervalle on compte le nombre de notes qu'il contient en tenant compte de la note de départ et de la note d'arrivée. Les altérations rencontrées ne sont pas prises en compte sauf, bien entendu, pour la note de départ et pour celle d'arrivée.

☐ *Un intervalle égal ou inférieur à l'octave est dit simple.*

☐ *S'il est plus grand que l'octave il sera dit redoublé.*

Remarquons que, puisqu'on ne tient compte que du nombre de degrés, un intervalle peut avoir plusieurs valeurs différentes. Ainsi, l'intervalle le plus simple (l'intervalle de seconde) peut valoir 1 ton (exemple : Do-Ré) mais aussi ne valoir qu'un demi-ton (exemple Ré-Mi bémol) ou, au contraire, valoir 1 ton et demi (exemple : Fa-Sol dièse).

Les claviers ci-après reprennent les principaux intervalles simples et redoublés.

■ Intervalles simples

☐ *Seconde*

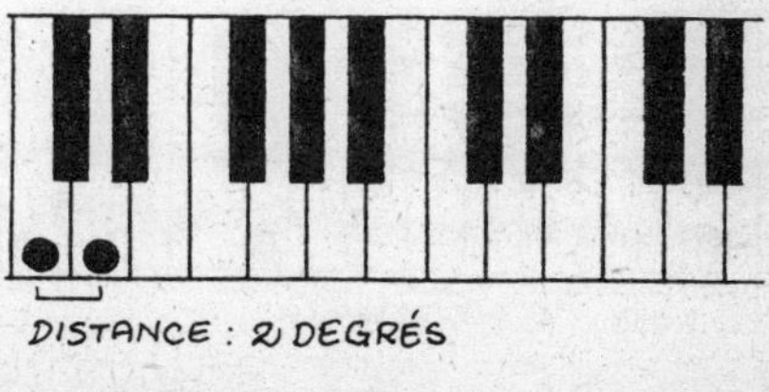

□ *Tierce*

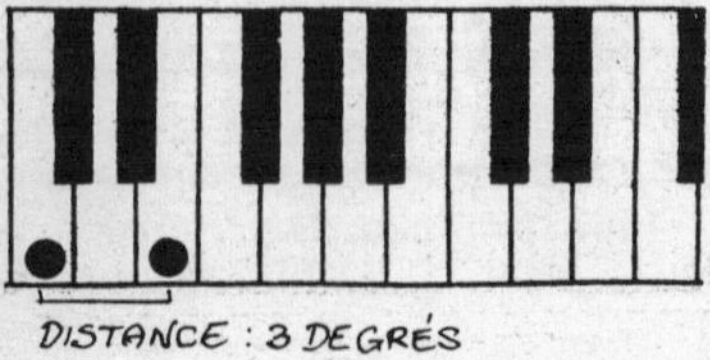

□ *Quarte*

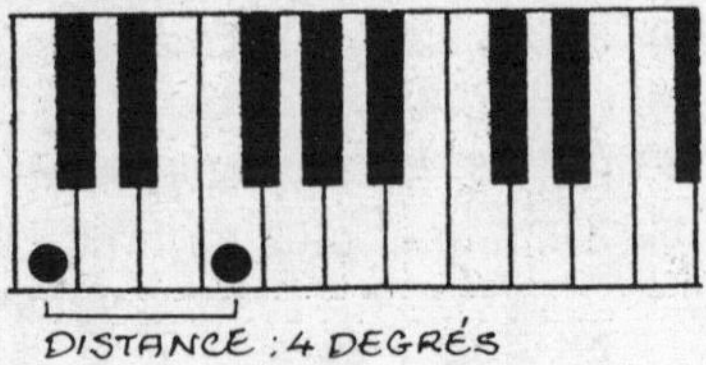

□ *Quinte*

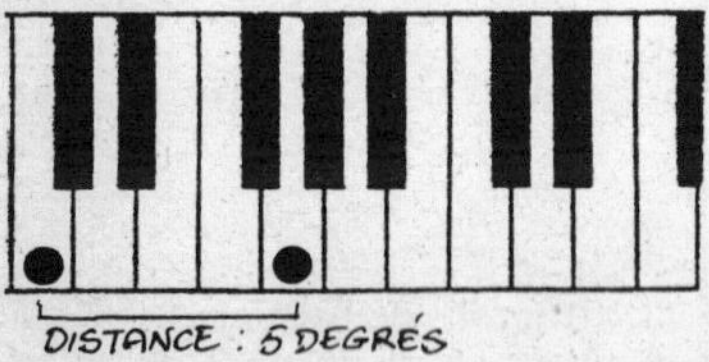

□ *Sixte*

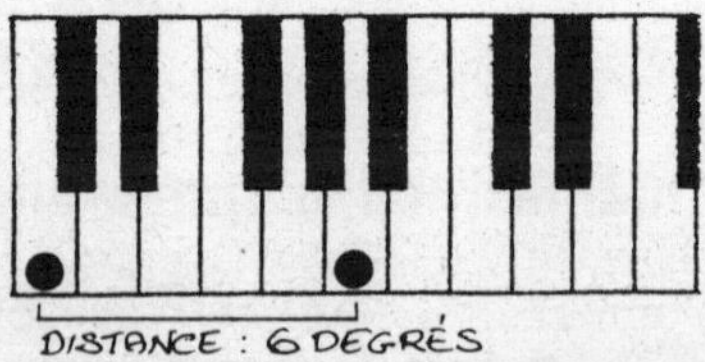

□ *Septième*

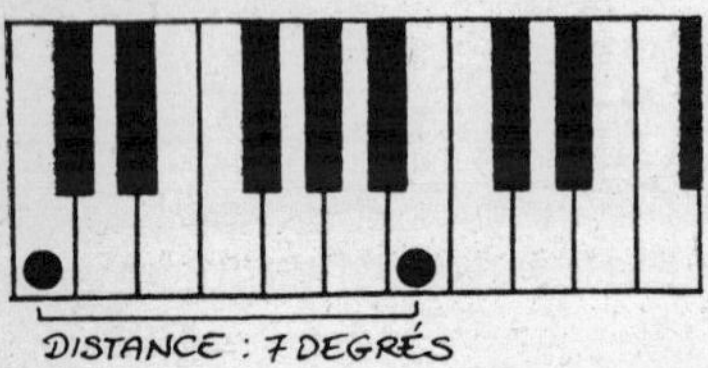

□ *Octave*

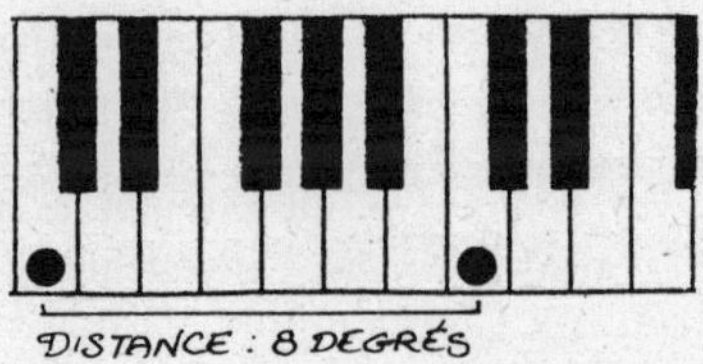

■ Intervalles redoublés

□ *Neuvième*

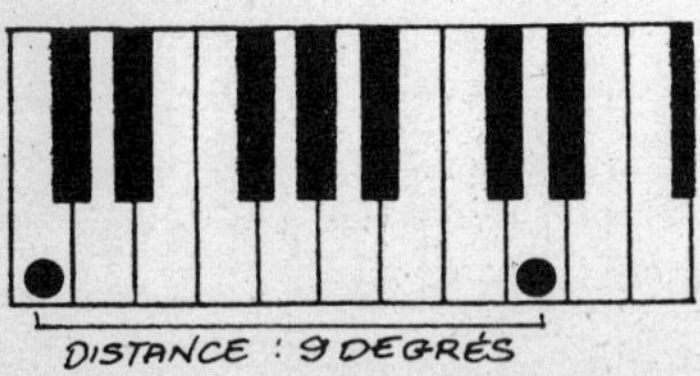

□ *Dixième*

☐ *Onzième*

☐ *Douzième*

Renversement des intervalles

☐ On renverse un intervalle *en déplaçant l'un des sons d'une octave*. Bien entendu, seuls les intervalles simples peuvent se renverser.

Le renversement de la quinte Fa-Do est donc une quarte Do-Fa.

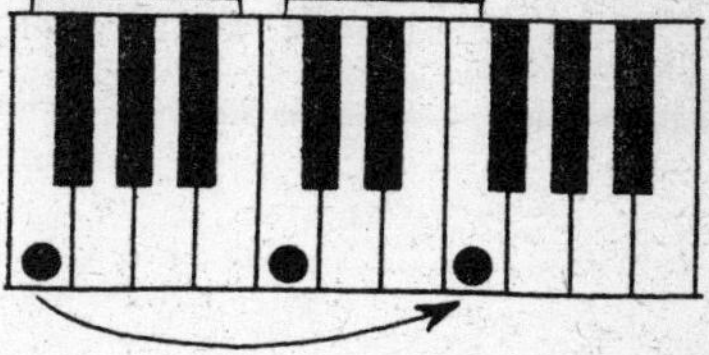

■ **Total numérique d'un intervalle et de son renversement**

Un intervalle et son renversement (dans l'exemple ci-dessus : quinte (5) + quarte (4) : 9) forment toujours une octave ; cependant, puisqu'on compte deux fois le degré du milieu (il est compté avec l'intervalle et avec son renversement) on obtient le total de 9.

☐ Ainsi, *pour trouver numériquement le renversement d'un intervalle, il suffit de déduire de 9 la valeur de l'intervalle à renverser* :

— renversement de la seconde : 9-2 = 7 (septième)
— renversement de la tierce : 9-3 = 6 (sixte)
— renversement de la quarte : 9-4 = 5 (quinte)
— renversement de la quinte : 9-5 = 4 (quarte)
— renversement de la sixte : 9-6 = 3 (tierce)
— renversement de la septième : 9-7 = 2 (seconde)

Etat des intervalles

Un intervalle peut être à l'état normal ou à l'état déformé. Par état normal, on entend que l'on peut retrouver le même intervalle du point de vue de sa valeur en n'utilisant que les touches blanches du clavier (en n'utilisant donc que les notes appartenant à la gamme diatonique de Do).

Prenons comme exemple les tierces Fa-La bémol, Fa-La et Fa-La dièse.

La valeur et la représentation de ces intervalles sont les suivantes :

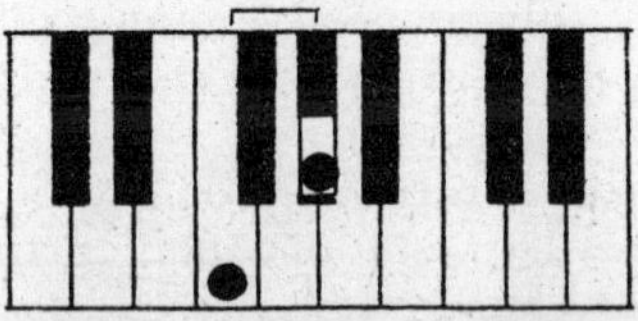

Fa-La bémol : tierce qui vaut un ton et demi

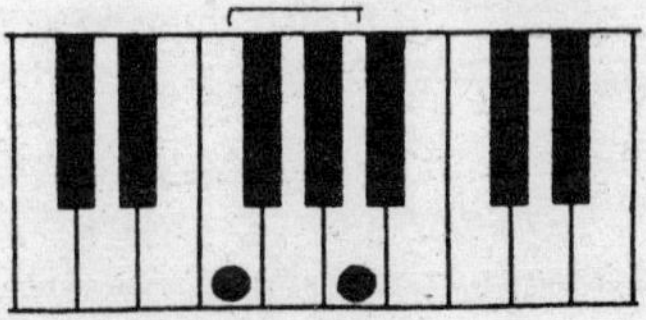

Fa-La : tierce qui vaut deux tons

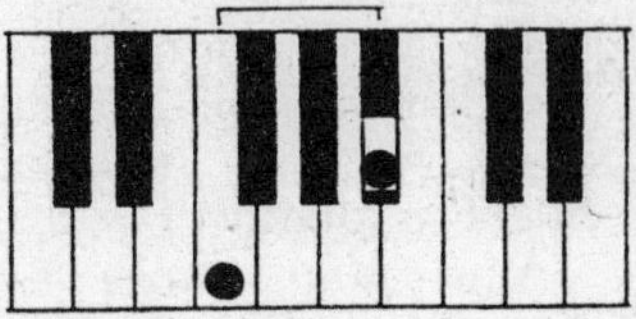

Fa-La dièse : tierce qui vaut deux tons et demi

Si je cherche sur le clavier des tierces qui valent
— un ton et demi, je trouve par exemple Mi-Sol
— deux tons, je trouve par exemple Do-Mi
— deux tons et demi, je n'en trouve pas dans la gamme diatonique.

☐ Dans les deux premiers cas, les tierces sont à l'*état nor-*

mal, on peut trouver cet état dans la gamme diatonique de Do.
☐ La tierce qui vaut deux tons et demi ne se rencontre jamais dans la gamme diatonique : elle est à l'*état déformé*.

Je puis bien entendu, comme dans l'exemple A obtenir une tierce à l'état normal en utilisant des notes altérées.

Comme nous allons le voir, il ne suffit pas de qualifier l'intervalle de normal ou de déformé pour le décrire complètement. Ainsi, dans l'exemple précédent nous avions deux tierces à l'état normal (Fa-La bémol et Fa-La) dont la valeur était différente.

Nature des intervalles

Pour qualifier complètement un intervalle il faut encore donner sa nature. On utilise pour cela :
☐ les termes *majeur, mineur* ou *juste* s'il s'agit d'un intervalle à l'état normal, ou encore
☐ les termes *augmenté*, *diminué*, *sur-augmenté* ou *sous-diminué* s'il s'agit d'un intervalle à l'état déformé.

Ces notions sont reprises dans le tableau suivant :

Etat	*Nature*
Normal	Majeur Mineur Juste
Déformé	Augmenté Sur-augmenté Diminué Sur diminué

Nous reviendrons sur ces notions plus tard mais il nous paraît important de définir clairement ce qu'on entend par les termes de la seconde colonne (nature).

Intervalles normaux

☐ Reprenons nos exemples précédents ; soit la tierce Fa-La

bémol et la tierce Sol-Si (ce qui est identique à la tierce Fa-La). Nous avons vu que la première vaut un ton et demi et la seconde deux tons. On dira que la première est une tierce **mineure** et la seconde une tierce **majeure**.

☐ *Une tierce majeure* (ou n'importe quel intervalle dont la première tierce vaut deux tons) détermine un intervalle *majeur*

☐ *Si la première tierce ne vaut qu'un ton et demi, il sera dit mineur.*

☐ *En ce qui concerne l'intervalle de quinte*, il est facile de constater (en s'aidant du clavier) que, quel que soit l'ordre dans lequel on place les tierces (tierce majeure d'abord ou d'abord tierce mineure), cela ne change rien au résultat : la quinte formée sur les touches blanches du piano vaut toujours 3 tons et demi. Pour cette raison elle est dite **juste**.

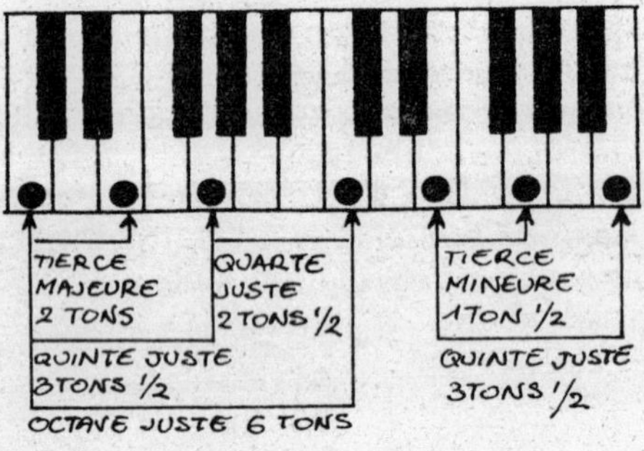

■ **En résumé** :

☐ *tierce mineure* : 1 1/2 tons

☐ *tierce majeure* : 2 tons

☐ *quinte juste* : 3 1/2 tons

■ **Intervalles justes**

On appelle intervalles justes les intervalles qui possèdent à la fois les qualités des intervalles majeurs et des intervalles mineurs. Nous avons déjà vu que la quinte, quel que soit le degré dont on part*, a toujours la valeur de trois tons et

* Il existe une exception pour l'intervalle Si-Fa où il faut augmenter l'altération de Fa et aussi pour l'intervalle Fa-Si (quarte), où il faut également augmenter l'altération de Fa

demi ; c'est-à-dire la valeur d'une tierce mineure (un et demi) et d'une tierce majeure (deux tons). Elle est donc toujours dans un état particulier qui tient du majeur et du mineur ; pour cela on l'appelle juste.

Cet état particulier se rencontre également pour deux autres intervalles : la quarte et l'octave.

Rappelons que nous avions déjà découvert un intervalle qui valait deux tons et demi (la tierce Fa-La dièse) mais c'était un intervalle déformé.

On peut donc dresser le tableau suivant :

- ☐ *tierce mineure :* 1 1/2 tons
- ☐ *tierce majeure :* 2 tons
- ☐ *quarte juste : 2 1/2 tons*
- ☐ *quinte juste :* 3 1/2 tons
- ☐ *octave toujours juste :* 6 tons

Ce tableau reprend les intervalles à l'état normal. Notons que si ces intervalles peuvent se rencontrer à l'état déformé, ce n'est pas le cas pour l'octave, qui est dès lors toujours juste.

Remarquons, encore, que si l'octave est toujours juste, la quinte et la quarte à l'état normal sont également justes : **on peut donc parler de quinte ou de quarte sans y ajouter de qualificatif**. Par contre, même à l'état normal, les autres intervalles peuvent avoir des valeurs différentes et il est donc impératif de leur adjoindre un qualificatif : la tierce sera mineure ou majeure, la septième sera mineure ou majeure, etc...

Intervalles déformés

En ce qui concerne les intervalles déformés, c'est-à-dire ceux dont on ne parvient pas à reformer la valeur en n'utilisant que les touches blanches du piano, on peut les qualifier en fonction de la déformation.

Ainsi, la tierce Fa-La dièse, qui vaut deux tons et demi est supérieure d'un demi-ton à la valeur maximale d'une tierce normale (deux tons). Elle sera donc dite augmentée :

■ Tout intervalle qui contient un demi-ton chromatique de

Intervalle déformé : augmenté d'un demi-ton par rapport à l'état normal

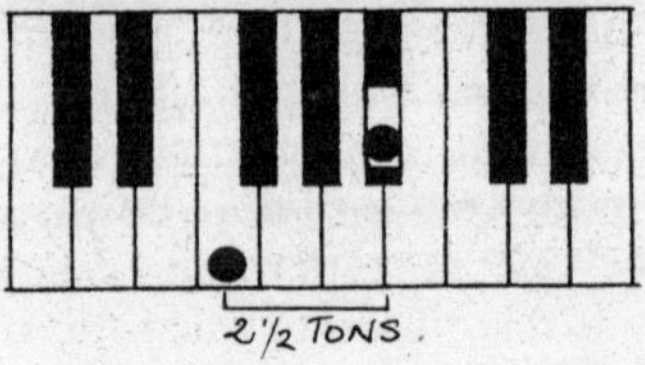

plus qu'à l'état normal sera dit **augmenté**. S'il contient un demi-ton de moins qu'à l'état normal il sera dit **diminué**. Dans certains cas, rares, il pourra être **sur-augmenté** (un ton de plus) ou **sous-diminué** (un ton de moins).

Synthèse

■ **A l'état normal**
□ *Seconde :* mineure/majeure
□ *Tierce :* mineure/majeure
□ *Quarte :* juste
□ *Quinte :* juste
□ *Sixte :* mineure/majeure
□ *Septième :* mineure/majeure
□ *Octave :* toujours juste

■ **A l'état déformé**
□ *Seconde :* augmentée
□ *Tierce :* diminuée/augmentée
□ *Quarte :* diminuée/augmentée
□ *Quinte :* diminuée/augmentée
□ *Sixte :* diminuée/augmentée
□ *Septième :* diminuée

Les accords

Léopold Mozart, rentrant un jour chez lui à l'improviste, devait découvrir son fils — celui qui allait devenir le grand Mozart mais qui était alors haut comme une botte — debout devant son clavecin, se haussant sur la pointe des pieds, touchant une note, puis une autre, et parfois deux notes à la fois.

« Que fais-tu donc là Wolfgang ? » demanda le brave homme. Et l'enfant de répondre : « Mais tu vois bien, papa ; je cherche les petites notes qui s'aiment. »

Jacques Chailley

Si quelqu'un, dans un groupe, affirme péremptoirement : « La musique est un art », il est vraisemblable que son assertion ne sera pas critiquée. Pour l'immense majorité des gens la musique est un art. Soumettez à ce même groupe les affirmations suivantes : « La médecine est un art », « La météorologie est un art », « La physique est un art », il est plus que vraisemblable que des voix s'élèveront pour contester ces propositions. Ce sont des sciences, dira-t-on. Et, pourtant, le praticien de ces trois disciplines sait fort bien que le seul usage de la science lui est insuffisant pour exercer avec « brio » son métier. Médecine, météorologie, physique sont des sciences, mais poser un diagnostic, proposer un traitement, une solution ou faire des prévisions demande également autre chose que la simple utilisation des règles... un certain art. C'est la raison pour laquelle, malgré ses immenses possibilités, l'informatique ne remplacera jamais totalement l'homme dans l'exercice de ces professions. Si notre phrase (la médecine est un art) a été immédiatement contestée c'est parce que l'aspirant médecin, on le sait, doit étudier longtemps, et beaucoup, avant de devenir médecin. De plus, les sciences qu'on lui demande d'apprendre (physique, chimie, anatomie, etc...) sont fort éloignées de ce qu'on entend, habituellement, sous le vocable « art ».

Science, art et musique

La musique, par contre, est perçue comme un art et, si nous affirmons qu'elle est aussi (et peut-être avant tout) science, nous risquons d'étonner beaucoup de monde.

Ceci résulte du fait qu'avant de pouvoir penser faire de l'art en médecine ou, par exemple, en météorologie, le praticien doit d'abord bien connaître la science de ces disciplines. L'art apparaît donc comme secondaire (soulignons qu'il n'en a pas toujours été ainsi : il n'y a pas tellement longtemps encore la limite entre art et science était assez ténue...) dans l'exercice de la profession. Et si, parlant d'un chirurgien on dira : «Quel artiste!», nous n'avons jamais entendu une telle exclamation au sujet de la résolution d'un difficile diagnostic médical!

En musique, par contre, l'art prime, il est possible de jouer d'un instrument, par exemple du piano, sans rien connaître à la science de la musique. Les personnes pourvues d'une excellente oreille peuvent même, quelquefois, se demander ce que leur apportera une connaissance théorique des accords et des intervalles puisque, pour eux, cela va «de soi». Par ailleurs, il est important de noter que l'homme a découvert bien des règles musicales avant de rien connaître des lois de la physique et de l'acoustique. Ce n'est qu'a posteriori qu'il a pu confirmer, grâce aux sciences physiques, le bien-fondé de ce qu'il savait déjà sans pouvoir le justifier.

Contrairement à ce qui se passe, par exemple, en médecine, ici, c'est la science qui est secondaire.

Le jeune apprenti musicien peut, dès lors, se demander pourquoi tant parler de la «science de la musique» dans un ouvrage qui se veut avant tout pratique. La réponse est très simple : en comprenant les règles, leurs justifications, et en sachant comment les utiliser, il sera beaucoup plus facile de retenir un morceau de musique, et l'accompagnement musical deviendra (au prix, bien sûr, d'un long travail technique) un jeu d'enfant.

Remarquons, au passage, que le dictionnaire musical — que le monde non francophone nous envie — porte le nom de «Science de la Musique». En musique, art et science sont inséparables et l'un renvoie à l'autre.

La science de la musique ne nous est déjà plus totalement étrangère, nous avons étudié le solfège, les gammes, certaines lois acoustiques, etc... Ce chapitre sera consacré à un édifice particulièrement important, non seulement de la science de la musique mais également de l'expression artistique : la **science des accords**.

Bien que cela ne soit pas indispensable à la compréhension de ce qui suit, nous conseillons au lecteur de lire ce chapitre devant son clavier ; ainsi, théorie et pratique ne seront pas dissociées et ce que l'esprit comprendra sera approuvé et justifié par l'oreille.

Quelques définitions

Le terme mélodie ne demande pas beaucoup d'explications. Tout le monde sait ce qu'est une mélodie, un « air » de musique. Par contre, lorsqu'on parle de contrepoint ou d'harmonie, on suscite souvent de nombreuses questions. Pourtant tout ceci n'est pas (au départ) fort sorcier.

■ La mélodie

Si je regarde une partition simple pour piano, la première portée, celle pour la main droite, est souvent composée d'une succession de notes disposées à des intervalles variables. Si je joue cette partition je joue la mélodie : *la mélodie est la composante horizontale de la musique* ; c'est la musique dans le temps.

■ L'harmonie

Si je regarde la seconde portée, elle est souvent composée d'accords ; la lecture de ceux-ci se fait verticalement : c'est l'harmonie. *L'harmonie est donc la lecture verticale, simultanée, des sons musicaux.*

Bien entendu ces différents accords ne peuvent se succéder dans le désordre ou l'anarchie : leur succession obéit à des règles très strictes ; *l'étude de ces règles constitue également l'harmonie.*

■ Le contrepoint,

Il est antérieur à l'harmonie. Il a fallu un certain nombre d'années avant que les musiciens se rendent compte des propriétés des accords. Pourtant, bien avant de connaître les accords, les musiciens ont joué des airs à plusieurs voix ; c'est-à-dire simultanément des mélodies différentes. *L'art de combiner des mélodies différentes en les superposant, porte le nom de contrepoint.* Alors que dans l'harmonie, l'accord est le complément de la mélodie, dans le contrepoint il n'y a pas d'accord mais seulement deux lignes mélodiques qui peuvent se superposer : note contre note. La note étant jadis, au moment où le contrepoint naissait, indiquée par un point, on définissait le contrepoint (point contre point) comme l'art de superposer un point d'une ligne mélodique à un point d'une autre ligne mélodique, d'où le terme de contrepoint. Comme en grammaire, le compositeur doit ici respecter un certain nombre de règles strictes. Le génie étant de créer des morceaux de musique inédits tout en respectant les règles d'écriture.

Dans son remarquable ouvrage *La Musique et les Musiciens,* Lavignac définit le contrepoint comme « l'art de jongler avec les notes » et il insiste sur le fait « que le plus novice des musiciens n'est pas capable d'ébaucher la plus insignifiante des mélodies et de lui appliquer un accompagnement élémentaire, sans faire, à son insu, du contrepoint, tout comme Monsieur Jourdain faisait de la prose ; la question est de savoir si cette prose est conforme aux lois de la grammaire, de la syntaxe, de la logique et de la rhétorique ; et voilà pourquoi le compositeur est tenu, s'il a souci de la pureté de son style, de la correction de son langage musical, de posséder une profonde connaissance des règles du contrepoint » (35-298).

■ La fugue

Il est difficile de parler du contrepoint sans dire un mot de la fugue, point culminant du contrepoint. La fugue doit son nom à sa structure ; *il s'agit, en effet, d'un sujet musical qui s'enfuit pour revenir peu après et ainsi de suite ;* on assiste à une véritable promenade parmi les sons voisins. Bien entendu la ou les voix superposées sont traitées en contrepoint. Bach est le maître incontesté du contrepoint dont la forme la plus parfaite apparaît dans *Le clavecin bien tempéré*. Nous donnons deux exemples qui illustrent bien la différence entre le contrepoint et l'harmonie.

■ Contrepoint et harmonie

Les deux exemples suivants illustrent parfaitement la différence qu'il y a entre une écriture contrapunctique et l'harmonie (science des accords).

Le premier exemple est emprunté à J.S. Bach (Le clavecin bien tempéré, Fuga II) et le second est une mesure de la troisième valse de Brahms.

□ *Contrepoint*

En réalité, il y a superposition de trois lignes mélodiques ; on dira qu'il s'agit d'une fugue à trois voix.

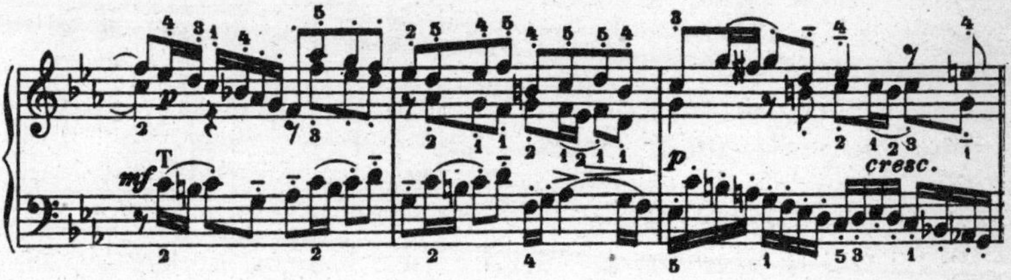

□ *Harmonie*

— sur la portée en clé de Sol : la mélodie

— sur la portée en clé de Fa : les accords

Qu'est-ce qu'un accord ?

Si vous jouez simultanément, au piano, Do-Mi-Sol, vous jouez un accord. Un accord est donc un ensemble de sons différents (Do, Mi, Sol, par exemple) joués simultanément. Les accords se superposent habituellement par tierces (Do-Mi, Mi-Sol, dans l'exemple ci-contre).

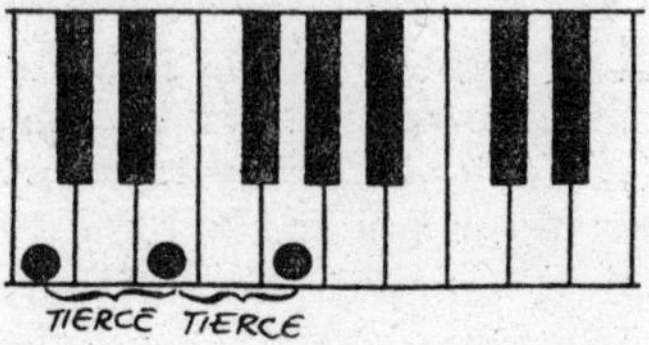

☐ *Pour qu'il y ait accord, il est absolument nécessaire que trois sons minimum* (nous verrons que parfois on joue quatre, cinq ou même six sons) *soient joués simultanément.*
Ainsi, si je joue les deux notes Do-Sol, je n'ai pas formé un accord mais seulement un intervalle harmonique ; un des éléments nécessaire pour caractériser l'accord est, en effet, absent.

☐ *Le son le plus bas de l'accord* (ici, Do) *est appelé le son «fondamental»;* c'est sur ce son que se base tout l'accord. Nous verrons plus tard son importance dans les transformations de l'accord.
☐ *Sur chacun des degrés de la gamme on peut placer un accord* ; mais pas n'importe quel accord, ainsi que nous allons le montrer.
☐ Retenons pour l'instant qu'un accord est composé au minimum de *trois sons qui sont produits par la superposition de tierces.*
☐ *La première tierce détermine la modalité* (c'est exactement

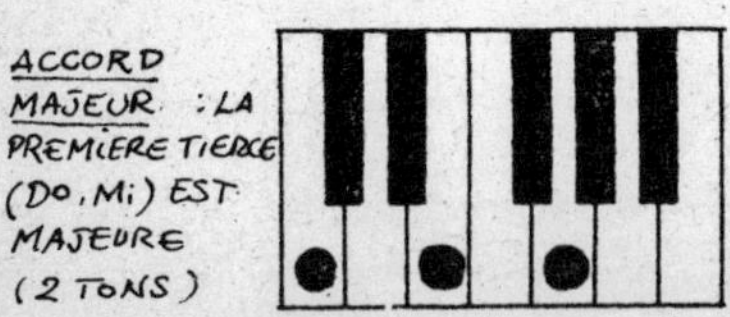

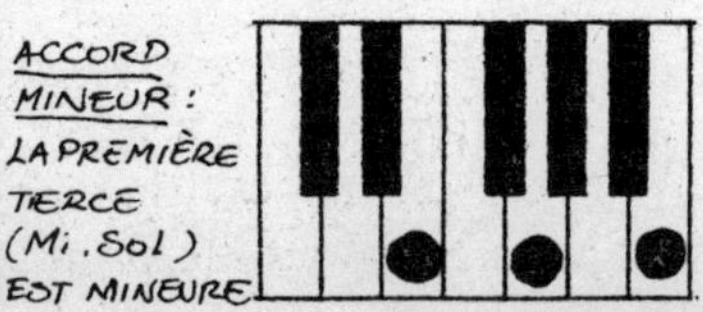

comme pour les gammes). Si cette première tierce est majeure (deux tons) l'accord sera dit majeur; si la première tierce est mineure (un ton et un demi-ton), l'accord sera dit mineur.

Les accords de trois sons

Les accords parfaits en mode majeur

Les accords, nous l'avons vu, peuvent se composer de trois, quatre, cinq ou même six sons. Le premier accord, *le plus simple, composé de trois sons, est l'accord parfait.*

Nous aurons, suivant la nature de la tierce, soit l'accord parfait majeur, soit l'accord parfait mineur.

Intéressons-nous d'abord à l'accord parfait majeur.

■ **Accord parfait majeur**

Il est *composé d'une tierce majeure et d'une quinte juste.*

Reprenons notre gamme de Do majeur et essayons de placer cet accord sur les différents degrés.

□ *Sur le premier degré* il n'y a pas de problème : Do-Mi-Sol. (Do-Mi = tierce majeure; Do-Sol = quinte juste).

□ *Sur le second degré*, c'est impossible puisque la première tierce (Ré-Fa) n'est pas majeure.

□ *Sur le troisième degré,* nous rencontrons le même problème : la première tierce (Mi-Sol) n'est pas majeure.

□ *Sur le quatrième degré* nous obtenons l'accord Fa-La-Do, dont la première tierce est majeure.

□ *Sur le cinquième degré*, l'accord Sol-Si-Ré possède également une première tierce majeure.

□ *Le sixième* (La-Do-Mi) *et le septième* (Si-Ré-Fa) n'ayant pas de première tierce majeure ne sont donc pas des accords parfaits majeurs.

Les seuls degrés qui peuvent accepter l'accord parfait majeur sont donc, le premier (la tonique), le quatrième (la sous-dominante) et le cinquième (la dominante). Voyez ci-dessous.

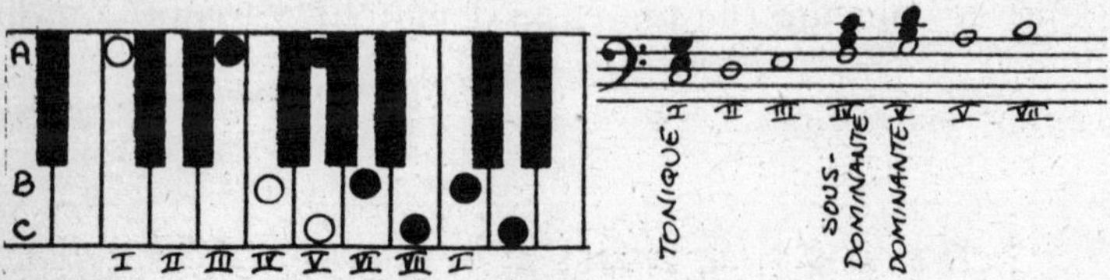

L'accord A est l'accord de tonique (sa note fondamentale est la tonique)
L'accord B est l'accord de sous-dominante (même raison)
L'accord C est l'accord de dominante (même raison)

■ Accord parfait mineur

L'accord parfait mineur est lui aussi *composé de deux tierces superposées, mais la première tierce est mineure* (un ton et un demi-ton). Comme pour l'accord parfait majeur, nous pouvons aisément constater que tous les degrés de la gamme diatonique ne peuvent accepter cet accord.

C'est seulement sur le deuxième, le troisième et le sixième degré qu'il est possible de placer cet accord. Par exemple : Ré-Fa-La (Ré-Fa = tierce mineure, Ré-La = quinte juste).

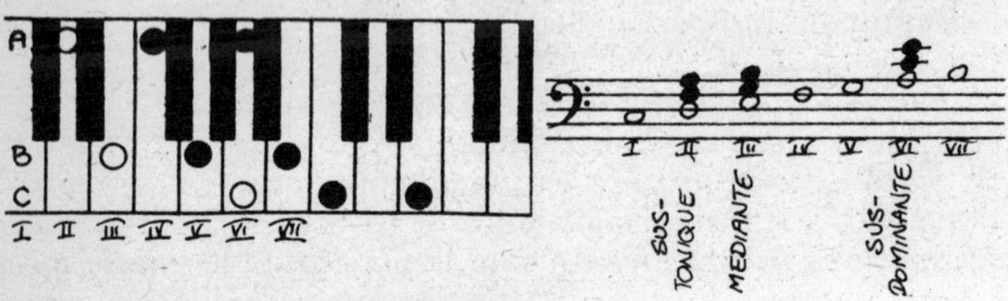

L'accord A est l'accord de sus-tonique
L'accord B est l'accord de médiante
L'accord C est l'accord de sus-dominante

Les accords parfaits en mode mineur

Nous n'avons, jusqu'à présent, considéré que le mode majeur (avec pour exemple la gamme diatonique de Do majeur) ; il est intéressant de s'intéresser à ce qui se passe dans le mode mineur (avec pour exemple la gamme diatonique de La mineur).

Rappelons qu'en mode mineur la succession des intervalles n'est pas la même qu'en mode majeur. Soit, pour rappel, la gamme diatonique de La mineur, gamme type du mode mineur harmonique*.

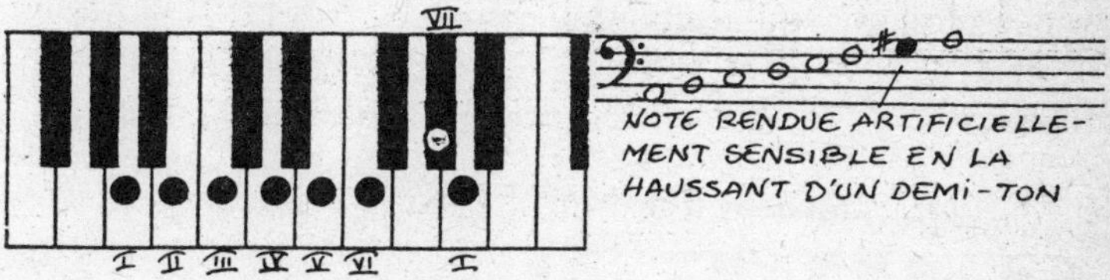

■ Accord parfait majeur

Essayons d'y placer l'accord parfait majeur, formé d'une quinte juste et d'une première tierce majeure. Les seuls degrés qui admettent cet accord sont le cinquième et le sixième :

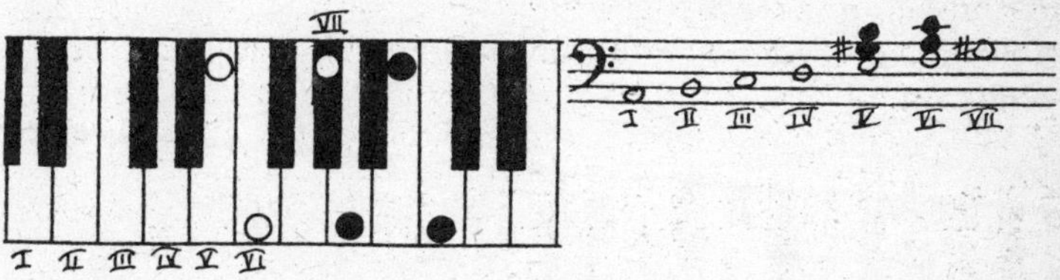

■ Accord parfait mineur

Essayons, maintenant de placer l'accord parfait mineur ; les seuls degrés qui l'admettent sont le premier et le quatrième :

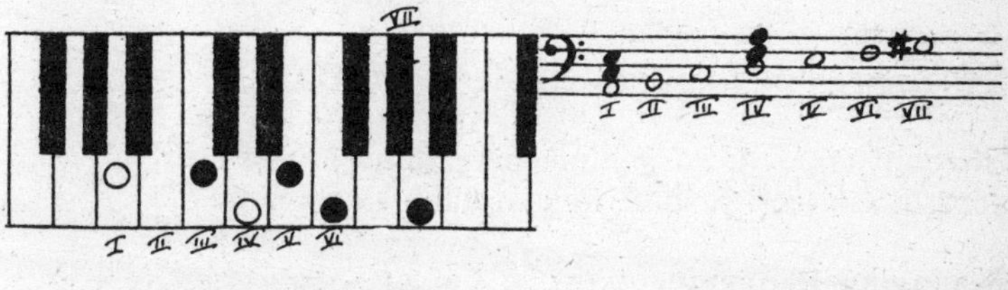

* Lorsqu'on parle de mineur sans en spécifier le type, il s'agit toujours du mineur harmonique.

Accords de quinte diminuée

Jusqu'à présent nous ne nous sommes occupés que des accords parfaits, c'est-à-dire composés d'une quinte juste.

□ *Si nous abaissons d'un demi-ton la quinte d'un accord parfait mineur*, nous obtenons un accord de quinte diminuée* (tierce mineure, quinte diminuée)

Cet accord peut être formé en mode majeur et en mode mineur.

■ **En mode majeur**, on le trouvera sur le septième degré :

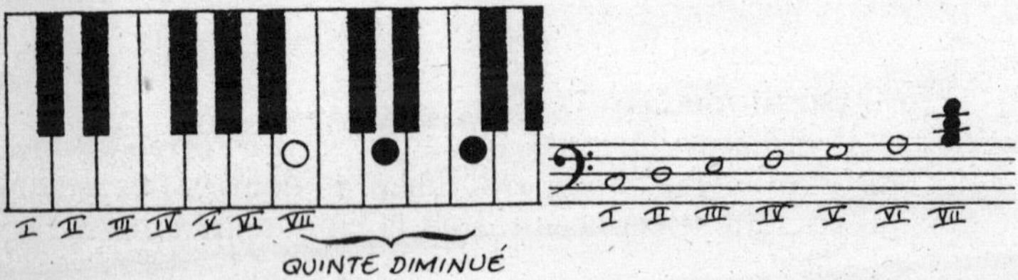

■ **En mode mineur**, on le touvera sur le second degré et sur le septième degré :

Les degrés de la gamme et les accords

Chaque degré de la gamme peut donc être à l'origine d'un accord. Ceci est résumé dans le tableau suivant.

■ **Gamme diatonique majeure**
Pour plus de clarté, nous prenons la gamme de Do majeur.

* Cet accord porte aussi le nom de *fausse quinte*, la quinte n'étant pas juste.

Accord parfait majeur

Accord parfait mineur

Accord de quinte diminuée

Gamme majeure

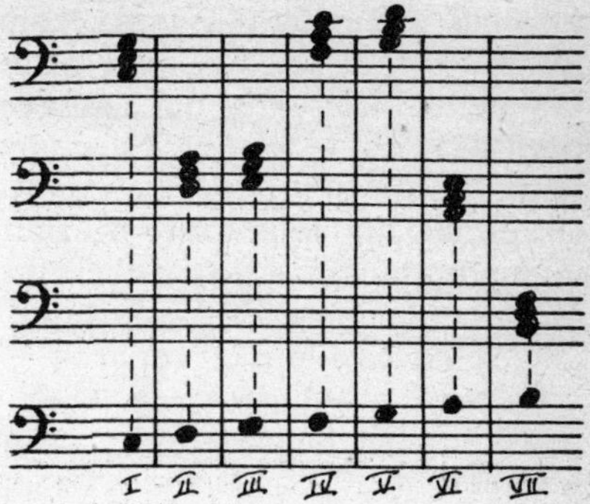

■ **Gamme diatonique mineure**
Pour plus de clarté, nous prenons la gamme de La mineur.

Accord parfait majeur

Accord parfait mineur

Accord de quinte diminuée

Gamme mineure harmonique

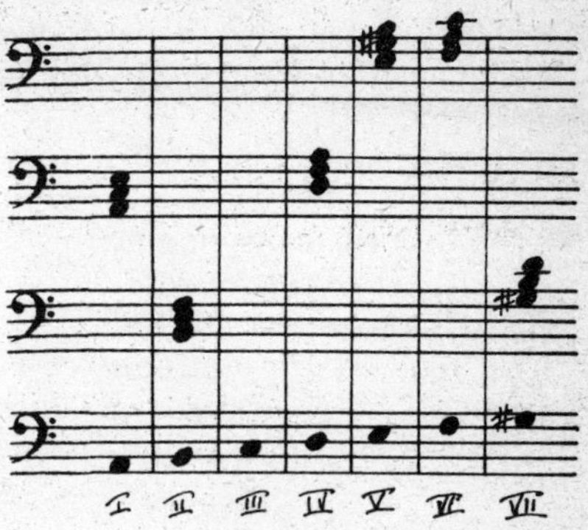

Accords consonants et accords dissonants

Le phénomène de consonance et celui de dissonance sont étroitement liés. L'analyse de ces phénomènes fait appel à des notions physiques, acoustiques, mathématiques, physiologiques et psychologiques. On comprend, dès lors, fort bien, que la limite entre la consonance et la dissonance soit assez ténue, et qu'un accord (ou un intervalle) considéré comme dissonant durant une période, puisse apparaître, quelques dizaines d'années plus tard, comme consonant. L'appréciation du caractère consonant d'un accord n'est pas fondamentalement différente de l'appréciation d'une tournure de phrase ou d'une forme de déclinaison. Telle formule qui nous paraît aujourd'hui étrange était utilisée fréquemment au siècle précédent, telle autre tournure de phrase aujourd'hui en vigueur sonnera «faux» d'ici quelques années. Les rapports entre le langage et la musique sont étroits; nous aurons encore l'occasion d'en reparler.

Cependant, sans que la ligne de démarcation entre dissonance et consonance soit fort nette, on considère aujourd'hui que certains accords sont consonants et que d'autres ne le sont pas.

□ Nous avons déjà vu, lors de notre analyse des intervalles, que les *consonances parfaites* (ou considérées comme telles depuis le XVIe siècle) sont : l'octave, la quinte, la quarte.

□ Dès lors, *le seul accord consonant est l'accord parfait* (majeur ou mineur) *ainsi que ses renversements* (voir plus loin).

□ *Tous les autres accords sont dissonants.*

■ Les accords consonants

□ *Un accord consonant est un accord qui se suffit à lui-même* : c'est un accord final.

□ *Le seul accord consonant est l'accord parfait* (majeur ou mineur) *ainsi que ses renversements* (voir plus loin).

□ *Accord parfait majeur* :

□ *Accord parfait mineur* :

■ **Les accords dissonants**

□ *Un accord dissonant ne se suffit pas à lui même* : il doit être le plus souvent préparé et il demande une conclusion. Un accord dissonant joué seul donne une impression d'inachèvement, d'imperfection.

□ *Tous les accords autres que parfaits sont dissonants.*

□ *Accord de quinte diminuée* :

Les accords générateurs

Reprenons notre gamme diatonique majeure et regardons de plus près les trois accords parfaits majeurs :

— le premier accord (accord de tonique) est formé des notes : Do-Mi-Sol ;

— le second accord (accord de sous-dominante) est formé des notes : Fa-La-Do ;

— le troisième accord (accord de dominante) est formé des notes : Sol-Si-Ré.

On constate que tous les sons de la gamme diatonique (Do, Ré, Mi, Fa, Sol, La, Si, Do) sont compris dans ces seuls trois accords. Les accords parfaits, placés sur le quatrième, premier et cinquième degrés d'une même gamme, comprennent toutes les notes différentes de celle-ci.

□ Pour cette raison *ces accords sont dits accords générateurs.* et *les notes tonales* (I, IV, V) *sont appelées notes génératrices* d'un ton.

■ **Exemple en Do majeur**

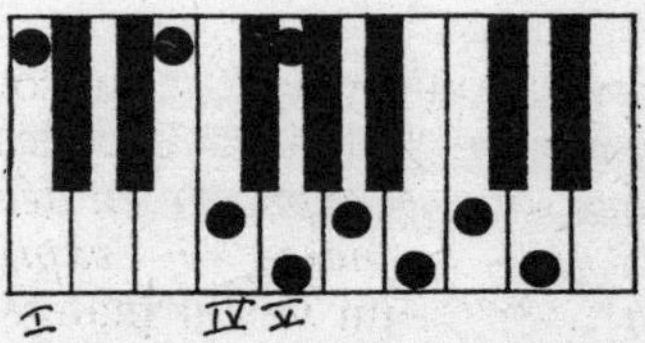

■ **Exemple en Sol majeur**

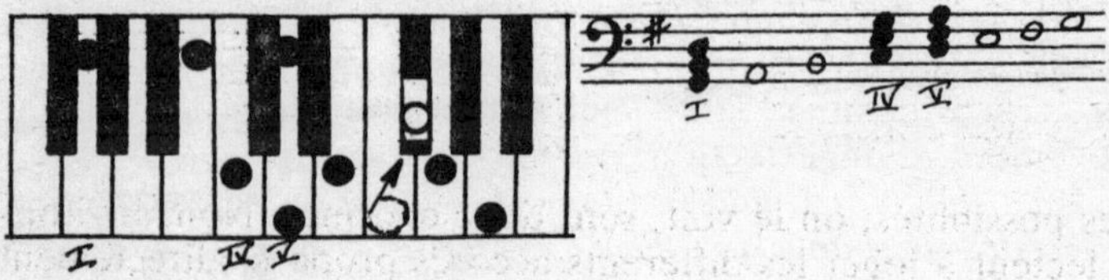

Les modifications de l'accord

L'accord, tel que nous venons de l'étudier et dont nous reprenons la structure ci-après, se présente rarement :
— note fondamentale
— tierce (majeure ou mineure)
— quinte.

Tierce et quinte sont souvent placées différemment sans que cela ne modifie l'essence de l'accord. Nous n'entrerons pas dans les détails des nombreuses modifications de l'accord, cependant il nous semble utile d'illustrer cette notion par un exemple.

Soit l'accord parfait majeur : Do-Mi-Sol.

■ Je puis, sans modifier l'essence de l'accord remplacer Le Mi (sa tierce) ou le Sol (sa quinte) par **le redoublement à l'octave** ; j'obtiens les accords suivants :

☐ *tierce redoublée*

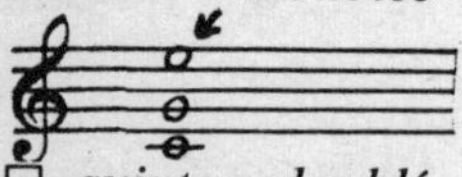

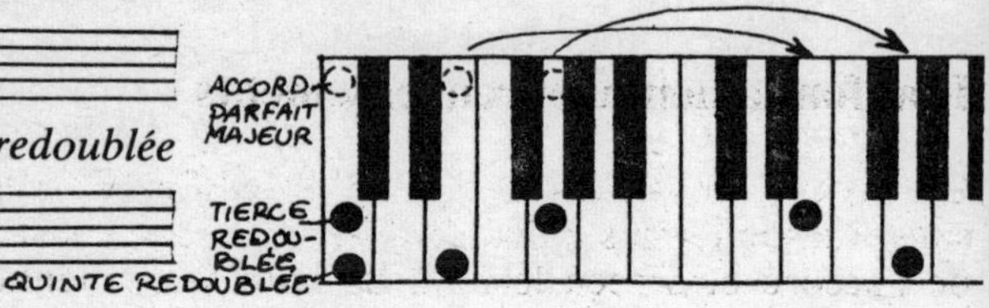

☐ *quinte redoublée*

☐ *tierce et quinte redoublées*

■ Sans rien changer à la nature de l'accord, je peux aussi

répéter certaines notes composant l'accord à l'octave supérieure ; j'obtiens les accords suivants :

Les possiblités, on le voit, sont donc énormes. Nous invitons le lecteur à jouer les différents accords proposés directement au clavier (il aura besoin des deux mains pour certains accords)

Caractéristiques de l'accord parfait

Etant enfant, je me souviens, je savais presque toujours si un film était fini ou non avant que n'apparaisse le mot fin : il suffisait de suivre la musique... Il y a des accords qui demandent une suite, une résolution ; d'autres, par contre, sont complets en eux-mêmes et ne nécessitent pas de suite. Ce sont ces accords qui sont utilisés pour terminer un morceau de musique ou la musique d'un film.

Les accords parfaits ont ces caractéristiques ; ils sont consonants et sont suffisamment complets pour ne nécessiter aucune suite.

On dit également que l'accord parfait majeur est gai tandis que l'accord parfait mineur est plus triste... au lecteur d'en juger en se mettant directement au piano pour jouer ces accords.

Etat fondamental et renversements

Un accord, nous l'avons vu, est un édifice d'au moins trois sons. Le son le plus grave, la note inférieure constitue la base de l'accord et a reçu le nom de note fondamentale ou tout simplement fondamentale. Nous avons montré comment on peut modifier l'accord en modifiant la place des notes autres que la fondamentale (tierce et quinte). Ces modifications de l'accord changent, certes, la couleur de l'accord (en renforçant certaines notes) mais elles ne modifient ni la nature, ni le nom de l'accord.

☐ *Un accord dont la note fondamentale se trouve dans son état primitif est dit être dans son état fondamental.* A partir de cet état fondamental, on peut renverser la position de la note fondamentale.

Si dans l'accord suivant (Do-Mi-Sol), je déplace le Do une octave plus bas j'ai simplement modifié la couleur de l'accord, la basse, la note fondamentale est toujours Do : ce n'est pas un renversement de l'accord.

☐ Par contre, *si je déplace le Do une octave plus haut, la nouvelle basse devient Mi : l'accord est renversé.* A partir de ce nouvel accord (Mi-Sol-Do) je puis, à nouveau, effectuer un renversement : Sol-Do-Mi.

☐ Si j'essaye de renverser ce dernier accord — j'obtiens à nouveau le premier accord : Do-Mi-Sol. *Un accord de trois sons peut donc subir deux renversements.*

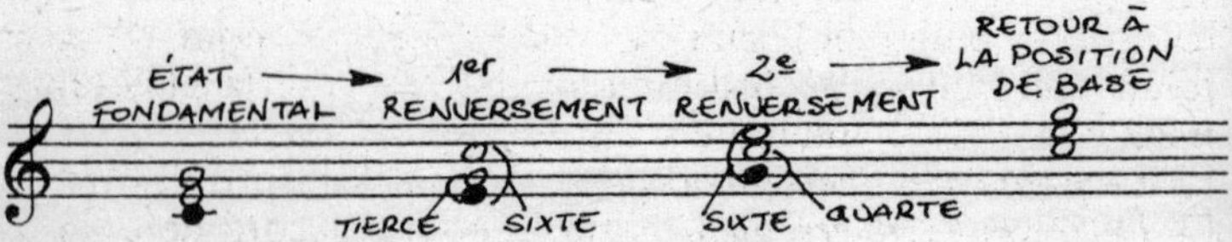

■ L'accord de sixte

Le premier renversement de l'accord fondamental (dans notre exemple, Do-Mi-Sol) porte le nom d'accord de sixte. En effet, il est composé d'une tierce et d'une sixte.

Retenons que, comme dans le cas de l'accord de base, on peut redoubler ou répéter certaines notes. Tant qu'on ne change pas la basse on ne modifie pas l'essence de l'accord.

En noir la note de basse
Différentes formules de l'accord de sixte

■ L'accord de quarte et sixte

Si je renverse une seconde fois l'état fondamental de l'accord parfait, j'obtiens l'accord de quarte et sixte. Cet accord est composé, ainsi que l'indique son nom, d'une quarte juste et d'une sixte.

Ici, encore, sans modifier l'essence de l'accord je puis répéter ou redoubler certaines notes.

Nous ne pouvons donner de meilleur conseil au lecteur que de se précipiter vers son piano pour mettre ces notions en pratique. La succession de ces accords est d'ailleurs assez mélodieuse…

■ **En résumé**

□ *Un accord de trois sons,* ayant deux intervalles, peut subir deux renversements.

□ *Si l'accord est à l'état fondamental* (accord parfait, accord de quinte diminuée) sa note basse porte le nom de *note fondamentale.* Si l'accord est renversé, sa note la plus grave n'est plus la fondamentale mais est appelée *basse.*

□ *Le premier renversement* porte le nom d'accord de sixte.

□ *Le second renversement* porte le nom d'accord de quarte-et-sixte. On ajoute également à la dénomination de l'accord la nature de la note basse.

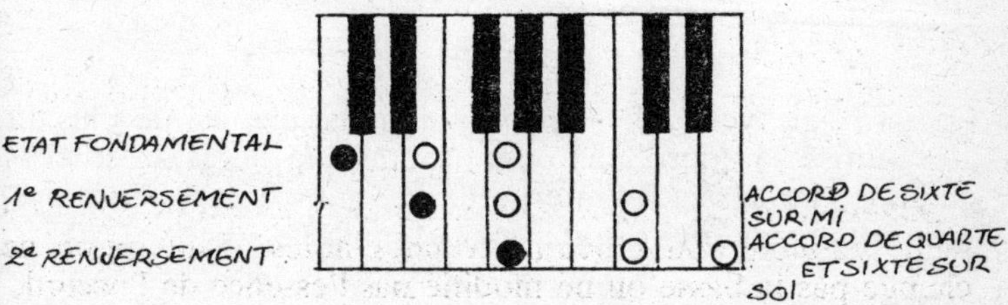

La basse continue

Le lecteur aura compris que le son important dans un accord est la basse. Il n'y aura pas de grande différence entre les

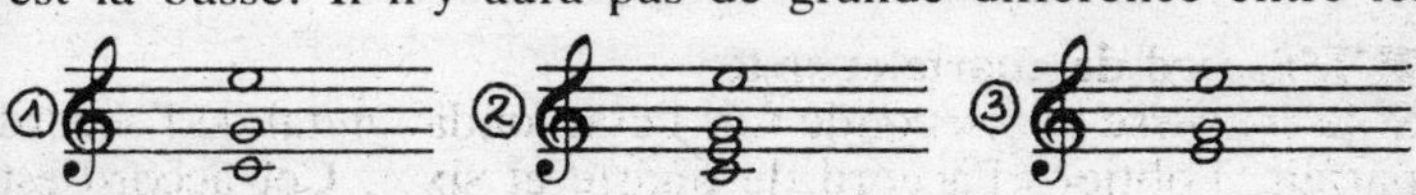

deux premiers accords ci-dessus; ces deux accords ayant la même basse.

Par contre, il y aura une grande différence entre le premier accord et le troisième. Les deux basses étant différentes.

Aujourd'hui on ne demande plus d'improvisation au musicien; tout est indiqué sur la partition : non seulement le tempo, les nuances, mais aussi les silences et toutes les notes à jouer. Il n'en a pas toujours été ainsi et jadis le musicien devait lui-même choisir l'accompagnement d'un morceau de musique. On lui donnait la basse et c'était à lui à la compléter comme il l'entendait : c'est ce qu'on entend par basse continue.

Avec la découverte des nombreux accords possibles, autres que l'accord parfait, on en vint, tout en conservant la basse continue, à indiquer les renversements et les modifications apportées à l'accord. Ainsi, l'accord parfait considéré comme accord normal, n'était indiqué que par sa note basse (au musicien à compléter suivant son inspiration ou ses possibilités) mais l'accord de sixte était indiqué par le chiffre 6 placé en dessous de la basse; l'accord de quarte et sixte était indiqué par le double chiffrage $^{6}_{4}$.

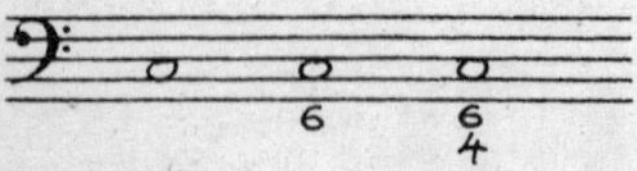

Ce chiffrage, véritable sténographie musicale, est de plus en plus utilisé, aujourd'hui, pour la musique de jazz, et lorsqu'on désire laisser à l'interprète une grande part d'improvisation (musique pour orgue, par exemple).

Agrégat et grappe sonore

Dans notre définition de l'accord de trois sons, nous avons dit qu'il est formé par une superposition de deux tierces ou par un des renversements de cet accord fondamental (accord de sixte et de quarte-et-sixte). Ceci est vrai en musique classique et c'est ce qu'on apprend en grammaire musicale de base.

Parfois, cependant, les compositeurs, dans leur recherche

de la nouveauté, ne se contentent pas de ces accords classés et en inventent d'autres.

■ Lorsque l'accord formé n'est pas un accord classé (c'est-à-dire répertorié) on l'appelle **un agrégat**; par exemple : Do, Fa dièse, Sol.

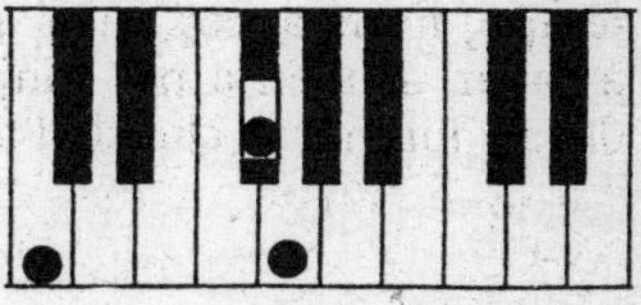

Agrégats : les intervalles ne sont pas des tierces

■ Lorsque l'agrégat sonore est attaqué non plus avec les doigts mais avec les paumes de la main, les poings, les avant-bras,... on parlera de **grappe sonore** ou de **cluster.**

Ces grappes sonores sont quelquefois rencontrées chez Ravel ou Debussy, mais c'est surtout depuis 1930 qu'ils sont de plus en plus intégrés dans la musique.

■ **Accords classés et agrégats**

□ *Les accords classés* (dont nous donnons les plus importants en fin de volume) *sont tous formés d'une superposition de tierces*, ou bien peuvent s'y ramener par renversement.

□ *Les agrégats sont des accords qui ne sont pas formés par superposition de tierces.*

□ *Le cluster* (ou grappe musicale) *est un agrégat qui se joue autrement qu'avec les doigts* (poings, coudes, etc;...)

En musique classique on ne rencontre pas d'agrégats.

Les accords de quatre sons

Jusqu'à présent nous n'avons analysé que les accords de trois sons formés par la superposition de deux tierces. Ajoutons une tierce supérieure aux deux tierces et nous obtenons **un accord de septième.**

Les accords de septième majeure

Analysons, comme nous l'avons fait jusqu'à présent, l'accord de septième majeure ; il est composé :
— d'une note fondamentale
— d'une tierce majeure
— d'une autre tierce qui forme avec la fondamentale une quinte juste
— d'une nouvelle tierce majeure qui forme avec la fondamentale un intervalle de septième majeur.

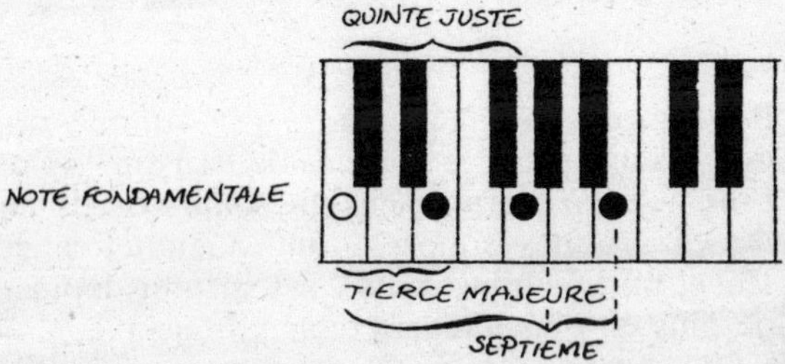

□ Les accords de septième majeure peuvent occuper, *en mode majeur*, le premier et le cinquième degré.

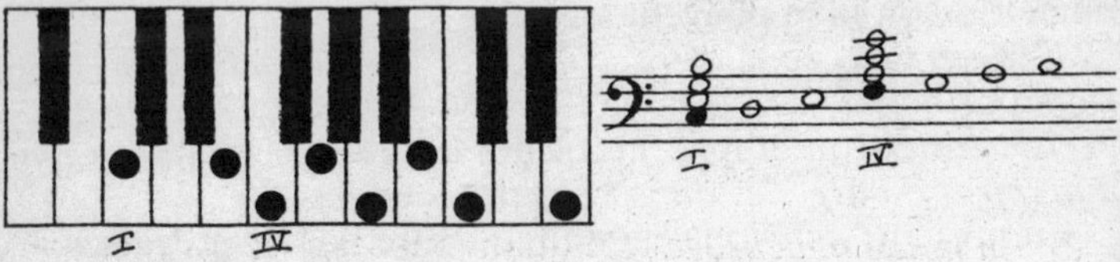

□ *En mode mineur*, il n'y a que le sixième degré qui puisse recevoir un accord de septième majeure. Tout ceci est facilement vérifiable au clavier.

Les accords de septième mineure

Les accords de septième mineure sont composés de la façon suivante (accord parfait mineur auquel on a ajouté une tierce) :
— note fondamentale
— tierce mineure
— tierce qui détermine avec la fondamentale une quinte juste
— une nouvelle tierce mineure qui forme avec la fondamentale un intervalle de septième mineur.

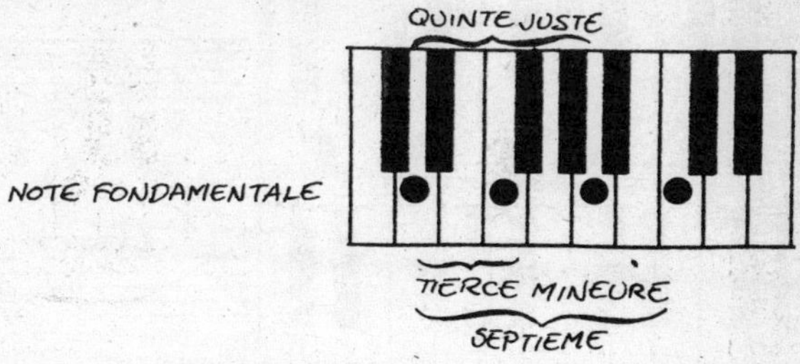

☐ On rencontre ces accords *en mode majeur* uniquement sur le deuxième, troisième et sixième degrés.

☐ *En mode mineur*, seul le quatrième degré peut recevoir un accord de septième mineure.

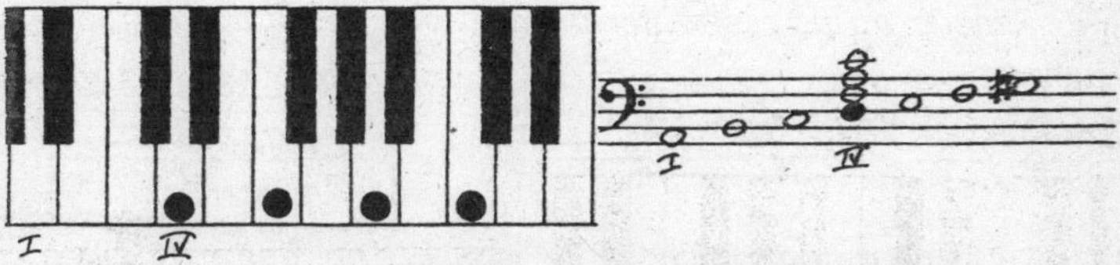

L'accord de septième de dominante

Prenons un accord parfait majeur (note fondamentale —

tierce majeure — quinte juste), ajoutons y une tierce mineure et essayons de placer cet accord sur le clavier.

Nous savons déjà que l'accord parfait majeur ne peut occuper, en mode majeur, que les premier, quatrième ou cinquième degré (voir page 219). Le seul de ces accords qui admette une tierce mineure est le cinquième degré ; c'est-à-dire la dominante. Pour cette raison on parlera d'accord de septième de dominante.

□ *En mode mineur*, comme en mode majeur*, le seul degré à admettre cet accord est le cinquième :

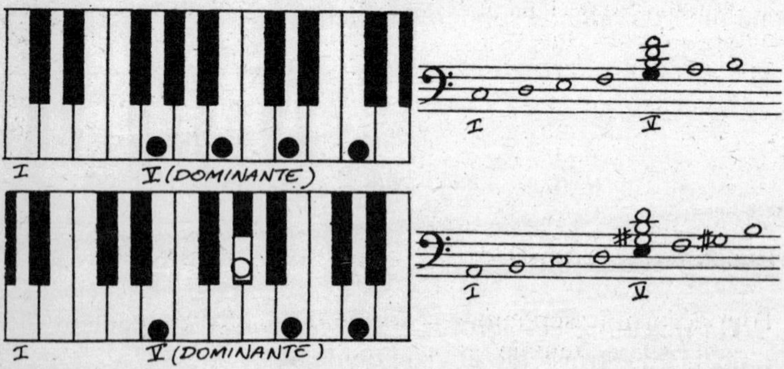

□ L'accord de septième de dominante est *l'accord le plus employé*. De tous les accords de septième, c'est le moins dissonant (voir le chapitre consacré à l'acoustique et aux accords).

□ Remarquons que *cet accord est toujours majeur* quel que soit le mode ; il est, en effet, formé d'un accord parfait majeur et d'une tierce mineure.

□ Comme pour tous les accords étudiés jusqu'ici *il est possible de répéter ou de redoubler un des sons de cet accord.*

□ Notons encore que l'*accord de septième de dominante peut*

* *Rappel* : lorsqu'on parle de mode mineur on s'intéresse uniquement au mineur harmonique où l'on a haussé artificiellement le septième degré d'un demi-ton afin de rendre la note sensible (attractive) : d'où le dièse sur le Sol.

se jouer en prenant n'importe quelle note pour basse. Par exemple :

□ Tout comme l'accord parfait cet accord peut subir des renversements ; dans ce cas, puisqu'il y a trois intervalles, on aura donc *3 renversements possibles*.

D'autres accords de septième sont encore réalisables (par exemple, septième de sensible) mais leur emploi étant plus rare nous ne nous y attarderons pas.

Les renversements de l'accord de septième

Tout accord de septième est formé de la façon suivante :
— note fondamentale
— tierce (majeure ou mineure)
— tierce déterminant un intervalle de quinte
— nouvelle tierce (majeure ou mineure) déterminant un intervalle de septième

■ *Le premier renversement* est composé d'une tierce, d'une quinte et d'une sixte : il portera donc le nom d'**accord de quinte et sixte**.

On ajoutera éventuellement que la quinte est diminuée, et la position de la sixte (sixte sensible).

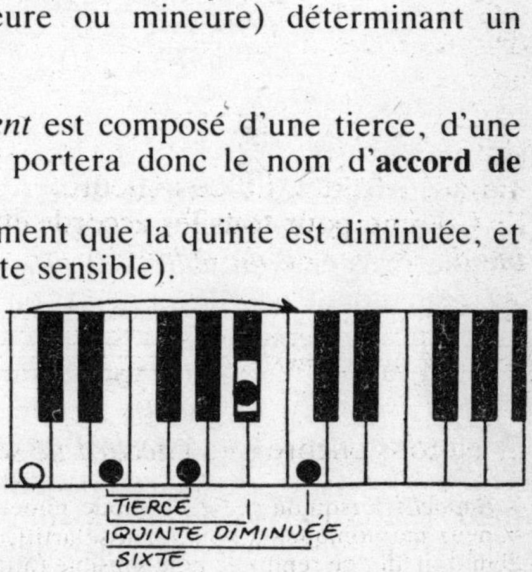

■ *Le second renversement* est composé d'une tierce, d'une quarte et d'une sixte. Il portera le nom d'**accord de tierce et quarte.**

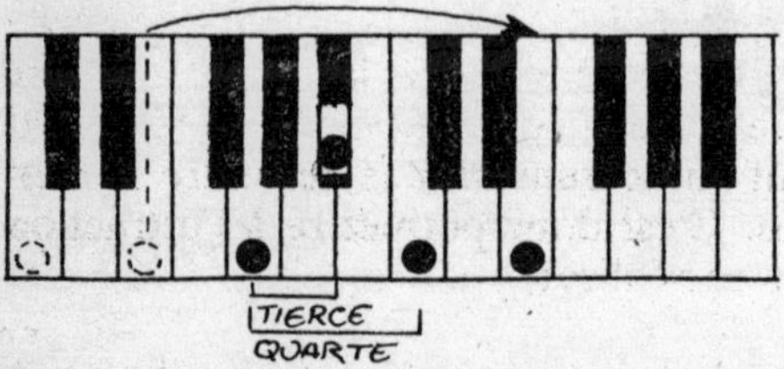

■ *Le troisième renversement* est l'**accord de seconde** :

□ Suivant la nature de la seconde il portera le nom d'*accord de seconde augmentée*, *seconde sensible*, etc...

□ Il est à noter que le troisième renversement de l'accord de septième de dominante en mode majeur donne un triton (c'est-à-dire un intervalle de trois tons entiers). Pour cette raison il porte le nom de *triton*.

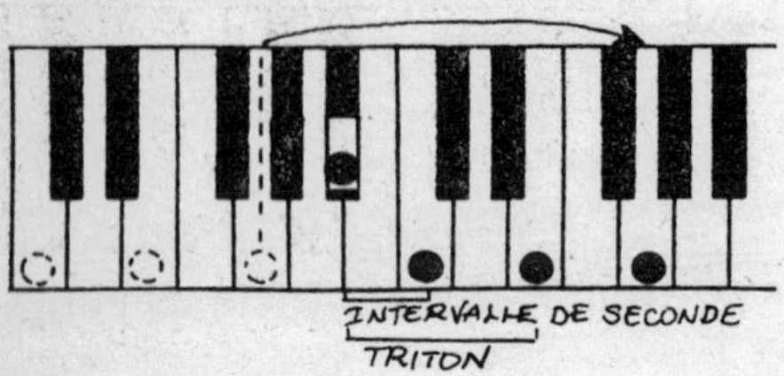

Dissonance des accords de trois et quatre sons

Les accords de trois sons, nous l'avons vu, sont consonants et ne demandent pas de préparation, ni de dissolution : ils se suffisent à eux-mêmes. Exception doit être faite pour l'accord de quinte diminuée qui est dissonant.

□ *Les accords de quatre sons sont tous dissonants* ; ils demandent donc une préparation et une dissolution.

□ *Seul l'accord de septième de dominante*, le moins dissonant de tous, *ne demande pas de préparation* — il peut être attaqué tel quel — mais bien une dissolution. Ce ne sera jamais l'accord terminal d'un morceau de musique!

□ *Préparer un accord* c'est faire entendre, à la faveur d'un accord précédent, la note dissonante. Cette note venant d'être entendue, l'oreille sera moins sensible à la dissonance.

□ *Résoudre un accord*, c'est faire suivre la dissonance par une consonance proche. C'est, par exemple, si l'accord contient un Si dissonant (note sensible) le résoudre sur un accord contenant un Do. C'est donc permettre à l'attraction (entre le Si et le Do) de se réaliser.

■ Si **l'accord de septième de dominante** ne demande pas à être préparé c'est qu'il renforce le sentiment de tonalité. En effet, notre sensibilité auditive est ainsi faite que nous désirons après l'audition d'un intervalle diminué que les deux notes qui le composent se rapprochent. Or, dans l'accord de septième de dominante il y a une quinte diminuée. On aura donc tendance instinctivement à rapprocher les deux sons :

□ la tierce demande à monter à la tonique (1)

□ la septième demande à descendre à la médiante (2)

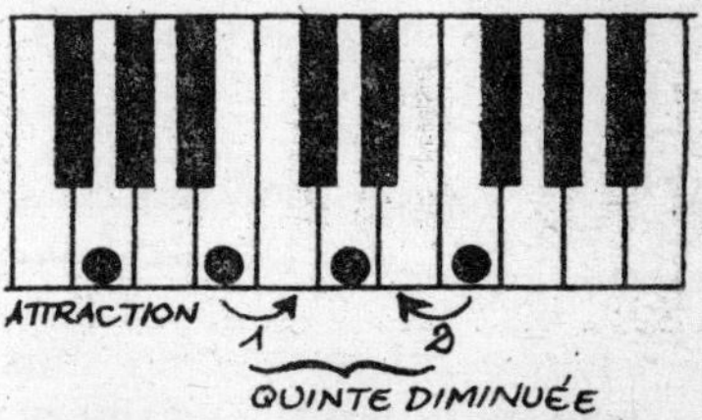

□ *L'accord va donc se résoudre de la manière suivante :*

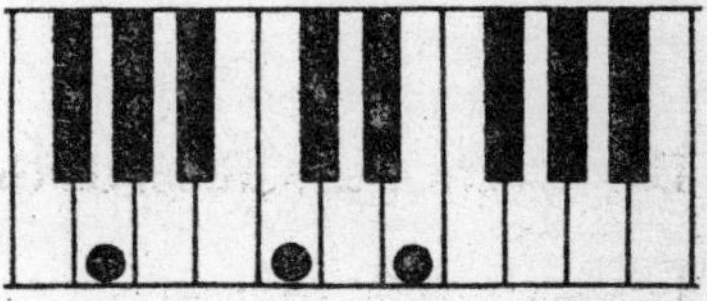

Cet accord consonant est le second renversement de l'accord parfait = accord de quarte et sixte) et il accentue la tonalité (ici, en Do majeur). Puisque cet accord a une tendance résolutive très nette et qu'il renforce la tonalité, on a estimé qu'il n'était pas nécessaire de le préparer. Etant donné qu'il renforce la tonalité, l'accord de septième de dominante sera fort utilisé en musique.

■ Le lecteur qui n'a pas encore bien saisi cette **notion de consonance et de dissonance** peut facilement l'apprécier en jouant successivement au piano les intervalles suivants :

□ Do-Sol puis Do-Mi : il se rend facilement compte que les deux sons sont indépendants...

□ Si-Fa puis Do-Mi : il se rendra facilement compte que ces deux sons sont complémentaires : le premier (dissonant) se résoud sur le second (consonant).

Accords de cinq sons

□ Tout comme les accords de quatre sons, *les accords de cinq sons sont dissonants.* Ils sont fort employés dans la musique de Jazz.

□ Les accords de cinq sons ayant quatre intervalles *possèdent donc quatre renversements.* Bien entendu, ces accords vont nécessiter l'utilisation des deux mains.

□ Les accords de cinq sons sont appelés **accords de neuvième**, puisqu'il y a un intervalle de 9 degrés entre le premier et le dernier son.

□ Les accords, en musique classique, nous l'avons vu, sont formés par un étagement de tierces; ainsi, pour former un accord de neuvième il suffit d'*ajouter une tierce à un accord de septième.*

□ Puisqu'il existe plusieurs formes d'accords de septième (septième majeure, septième mineure, etc...) il *existe également plusieurs formes aux accords de neuvième.* Pourtant la plupart de ces accords sont inusités en musique classique : *seul l'accord de neuvième de dominante est régulièrement utilisé.*

□ *La tierce qu'on ajoute à l'accord de septième de dominante* (qui est, rappelons-le, toujours majeur quel que soit le mode) *sera, selon le mode, majeure ou mineure.*

Accords de neuvième de dominante

Soit l'accord de septième de dominante :

□ *en mode majeur* :

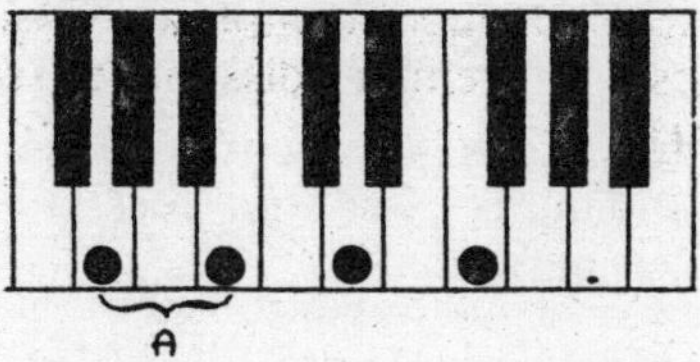

□ *en mode mineur* :

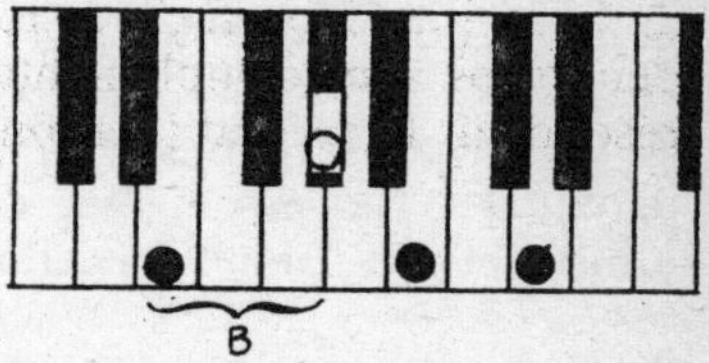

L'accord de septième de dominante est toujours majeur ; qu'on soit en mode majeur ou en mode mineur : les deux tierces A et B sont majeures.

Si j'ajoute une tierce à cet accord, la nature de la tierce variera suivant le mode.

■ *En mode majeur*, on ajoute une tierce majeure (deux tons) à l'accord de septième de dominante. On obtient l'**accord de neuvième majeure de dominante** : Sol-Si-Ré-Fa-La.

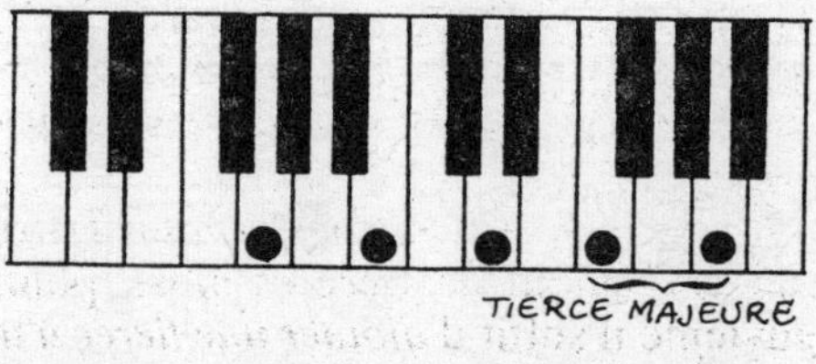

■ *En mode mineur*, on ajoute une tierce mineure (un ton et demi) à l'accord de septième de dominante. On obtient l'**accord de neuvième mineure de dominante** : Mi-Sol dièse-Si-Ré-Fa.

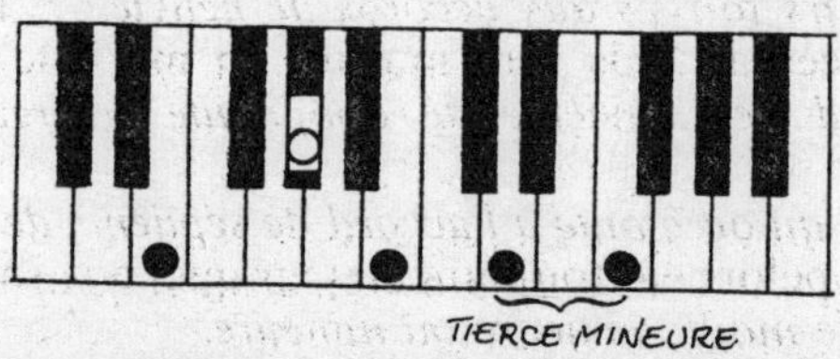

Les deux accords de neuvième les plus utilisés sont donc l'accord de neuvième majeure de dominante et l'accord de neuvième mineure de dominante :

■ Ces accords admettent, comme tous les accords précédents, **des renversements** ; cependant ceux-ci sont fort peu utilisés et il est donc superflu d'en parler ici.

■ Il est bien entendu que dans l'accord de neuvième, comme dans tous les autres accords, on peut **redoubler certains sons**, **changer certaines positions ou même supprimer certaines notes**. Nous reviendrons sur ces notions.

□ Ainsi, *en doublant certaines notes* on peut obtenir, par exemple, ceci :

□ *En changeant certaines positions* (tierce et quinte) on peut obtenir ceci :

□ *En supprimant une note* on peut obtenir ceci :

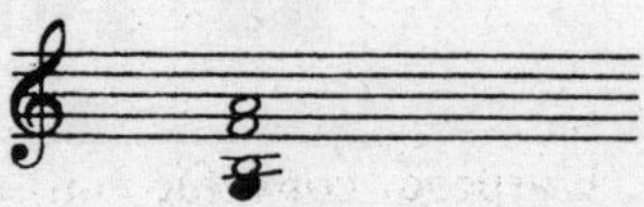

Remarquons que l'accord de neuvième comportant, cinq sons (ou parties) c'est-à-dire un de plus que l'écriture habituelle (voir plus loin) qui n'en contient que quatre, on supprime habituellement la quinte, comme c'est le cas dans l'exemple précédent.

Accords de six et sept sons

■ Les accords de six sons ont pour intervalle la onzième ; on parle donc d'**accords de onzième**.

■ Les accords de sept sons ont pour intervalle la treizième ; on parlera donc d'**accords de treizième**.

En musique classique ces accords sont très rares et nous n'en discuterons donc pas ici.

Accords brisés

■ Les sons d'un accord sont habituellement joués simultanément ; parfois, pour des raisons de commodité ou de style, le compositeur décide que les notes seront présentées successivement mais très rapidement. C'est ce qu'on appelle l'**arpège** (revoir page 110)

L'arpègement était jadis laissé au bon goût des musiciens. Actuellement, un signe particulier indique qu'il faut arpéger (voir plus haut). Habituellement on procède en progressant de la note la plus basse vers la note la plus aiguë.

L'arpège constitue un exercice et lorsque l'interprète arpège des deux mains sur plusieurs octaves cela constitue une virtuosité.

Le mot lui-même tire son origine du jeu de la harpe (d'où l'ancienne orthographe, encore rencontrée, « harpège »). Quelquefois l'arpège est utilisé pour imiter la sonorité des instruments à cordes pincées (harpe, guitare,...).

■ On parle également d'**accord brisé** lorsque les sons d'un accord ne sont pas disposés verticalement mais horizontalement, comme pour une mélodie.

Les positions de l'accord

Nous avons déjà vu qu'un accord peut subir :
— un renversement (le renversement étant un nouvel accord qui lui aussi peut être renversé et modifié)
— le redoublement de certaines notes
— la suppression de certaines notes.

Il nous reste à étudier les positions de l'accord.

□ *Par position d'un accord on entend la position des notes de cet accord les unes par rapport aux autres.*

Toutes les notes des accords (quels qu'ils soient : complets, incomplets, renversés, etc..) peuvent être interverties sauf, bien entendu, la basse. Rappelons, une fois encore, que toucher à la basse c'est n'est pas changer l'accord mais en créer un nouveau…

Toutes les positions ne sont naturellement pas de même valeur ; certaines sont excellentes et d'autres sont médiocres. Les notes peuvent, par ailleurs, être disposées en *position serrée* ou au contraire en *position large.*

□ On comprend aisément (et il suffit d'essayer quelques positions au piano pour en être convaincu) qu'il *vaut mieux espacer les notes dans le grave et les serrer dans l'aigu que l'inverse.*

Le lecteur trouvera en fin de volume les positions usuelles pour les accords les plus importants.

Les modifications de l'accord

Un accord, nous le savons, est composé d'un minimum de trois sons (accord parfait) mais peut quelquefois en contenir cinq ou même six. Il n'est guère difficile, au piano, de réaliser un accord de plusieurs sons, mais ce n'est pas le cas pour beaucoup d'autres instruments. Ainsi que l'explique très clairement Lavignac, « une succession d'accords peut être écrite à 3, 4, 5, 6 parties ou plus, selon le nombre de voix dont on prétend disposer (dans le langage musical, le mot voix est souvent pris comme synonyme de partie.) Toutefois, comme beaucoup d'accords ne pourraient jamais être présentés au complet avec trois parties seulement, et comme, d'autre part, il en est peu qui exigent la présence de cinq voix, on a, à peu près généralement, adopté l'usage d'écrire à quatre parties... » (35-176)

Dès lors, on est souvent amené à doubler ou à supprimer certaines notes. Le lecteur qui a déjà remarqué que dans certains accords certaines notes sont représentées plusieurs fois alors que d'autres sont supprimées en comprend maintenant la raison. D'autre part, si la suppression ou le redoublement ne modifie pas l'accord dans son essence, il est malgré tout différent et cette différence variera en fonction des notes doublées ou supprimées.

Le redoublement

On peut, en principe, redoubler n'importe quelle note d'un accord.

□ On comprend cependant que *le redoublement s'impose surtout pour les accords consonants* (trois sons), et qu'il faut privilégier les notes les plus importantes de l'accord.

□ *Les notes les plus importantes sont*, le lecteur le sait, *la tonique, la dominante et la sous-dominante; c'est-à-dire les notes tonales*, les degrés générateurs de la gamme.

☐ *La seule note à ne jamais redoubler* — et on comprend pourquoi — *est la sensible*.

Une analyse plus approfondie des redoublements dépasserait le cadre de ce volume.

Retenons, simplement, que *la meilleure note à doubler est la basse* puisqu'elle joue un rôle prépondérant dans l'accord (nous avons vu que son déplacement constitue un renversement et crée un nouvel accord).

☐ *Le redoublement de la tierce est également très favorable.*

Retenons encore qu'en redoublant la basse nous ne faisons qu'imiter la nature; en effet, dans la série des harmoniques on voit le son fondamental être redoublé plusieurs fois (quatre fois dans la série des dix premiers harmoniques).

■ **Exercice**

Pour bien apprécier l'effet des divers redoublements nous invitons le lecteur à jouer ces divers accords au piano.

☐ *Accord parfait majeur :*

☐ *Accord parfait avec redoublement du son fondamental :*

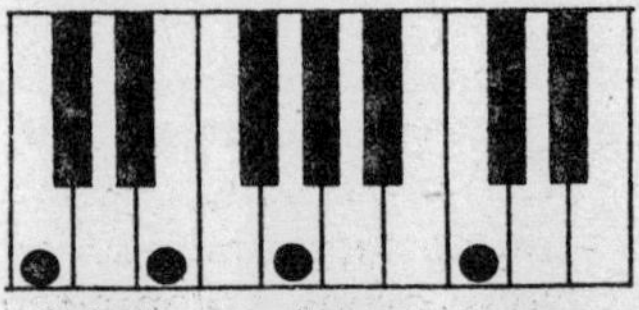

☐ *Accord parfait avec redoublement de la tierce :*

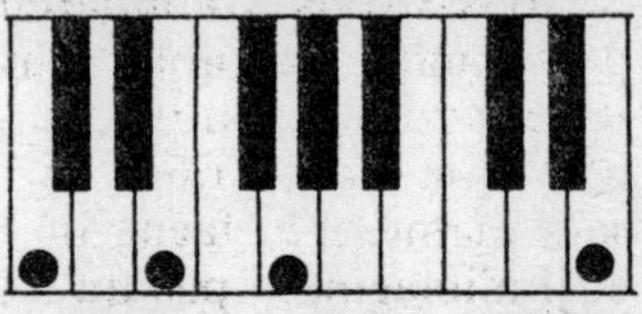

☐ *Accord parfait avec redoublement de la quinte :*

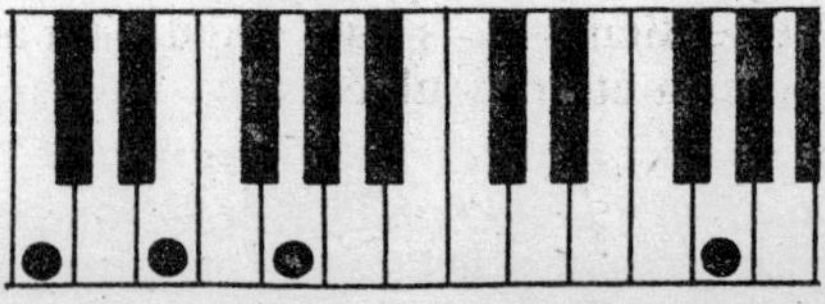

On constatera aisément que ces divers redoublements n'ont pas le même pouvoir ; si le redoublement de la fondamentale rend l'accord plus puissant, plus énergique, le redoublement de la tierce le rend plus doux, alors qu'une quinte redoublée rend l'accord dur. On choisira donc un redoublement en fonction de ce qu'on désire exprimer. Dans les renversements d'accords il faudra, bien entendu, choisir avec discernement la note redoublée (en tenant compte de la fondamentale), mais ceci est déjà de la haute voltige.

Modifications des accords dissonants

□ *Dans les accords dissonants* (au minimum quatre sons) *on est obligé de supprimer avant de redoubler.*
□ *La note redoublée*, c'est simple, *est la basse.*
□ *La note supprimée sera* la note la moins importante (celle que l'oreille supplée d'elle-même) : *la quinte* ; dès lors, on peut la supprimer sans grands risques.
□ Notons que *dans les renversements d'accords dissonants on ne supprime aucune note :* l'accord ne serait plus reconnaissable.
□ Il est bien entendu que *dans un accord de septième,* par exemple, *on ne supprime pas la dernière note*, car on le transformerait en accord parfait.

■ **La règle** est donc logique et fort simple :
— on ne redouble que les notes importantes,
— on ne supprime que les notes secondaires.

Nous avons volontairement été fort incomplet dans ce paragraphe, car notre but était simplement d'expliquer au lecteur pourquoi il rencontrait quelquefois des accords « tronqués » ou au contraire « enrichis ». Connaissant la règle, il lui sera maintenant facile de reconnaître la plupart des accords et il n'imaginera pas qu'il se trouve en présence d'un accord de septième alors qu'il s'agit d'un accord parfait dont une des notes a été redoublée.

La modulation

□ *Moduler c'est passer d'un ton dans un autre* ; par exemple, du Do majeur au Sol majeur. C'est donc changer de ton et non, comme le mot pourrait le laisser croire, de mode*.

□ Pour qu'il y ait modulation *il est nécessaire que la tonalité que l'on désire quitter ait été bien marquée* (un accord ne suffit pas) *et que la nouvelle tonalité soit plus longue qu'une mesure.* Dans le cas où l'on quitte une tonalité l'espace d'un instant pour y revenir aussitôt on ne reparlera pas de modulation mais seulement d'*emprunt* à une autre tonalité.

□ *Il y a plusieurs manières de moduler.* Nous nous contenterons de les énumérer :

— par enharmonie (le même accord a des significations différentes suivant les tonalités) ;
— par notes communes aux deux accords ;
— par changement de mode : on passe du mode majeur à son mineur relatif (par exemple on passe de Do majeur à La mineur) ;
— par juxtaposition de deux accords.

La manière la plus simple de moduler consiste à passer à des tons voisins. Chaque ton possède cinq tons voisins et donc cinq possibilités simples de modulation.

□ *On appelle tons voisins les tons qui n'ont qu'une altération de différence avec le ton de départ.*

Jusqu'au XVIIIe siècle on ne modulait qu'aux tons voisins. Avec l'apparition de la gamme tempérée, les modulations aux tons éloignés devinrent de plus en plus fréquentes. Actuellement (surtout depuis Wagner), les modulations deviennent de plus en plus nombreuses et il est quelquefois difficile d'affirmer (même après analyse) la tonalité d'un morceau de musique.

□ Rappelons que *pour affirmer la tonalité d'un morceau* il faut :

— tenir compte des altérations d'armature
— tenir compte des altérations accidentelles et,

* J. Chailley a proposé le terme de *tonulation*.

— tenir compte du premier et du dernier accord.

En effet, les altérations d'armature sont identiques pour les tons majeurs et leur mineur relatif (il faut dès lors tenir compte des altérations accidentelles qu'on ne trouve qu'en mineur). D'autre part, le premier et le dernier accord (du moins en musique classique) ont pour basse la tonique de la gamme de la tonalité.

□ Un moyen fort simple pour moduler consiste à *utiliser les accords de septième de dominante.* Nous verrons que l'utilisation de ces accords permet également de «ponctuer» la musique (cadence évitée).

■ **Prenons un exemple** simple, nous désirons *passer de la tonalité de Do majeur à celle de Fa majeur* au moyen des accords de septième de dominante :

□ *l'accord de septième de dominante* de Do majeur est : Sol-Si-Ré-Fa; celui de Fa majeur est Do-Mi-Sol-Si bémol.

— Do majeur :

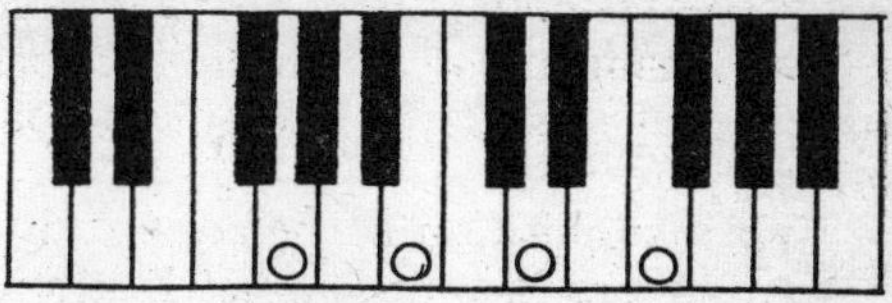

— Fa majeur :

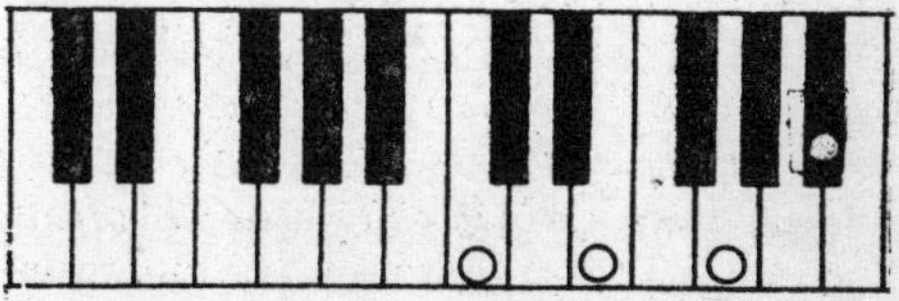

□ *L'enchaînement de ces deux accords* (qui sont dans le rapport de quinte et quarte) permet de moduler facilement du Do majeur au Fa majeur ou inversément.

□ *En parcourant de quinte en quinte ou de quarte en quarte tout le clavier* on peut ainsi, grâce aux accords de septième de dominante, moduler facilement d'un ton à l'autre.

■ **Tons voisins**

Un ton voisin n'a qu'une altération de différence avec les tons qui l'entourent. Les tons voisins sont fréquemment utilisés pour moduler. Rappelons que chaque ton a cinq tons voisins.

☐ *Les tons voisins sont les tons situés à distance de quinte (supérieure et inférieure) et leur mode mineur relatif.*

Ainsi, pour Do majeur nous avons les cinq tons voisins ci-après :

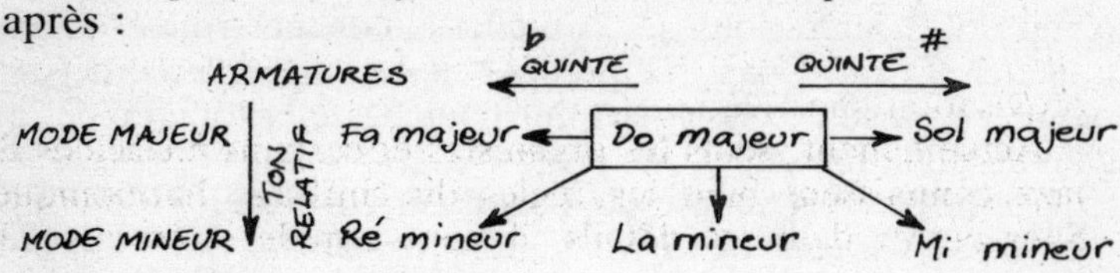

Il est facile de trouver les tons voisins de chaque ton majeur ou mineur en se rapportant au cycle des quintes (voir tableau page 166.)

L'exemple suivant donne les tons voisins de La mineur

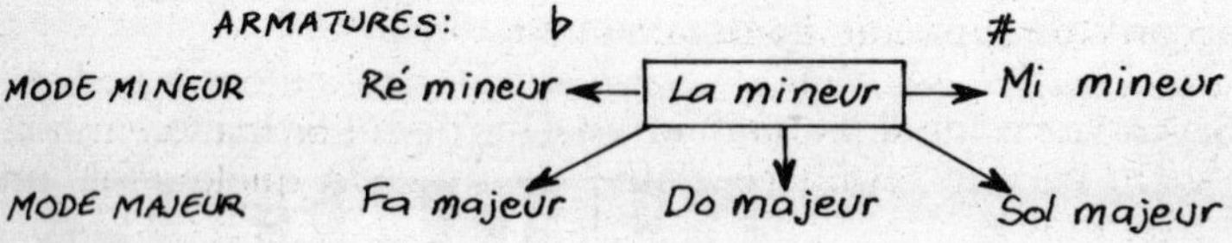

Le chiffrage des accords

Nous avons déjà dit quelques mots du chiffrage en parlant de la basse continue. Le chiffrage constitue une sorte de sténographie musicale ; il permet par un seul chiffre d'exprimer un accord de plusieurs sons.

L'inventeur du système serait le musicien Vincenzo Galilei, le père du célèbre astronome Galileo Galilei, plus connu sous le nom de Galilée.

Ce système est donc apparu au XVIe siècle et a été d'un emploi général jusqu'au XVIIIe. Devenant de plus en plus complexe, il a été abandonné vers le milieu du XVIIIe siècle. A partir de ce moment, il n'était plus utilisé que dans les études de l'harmonie. Beaucoup d'œuvres chiffrées doivent aujourd'hui être « traduites » car les musiciens ne connaissent pas toujours les règles en usage à l'époque, et de plus les règles varient selon les pays. Ce système laissait une certaine part d'improvisation à l'exécutant et a été abandonné, non seulement parce qu'il devenait complexe, mais aussi parce que les compositeurs désiraient laisser le moins possible d'improvisation dans leurs œuvres.

Actuellement, seuls les organistes et certains musiciens de jazz connaissent bien les règles du chiffrage harmonique. Sans entrer dans les détails, il nous semble intéressant de décrire le système dans son ensemble, d'autant plus que les lecteurs qui s'intéressent au jazz risquent de le rencontrer au gré de leurs lectures.

Le chiffrage harmonique français

Il est composé d'un ou deux chiffres dont l'un est éventuellement barré. Devant ce chiffre on trouvera quelquefois une altération.

Le chiffre et ses accessoires sont disposés soit au dessus, soit au dessous de la basse.

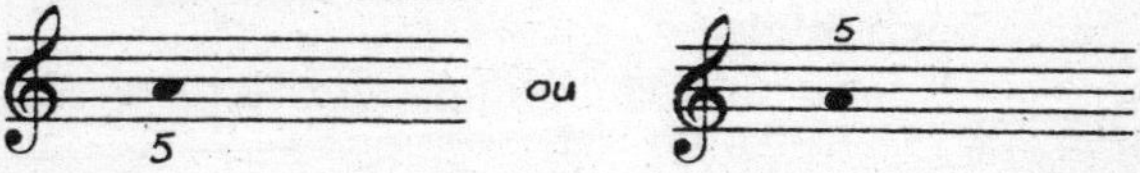

■ **Le chiffre**

□ *Il correspond à un intervalle par rapport à la basse.* Ainsi, le chiffre 3 correspond à la tierce, le chiffre 5 à la quinte, le chiffre 6 à la sixte, etc...

□ *Il correspond,* et c'est là que réside l'écriture sténographique, *également à un accord dont les notes sont sous-entendues.*

Ainsi, le chiffre 5 correspond à l'accord parfait : la tierce étant sous-entendue :

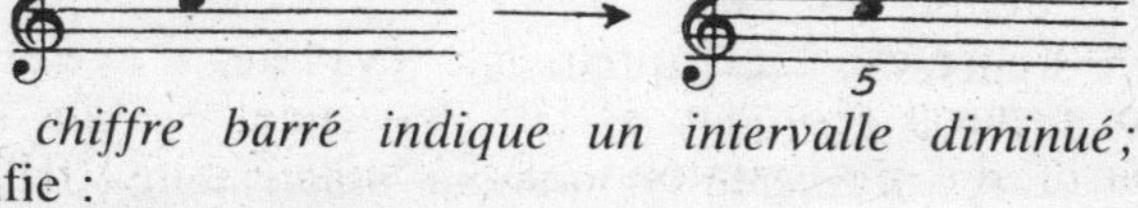

□ *Un chiffre barré indique un intervalle diminué;* ainsi 5̸ signifie :

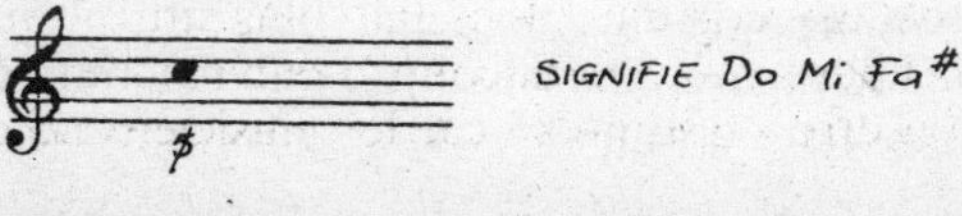

□ *Le zéro, s'il est seul représente un silence complet : s'il est accompagné d'autres chiffres, il indique la suppression de certaines notes de l'accord.*

■ **L'altération**

Elle peut soit se trouver devant un chiffre, soit être seule.

□ *Une altération devant un chiffre affecte la note désignée par ce chiffre;* ainsi « dièse 5 » indique qu'il y a un dièse à la quinte :

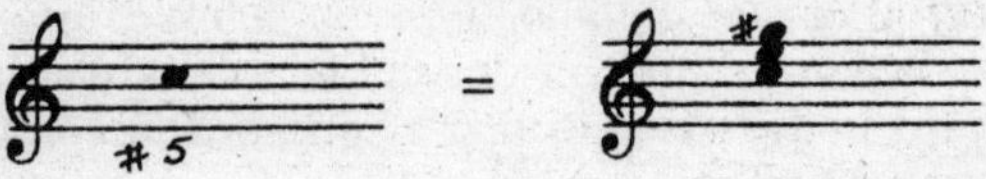

□ *L'altération seule se rapporte toujours à la tierce* (la quinte étant sous-entendue.

■ **La croix**

□ *Seule, elle indique la tierce.*

□ *Devant un chiffre elle signifie augmenté ou sensible :* + 4 = accord de quarte augmentée.

■ **La barre horizontale**

□ *Placée après un chiffre elle indique que la même harmonie est maintenue.*

Le but de ce système est, bien entendu, d'être économe en diable et de représenter le maximum avec le minimum de chiffres.

Dans le tableau suivant le lecteur trouvera le chiffrage des principaux accords, tel qu'il est utilisé aujourd'hui.

Tableau du chiffrage

■ **Accord parfait**

□ *Il se chiffre 3, 5 ou 8.*

□ *Si la tierce est altérée* on indique simplement l'altération (dièse ou bémol).

□ *Les redoublements* sont laissés à l'appréciation de l'exécutant.

La nature de l'accord parfait (majeur ou mineur) est donnée par la basse (revoir plus haut, la position des accords sur les différents degrés de la gamme).

■ **Premier renversement : accord de sixte**

□ *Il se chiffre* 6.

□ *Une altération devant le 6* indique que la sixte est altérée. Si c'est la tierce qui est altérée, on indique l'altération sous le chiffre.

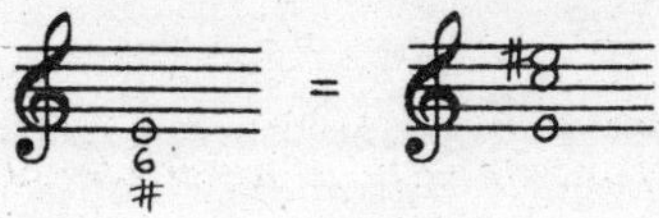

■ **Second renversement : accord de quarte-et-sixte**

□ *Il se chiffre* $\genfrac{}{}{0pt}{}{6}{4}$

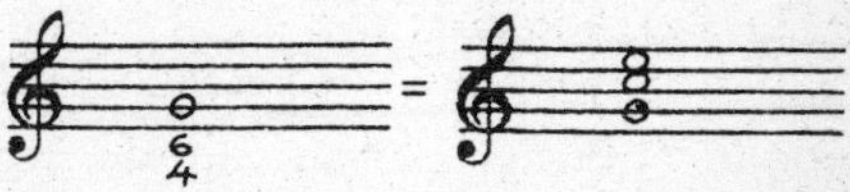

■ **Accord de quinte diminuée**

□ *Il se chiffre* $\not{5}$.

■ **Accords de septième**

□ *L'accord de septième de sensible* s'indique, tout naturellement, par le chiffre 7.

□ *L'accord de septième de dominante sera* $\underset{+}{7}$.

En effet, ainsi que nous l'avons vu, le signe (+) indique la sensible ; or, dans l'accord de septième de dominante la tierce est la sensible :

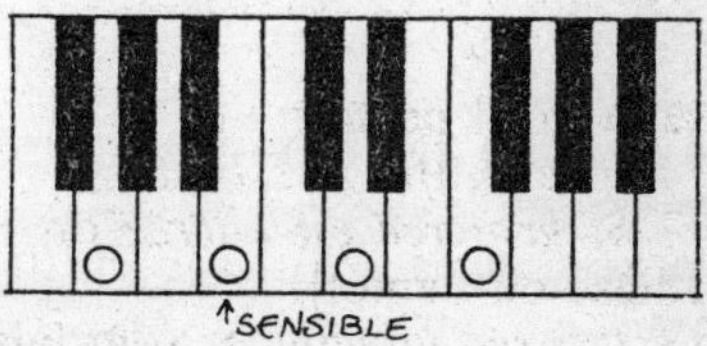

□ *L'accord de septième diminuée* sera chiffré $\underset{-}{7}$.

Nous passons sous silence, comme étant plus rares, les divers renversements des accords de septième.

■ **Accords de neuvième**

□ L'étude de ce chiffrage dépasse largement les limites de cet ouvrage. *Ils demandent trois signes.* Par exemple l'accord de neuvième de dominante sera chiffré ainsi : 9
7
7

Retenons donc que le chiffrage est utile non seulement pour l'analyse des œuvres musicales mais également comme moyen sténographique. Cependant le choix laissé à l'interprète, entre les diverses positions de l'accord a limité son usage dès le XVIIIe siècle ; aujourd'hui il revient avec les compositions de jazz.

Il est à noter que le chiffre comme moyen de notation est en réalité un héritier de la tablature. C'est lui, en effet, qui indiquait le doigté sur l'instrument. L'utilisation des chiffres pour représenter les notes est déjà fort ancienne et on doit à Jean-Jacques Rousseau (véritable « homme orchestre » du XVIIIe siècle) un essai réalisé en vue de permettre la publication à peu de frais de partitions compréhensibles par tout le monde (« Projet concernant de Nouveaux Signes pour la Musique » ; 1742). Remarquons qu'il y a moins d'un siècle, on enseignait encore dans certaines académies de musique une méthode utilisant les chiffres pour représenter les notes. Actuellement on utilise les chiffres — surtout en musique de jazz — pour représenter les accords (voir ci-dessous le chiffrage harmonique). Malgré tout il existe un retour surprenant de l'écriture chiffrée (proche de celle de Jean-Jacques Rousseau) dans la communication des notes à l'ordinateur !

Le chiffrage harmonique international

A côté de ce chiffrage classique des accords, on trouve de plus en plus un chiffrage des accords qui fait appel à la nomenclature internationale des notes.

■ La notation internationale

Cette notation internationale (ou notation boécienne) est de plus en plus utilisée pour le chiffrage, la musique de jazz, la musique électronique, etc... Rappelons-la :

A = La	E = Mi
B = Si	F = Fa
C = Do	G = Sol
D = Ré	

■ Le chiffrage moderne

□ *La lettre sans chiffre* indique l'accord parfait majeur : B = Si majeur ; C = Do majeur ; C♯ = Do dièse majeur

□ *La lettre sans chiffre mais suivie d'un « m »* indique l'accord parfait mineur : Bm = Si mineur ; Cm = Do mineur ;

□ *La lettre suivie du signe + et du chiffre 5* indique l'accord de trois sons avec quinte augmentée : C+5 = Do majeur avec quinte augmentée ;

□ *La lettre suivie du chiffre 6* indique l'accord majeur avec sixte ajoutée : F6 = Fa majeur avec sixte ajoutée ;

□ *La lettre suivie d'un « m » et du chiffre 6* indique l'accord mineur avec sixte ajoutée : Fm6 = Fa mineur avec sixte ajoutée ;

□ *La lettre suivie du chiffre 7* indique l'accord du 7ᵉ de dominante : G7 = accord de septième de dominante sur Sol ;

□ *La lettre suivie du 7 et de « M »* indique l'accord de septième majeure : G7M = accord de septième majeure sur Sol ;

□ *La lettre suivie d'un « m » et d'un 7* indique l'accord de mineur septième : Em7 = accord de Mi mineur septième ;

□ *La lettre suivie d'un 7 d'une barre (/) et d'un 5* indique l'accord de septième avec quinte augmentée : A 7/5+ = La septième avec quinte augmentée ;

□ *La lettre suivie d'un 7 et puis d'une barre (/) et d'un 5 –* indique l'accord de septième avec quinte diminuée : A 7/5- = La septième avec quinte diminuée.

Les caractéristiques d'un son et les harmoniques

Le tempérament

Tout le monde a déjà entendu parler du tempérament, ne fût-ce que par l'œuvre de Bach «Le clavier bien tempéré». Rares sont, cependant, les personnes qui savent exactement de quoi il s'agit. Nous ne doutons pas qu'il soit possible de jouer du piano sans savoir ce qu'est le tempérament. Il est même possible d'être un virtuose sans bien comprendre exactement de quoi il s'agit...

Cependant, nous pensons, qu'il est toujours utile d'essayer de comprendre de quoi on parle même lorsque ce n'est pas directement utile.

□ *Le piano est un instrument tempéré*; c'est-à-dire à sons fixes. Ainsi, si vous jouez un Do (et que l'instrument n'est pas désaccordé) ce sera toujours un Do. Si vous jouez un Do dièse (la première touche noire après le Do), c'est-à-dire un Do haussé d'un demi-ton, vous jouez également un Ré bémol (un Ré abaissé d'un demi-ton).

□ *Dans les instruments non tempérés**, il n'en est pas ainsi : le Do dièse est différent du Ré bémol.

□ *Le tempérament, vous l'avez déjà compris, résulte d'un compromis*. Ce compromis fausse un peu les lois de la nature, mais c'est grâce à lui que Bach et ses successeurs sont parvenus à créer des œuvres immortelles. Sans lui de nombreux problèmes musicaux seraient insurmontables. Sans nul doute ce compromis n'a pas, loin de là, résolu toutes les difficultés (il en a même créé certaines; c'est le cas lorsque des instruments tempérés et non tempérés, comme le piano et le violon, jouent ensemble) mais il est, compte tenu des possibilités

* Parmi les principaux instruments non tempérés, on retiendra principalement la voix, le violon et les instruments électroniques. Il existe pourtant encore des claviers non tempérés comme c'est le cas pour le carrillon de Nieuport (Belgique) : il existe une touche (et donc une cloche) pour Do dièse, une autre pour le Ré bémol, et ainsi de suite.

physiologiques de l'audition, le meilleur système possible.

Pour comprendre en quoi consiste ce compromis — il est nécessaire de faire un peu (un tout petit peu) de mathématiques.

Définition d'un son

L'astronome Flammarion écrivait que la terre est entourée d'un «duvet gazeux». Ce duvet est l'atmosphère dans laquelle nous vivons. Cette atmosphère, riche en oxygène, est non seulement responsable de la vie, des phénomènes météorologiques, mais également de la propagation du son. La lune n'a pas d'atmosphère : il y règne le silence total. Le plus grand cataclysme pourrait s'y déclencher sans donner lieu à aucun bruit.

□ *Le son pour se propager a donc besoin d'un support* : il ne peut se déplacer dans le vide. L'air qui nous entoure est un bon propagateur des sons. Certains corps propagent mieux les sons que d'autres; ainsi, les corps mous (par exemple, la cire) et les corps poreux (par exemple, le feutre) propagent mal les sons. On utilise ces propriétés dans la pose d'une sourdine. Les personnes que les bruits ambiants empêchent de dormir utilisent également ces propriétés pour s'isoler acoustiquement : tampon d'ouate dans les oreilles. Le béton armé (désolation des locataires d'immeubles modernes!), lui, conduit bien les sons.

Les caractéristiques acoustiques des corps ont été utilisées par les facteurs d'instruments dans leur choix des matériaux. Vous devrez également en tenir compte dans le choix d'un endroit pour le piano.

□ Si le son a besoin d'un support pour se propager c'est qu'il se déplace de proche en proche : *c'est une onde*.

Suivant sa complexité, l'onde sonore peut prendre des formes diverses. Nous ne les analyserons pas. Le son musical le plus simple a la forme d'une sinusoïde. Ce son peut être donné par un diapason. L'observation nous montre que «la vitesse de la branche du diapason en mouvement qui produit le son augmente, passe par un maximum, décroît, change de sens et recommence à un rythme constant; le diapason oscille régulièrement, périodiquement, autour de sa position d'équilibre. » (Matras, 40-14). On peut représenter ces oscillations graphiquement : *c'est une sinusoïde.* Une oscillation complète dure un certain temps (exprimé en secondes), une certaine période ; on l'appelle, pour cette raison *période*. Le nombre d'oscillations par seconde porte le nom de *fréquence*.

Un son grave a une fréquence de quelques centaines de périodes par seconde ; un son aigu dépasse 1 000 périodes par seconde.

Tous les sons musicaux ne sont pas des sinusoïdes simples, (en fait, ils ne le sont même que très rarement) mais sont des phénomènes périodiques complexes. Fort heureusement, un mathématicien génial, Fourier, a pu montrer qu'un phénomène périodique complexe peut toujours se décomposer en plusieurs sinusoïdes simples. De plus, la fréquence de ces sinusoïdes est toujours un multiple entier de la composante la plus grave.

□ L'onde dont la fréquence est la plus basse porte le nom de *son fondamental* et ses multiples sont dits *harmoniques*. Ceci est très important et mérite un petit commentaire.

□ *Le son fondamental et ses harmoniques* : la police allemande (suivie rapidement par d'autres polices étrangères) a fait usage tout récemment d'un nouveau moyen pour retrouver un criminel : la recherche acoustique. Le procédé, très simple, consistait à enregistrer la voix du criminel lors d'un de ses nombreux appels téléphoniques et de diffuser cette voix par les média (radio, télévision,...). La voix d'une personne est, en effet, quelque chose d'aussi caractéristique que ses empreintes digitales : elle est une signature. **Ce qui caractérise la voix (et aussi les sons musicaux) c'est son intensité, sa hauteur et son timbre**.

Pianissimo et fortissimo

Tout le monde sait la différence qu'il y a entre un son faible (voix chuchotée) et un son intense (avion qui décolle).

□ *En physique l'intensité des sons est exprimée en décibels.*

□ *En musique on l'appelle aussi nuance et on l'exprime par une échelle de six (ou sept) degrés* qui va du pianissimo au fortissimo : pianissimo, piano, mezzo-piano, mezzo-forte, forte et fortissimo (voir page 108)

L'oreille n'est pas sensible de la même manière à l'intensité de tous les sons. On sait que certains sons (même de très forte intensité) ne sont pas perçus par l'homme : infra-sons et ultra-sons. Ces ondes sonores, lorsqu'elles sont intenses, ont pourtant des pouvoirs : on nettoie certaines façades grâce aux ultra-sons et ceux-ci sont utilisés, aujourd'hui, par les dentistes pour détartrer les dents.

Une bonne oreille entend les sons compris entre 30 et 20 000 Hertz (rappelons qu'un Hertz = une période par seconde). Cependant, elle n'est pas sensible de la même manière à tous les sons. La zone sensible de l'oreille est comprise entre 500 et 5 000 Hertz. Cette propriété de l'oreille est utilisée par les facteurs d'instruments et les compositeurs : il est ainsi possible de faire émerger le son de certains petits instruments (par exemple la flûte) d'un orchestre jouant fortissimo. La perception de l'intensité d'un son varie, bien entendu, en fonction de plusieurs paramètres (âge du sujet, fatigue, occupations, etc..) que nous ne pouvons développer ici.

Ton, demi-ton et quart de ton

La hauteur d'un son est sa fréquence. Un son complexe (et tous les sons musicaux le sont) produit une sensation de hauteur identique à celle de sa composante fondamentale. Nous reviendrons sur ce problème.

□ Rappelons, simplement, que *l'homme distingue des sons graves et des sons aigus* et qu'*il est beaucoup plus sensible à la hauteur d'un son qu'à son intensité.* «En effet, si les musiciens n'indiquent guère plus de sept échelons d'intensité sur leurs partitions, ils distinguent, dans les sept octaves de notre musique occidentale au moins 12 × 7 = 84 demi-tons. Encore exploitent-ils des intervalles beaucoup plus faibles que le demi-ton, lorsqu'ils utilisent des instruments à sons variables (violon, haubois, etc..). En fait, l'expérience montre qu'on discerne assez nettement 300 petits intervalles (..) par octave, ce qui donne plus de 2 000 échelons de hauteur dans l'aire audible ! » (E. Leipp, 36-116).

□ Il est intéressant de noter, maintenant déjà, que *l'oreille ne réagit pas à la fréquence des sons comme un appareil de physique.* Suivant l'âge, le degré d'émotion, la tension, nous percevons les sons de façon différente. On a pu montrer (développer ce sujet nous menerait trop loin) qu'une personne qui s'ennuie a l'impression qu'un instrument joue faux. De même, en état d'excitation, nous avons tendance à monter les sons (ceci n'est évidement possible que pour les instruments à son variable comme le violon ou la voix). Si l'auditoire partage notre émotion, il pourra ne pas s'apercevoir de la fausseté du son. De même, avec l'âge, certaines personnes ont l'impression que les instruments jouent faux.

□ D'autre part, l'accordeur de piano n'accorde pas l'instrument en fonction de règles physiques mais en fonction des caractéristiques de l'oreille : il baisse un peu les sons graves et élève les sons aigus. Pour cette raison, *un piano qui serait accordé à l'aide d'un appareil de physique, et dont les sons seraient physiquement justes, donnerait l'impression de sonner faux*. E. Leipp, dont les travaux dans le domaine de l'acoustique musicale font autorité, fait la remarque suivante : Comme « la hauteur perçue des graves dépend de l'oreille individuelle de chacun, accorder correctement un piano n'est pas à la portée de tout le monde et pour être satisfait, il faut que l'usager trouve le spécialiste ayant une oreille similaire à la sienne. » (36-209)

Le timbre

Rien n'est plus difficile à définir que le timbre d'un son. Certains timbres sont perçus comme agréables, d'autres sont décrits comme désagréables. On peut reconnaître une personne au timbre de sa voix (même si son physique a changé) et on peut tomber amoureux d'un timbre de voix. Certaines personnes détestent le timbre de certains instruments, d'autres leur trouvent des caractéristiques célestes...

Aucun piano n'a rigoureusement le même timbre qu'un autre et, lorsqu'on achète un piano neuf, on peut demander au vendeur de modifier le timbre de l'instrument (voir le chapitre consacré à la préparation d'un piano neuf et à son entretien).

Mieux encore — et tout à fait étonnant — un même piano utilisé par deux musiciens (tout aussi brillants l'un que l'autre) donnera deux timbres différents. Tout ceci, pourtant, ne nous dit pas ce qu'est le timbre, mais nous montre que le timbre d'un instrument est quelque chose d'extrêmement complexe, comprenant un grand nombre de variables.

☐ *Deux sons ayant même fréquence, même hauteur seront perçus comme totalement différents grâce à leur timbre.*

Nous allons simplifier, à l'extrême, pour rendre les notions, à notre avis fort importantes, compréhensibles aux non spécialistes.

Ici, il est indispensable de faire intervenir les notions de son fondamental et d'harmoniques ; notions qui nous seront fort utiles par la suite pour justifier les accords.

Un son musical, nous l'avons dit, n'est pas un son simple ; ce n'est pas une simple onde sinusoïdale. Heureusement, il est possible de décomposer tout son complexe en une série de sons dont la fréquence est un multiple du son fondamental (c'est la loi de Fourier). Ce sont ces sons qui proviennent de la décomposition du son fondamental qui sont appelés les harmoniques.

☐ *Ce sont ces harmoniques qui déterminent le timbre d'un instrument.*

■ Expérience au piano

Rien de mieux, pour comprendre, qu'une petite expérience. Nous vous proposons de vous mettre au clavier et d'enfoncer deux touches du piano. Attention, il s'agit d'enfoncer les touches pour libérer les étouffoirs et permettre aux cordes de résonner par sympathie, et non de jouer ces deux notes, ce qui ferait retomber l'étouffoir. Donc il faut enfoncer, lentement, les deux touches correspondant aux notes suivantes :

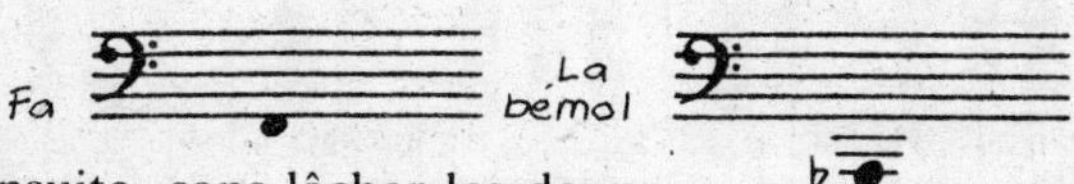

Ensuite, sans lâcher les deux touches, vous frappez fortement le Do :

L'expérience vous montre que le Do continue à vibrer malgré que vous ayez lâché la touche ; en effet, les cordes dont les étouffoirs ont été libérés reproduisent ce Do qui est un de leurs harmoniques supérieurs.

Nous vous proposons de recommencer la même expérience mais, cette fois, en frappant, par exemple, le Ré :

Que constatez-vous ? Rien. Il n'y a pas d'harmoniques communs entre ces trois notes et, dès lors, le son s'éteint plus vite.

Lorsqu'on maintient la pédale de droite d'un piano, on libère les étouffoirs et on engendre parfois des harmoniques dissonants, indésirables. C'est pourquoi la pédale de droite du piano doit être maniée avec précaution ; les musiciens disent qu'elle est l'âme du piano.

■ Les harmoniques

Lorsqu'on joue une note du piano, l'auditeur entend un son de base qui lui parait unique. Dans certaines circonstances (par exemple, si on lève les étouffoirs en utilisant la pédale de droite) une oreille exercée parviendra à décomposer ce son en plusieurs sons qui sont les harmoniques. Ces harmoniques, nous le verrons plus tard, justifient certains accords. C'est J.P. Rameau qui le premier tenta de jeter les bases

■ Tableau des fréquences pour un clavier tempéré

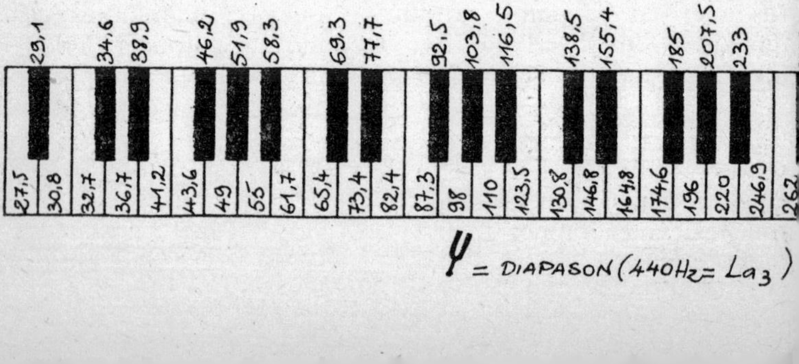

d'une acoustique musicale. Mais n'anticipons pas.

Si je joue la note Do du piano je produis en même temps les sons suivants :

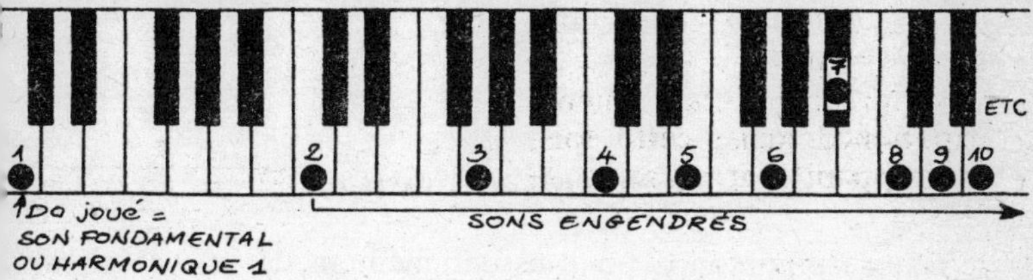

☐ Ces sons sont les dix premiers harmoniques du son fondamental. *Leur fréquence est un multiple entier du son fondamental* (voir tableau des fréquences). On obtient donc la progression suivante : Do-Do-Sol-Do-Mi-Sol-Si bémol-Do-Ré-Mi.

☐ Ces sons sont *les harmoniques supérieurs du son fondamental* Do. Ces sons sont plus aigus que le son fondamental.

☐ On peut également produire *les harmoniques inférieurs* qui sont en progression inverse de la suite des harmoniques supérieurs. Ces derniers sont moins naturels que les harmoniques supérieurs et d'ailleurs — ainsi que le fait remarquer Rameau dans son ouvrage consacré à la Musique Raisonnée : « L'homme sans expérience en musique, de même que le plus expérimenté, prend ordinairement dans le milieu de sa voix le premier son qu'il entonne, dès qu'il chante de fantaisie, et monte toujours, ensuite, quoique l'étendue de sa voix soit presque égale au-dessous comme au-dessus de ce premier

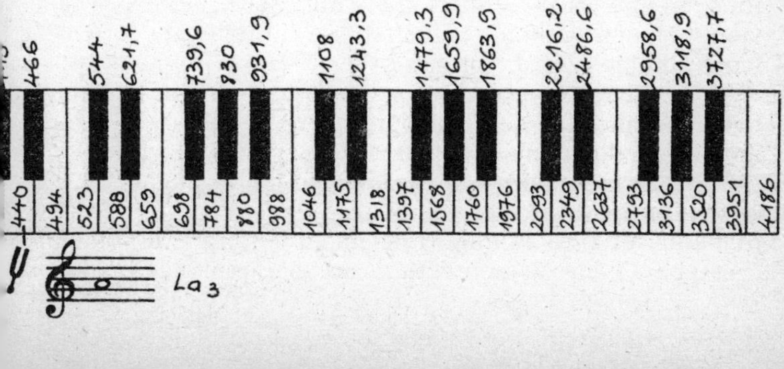

son : ce qui est absolument conforme à la résonance du corps sonore, dont tous les sons qui en émanent sont au-dessus de celui de sa tonalité, qu'on croit entendre seul. » (47-150)

Ceci étant bien compris nous pouvons en revenir au timbre des instruments.

Le timbre des instruments de musique

Le timbre d'un son dépend essentiellement de ses harmoniques. Lorsqu'on joue une note quelconque d'un instrument, on obtient (nous l'avons vu) un son fondamental et des harmoniques. Ces dernières suivent une progression rigoureuse (Do-Do-Sol, etc..). Cette série porte le nom de *série des harmoniques d'un son* donné, et on peut numéroter le fondamental et les harmoniques (voir page précédente).

□ Ce qu'il est indispensable de comprendre c'est qu'*un instrument donné ne restitue pas toujours la série complète des harmoniques, et que les harmoniques qu'il donne n'ont pas nécessairement la même intensité.* On peut, aujourd'hui, à l'aide d'un instrument particulier, le **sonagraphe**, représenter graphiquement toutes les caractéristiques d'un son, y compris ses harmoniques. On a réellement un dessin complet de ce qu'entend l'auditeur. Grâce au sonagramme, on sait qu'un son simple (sinusoïdal) n'a pas réellement de timbre : par contre, pour un son complexe, le timbre varie en fonction des harmoniques. Ainsi, « un son, ayant un fondamental relativement intense et peu d'harmoniques, est « velouté » « moelleux » s'il est placé dans la tessiture grave ou médium. Si le fondamental est placé dans la tessiture suraiguë, le son redevient perçant, détimbré ; en effet, ses harmoniques sortent de l'aire audible » (E. Leipp, 36-147)

Si le son comporte de nombreux harmoniques, mais de faible intensité, il sera « maigre », « quand les harmoniques impairs prédominent le son « sonne la clarinette ». Lorsque ce sont les harmoniques pairs, le son a un timbre clair ». (ib., 36-148). On peut faire de nombreuses expériences sur les harmoniques et ainsi modifier totalement le timbre du son émis. C'est en se basant sur l'étude des harmoniques qu'on est parvenu à créer des synthétiseurs*.

□ *Le timbre d'un instrument dépend donc du nombre et de la caractéristique de ses harmoniques.* Chaque harmonique pouvant avoir des caractéristiques nombreuses, et les combinaisons réalisables étant infinies, on comprend que les variétés de timbre soient innombrables, et que le timbre de la voix d'une personne soit une de ses caractéristiques, exactement comme ses empreintes digitales.

Le sujet des harmoniques n'est pas épuisé, loin de là, cependant puisque notre but n'est pas de faire de l'acoustique, mais simplement d'expliquer certaines notions de base de la grammaire musicale, grâce à celle-là, nous nous contenterons, simplement, de préciser encore quelques points, en nous fixant exclusivement sur le timbre du piano.

Le timbre du piano

Le piano est un instrument complexe... il ne se contente pas du son fondamental et des harmoniques (multiples entiers de la fréquence fondamentale), il produit également (et c'est une exception parmi les instruments de musique) des sons inharmoniques.

Il nous faut, ici, préciser ce que sont ces sons inharmoniques. Lorsqu'on frappe une corde fortement tendue (comme le font les marteaux sur les cordes de piano) on engendre non seulement la série des harmoniques mais également *des sons inharmoniques, c'est-à-dire des sons dont la fréquence n'est pas un multiple entier du son fondamental.* Ces sons sont appelés *partiels du son fondamental.* Lorsqu'un musicien joue une note au piano, l'auditeur entend donc un son qui est composé du son fondamental, des harmoniques et des partiels. Il entend encore, mais nous n'en traiterons pas, des harmoniques qui naissent directement dans l'oreille et sont appelés, pour cette raison, harmoniques subjectifs.

Personne n'entend donc exactement le même son.

□ *Les harmoniques les moins aigus ne sont pas déformés*;

* Voir à ce sujet «L'ordinateur chez soi» paru aux éditions Marabout, (Marabout Service n° 492)

par contre *les sons les plus aigus subissent une déformation* et deviennent inharmoniques. On considère que jusqu'à l'harmonique 10 les sons sont réellement des harmoniques du son fondamental. A partir de l'harmonique 11, la fréquence du son n'est plus un multiple entier du son fondamental et le son dit « harmonique » ne l'est plus : il est inharmonique. Pour le seizième « harmonique » la différence entre ce qu'on devrait obtenir (fréquence égale à un multiple entier du son fondamental) et le son obtenu (fréquence enregistrée) est d'un demi-ton : ce qui est considérable.

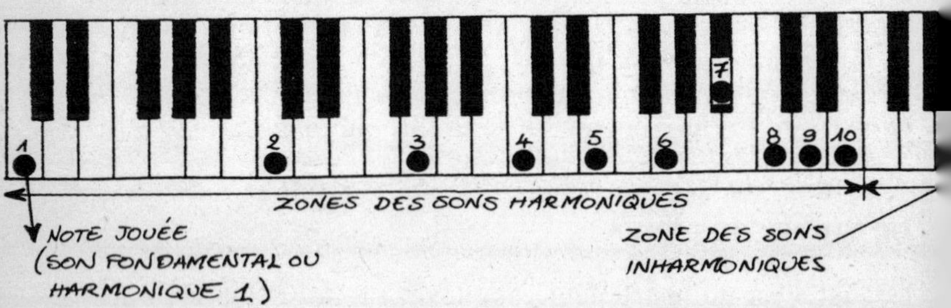

□ *Ces sons inharmoniques sont responsables du timbre particulier du piano*. Des travaux (voir E. Blackham Biblio n° 5) ont montré que si on produit électroniquement des sons acoustiquement semblables à ceux du piano, dont certains sont dépourvus d'inharmoniques l'effet sur un public est fort différent suivant la présence ou non d'inharmoniques. C'est ce que Blackham rapporte dans l'expérience suivante : « Dans nos premiers tests, les sons synthétisés étaient arbitrairement composés de partiels harmoniques. Les musiciens participant au jury purent identifier 90 pourcent de ces sons comme des sons synthétisés, et les non-musiciens en indentifièrent 86 pourcent. Dans les tests ultérieurs on utilisa des sons synthétisés composés de partiels inharmoniques. Les résultats de ces tests montrèrent que dans la plupart des cas, musiciens et non-musiciens étaient perplexes ; les deux groupes n'identifièrent correctement que 50 pour cent des sons ». (Blackham 5-34). Et l'auteur de l'étude, parlant des qualités du piano, de conclure : « Par dessus tout, le caractère inharmonique des sons du piano ne doit pas être négligé. Certains croient que la qualité du son du piano peut être élevée tout simplement en rendant les sons plus harmoniques... » (ibid. 38). Ce faisant on supprimerait à l'instrument une de ses belles qualités, la « chaleur ».

□ Le lecteur se demandera sans doute à quoi est due cette présence inhabituelle de partiels. La réponse à cette question est fort complexe et il nous serait nécessaire de décrire les divers mouvements auxquels est soumise une corde frappée. Nous nous contenterons donc de signaler que *l'extrême tension à laquelle sont soumises les cordes de l'instrument explique en grande partie ces sons inharmoniques.*

Nous terminerons cette étude longue, et sans doute difficile, mais combien passionnante, par une dernière caractéristique du son, qui explique, elle aussi, le timbre.

La « grimace » du pianiste et l'acoustique

Nous avons dit, plus haut, que le timbre d'un piano dépend également de l'artiste qui joue. Cziffra et Rubinstein peuvent obtenir un timbre différent du même Pleyel. En fait, ainsi que le remarque très justement E. Leipp, « Les musiciens soutiennent depuis toujours que la façon d'attaquer le son et de le terminer jouent un rôle capital dans la qualité, le timbre des sons. » (36-150). L'analyse du son grâce au sonagraphe a montré que, contrairement à ce que soutenaient les acousticiens, les pianistes avaient raison. Le son, cet « être sonore » occupe une place dans le temps ; il a une naissance (attaque), une vie (c'est ce dont nous avons déjà longuement parlé) et une mort (extinction). L'attaque et l'extinction sont la naissance et la mort du son, ou, comme les nomme E. Leipp, la tête et la queue d'un son.

Les sonagrammes d'attaque et d'extinction d'un son sont très différents pour les grandes familles d'instruments. A la lecture d'un sonagramme, rien qu'à regarder l'image de l'attaque et de l'extinction, on sait déjà quel est l'instrument en cause.

□ D'autre part, *si sur un enregistrement on coupe la « tête » du son, l'auditeur n'est plus capable de reconnaître l'instrument dont il s'agit.* L'information contenue dans l'attaque est donc capitale, mais pas suffisante comme le montre l'expérience ci-après : « On enregistre un son de piano ; mais au fur et à mesure qu'il s'éteint, on monte le niveau d'enregistrement en contrôlant au vumètre, afin d'obtenir au mieux un son de niveau constant pendant un certain temps. Si on fait ensuite écouter cette note à des sujets non prévenus, personne ne sait ce que c'est. » (E. Leipp, 36-150).

☐ Ainsi, *il suffit de supprimer l'extinction pour que le son ne soit plus reconnu.*

☐ *Le timbre d'un instrument est donc dépendant non seulement de la série harmonique, des sons partiels, mais également des caractéristiques de l'attaque et de l'extinction.*

Grâce au sonagraphe, on peut aujourd'hui affirmer que « le pianiste peut effectivement moduler le timbre dans une certaine mesure, en déployant plus ou moins d'énergie à l'attaque du son et en jouant sur le retour de la touche, c'est-à-dire l'étouffoir. Que certains artistes assortissent parfois ces opérations de « grimaces » inutiles est certain, mais, le plus souvent, elles ont une signification tout à fait précise quant au rayonnement acoustique de l'instrument. » (E. Leipp, 36-210).

Justification par les harmoniques

Ce long préambule concernant les harmoniques nous permet, maintenant, d'utiliser nos nouvelles connaissances pour justifier la primauté de la gamme majeure, les intervalles, les accords et les modifications de l'accord.

Il est rare qu'une question concernant la théorie musicale ou l'histoire de l'évolution de l'écriture musicale ne trouve un essai de réponse ou ne soit étayée par l'étude des harmoniques.

Le tableau ci-après, qui reprend les différents harmoniques d'un son fondamental, va nous permettre de justifier les bases fondamentales de la grammaire et de la composition musicale. A ce sujet nous nous étonnons que rares soient les auteurs qui puisent dans la science de l'acoustique pour justifier leurs propos. Pourtant, grâce à l'acoustique, il est possible d'expliquer ce qui autrement est seulement décrit.

Rappelons, une fois encore, que les musiciens et les compositeurs ont créé des œuvres musicales, ont établi des lois musicales sans pouvoir les justifier, sinon par leur oreille. Il est, dès lors, absolument extraordinaire de penser que tout (ou presque tout) peut être justifié par la physique ou les mathématiques. Dans l'immense réservoir des possibilités musicales le compositeur «classique» a chaque fois choisi la seule solution qui soit justifiable par les lois physiques. Pour quiconque s'intéresse à la musique et à l'histoire des sciences ceci apparaît comme un cas unique. Cas unique qui s'applique à une discipline unique : la musique est donc plus qu'un art; elle est une émanation directe de la complexité humaine. Comme l'œil est excroissance du cerveau (il nous apprend donc énormément sur ce qui s'y passe), la musique est une excroissance de l'homme en tant que phénomène physique. L'homme résonateur cosmique communique avec ses semblables et avec le cosmos grâce à la musique.

La musique nous apprend donc énormément sur l'homme... cette connaissance de l'homme (ou d'une civilisation) grâce à la musique est utilisée en ethnologie (ethnomusicologie) mais aussi en thérapie (thérapie par les sons ou musicothérapie).

Tableau des harmoniques

Un son musical est rarement unique : il est presque toujours accompagné de sons «satellites». Ces sons «satellites» ou secondaires sont perçus par l'oreille (ils déterminent le timbre d'un instrument), mais ne sont pas analysés comme tels : l'oreille confond tous les sons en un son unique, complexe. Le son musical complexe enregistré par l'oreille porte le nom de son fondamental, c'est lui qui est à l'origine de la série des sons «satellites» qu'on appelle harmoniques. **Un son complexe est donc composé du son fondamental et de la série des harmoniques.** Cette série des harmoniques est théoriquement illimitée; cependant, comme les harmoniques deviennent de plus en plus aigus (et ainsi finissent par sortir de l'aire audible) et d'intensité de plus en plus faible, très rapidement ils n'influencent plus (même subjectivement) l'audition.

Ainsi, c'est en jouant un son dans le grave qu'on a le plus de possibilités de mettre en évidence le maximum d'harmoniques (on reste, en effet, plus longtemps dans l'aire audible). Généralement on étudie les harmoniques jusqu'au dixième, bien que quelquefois la série soit prolongée jusqu'au seizième. Au piano, il est possible, en supprimant l'action des étouffoirs de mettre en évidence les premiers harmoniques (voir expérience page 259).

Dans la série des harmoniques le son fondamental porte le numéro 1.

Si je joue au piano, dans le grave, le son Do, j'engendre une série d'harmoniques (voir page 261).

Signalons, au passage, que si certains instruments donnent le son fondamental et une série d'harmoniques, d'autres ne donnent jamais le son fondamental mais uniquement les harmoniques (cor) ou encore tellement d'harmoniques qu'il est presque impossible d'entendre le son fondamental (cloches).

D'autre part, en frappant une corde à l'un ou l'autre endroit, on élimine certains harmoniques. Pour cette raison les cordes du piano sont habituellement frappées par le marteau au 1/9e de leur longueur.

Justification de l'octave, de la quinte et de la quarte

■ L'octave

Elle est non seulement la base de notre musique européenne mais aussi de toutes les musiques non européennes. Dans l'intervalle entre les deux extrêmes de celle-ci (Do-Do) on peut placer un nombre extrêmement grand de sons différents. On admet que l'oreille normale peut distinguer 300 sons différents dans l'intervalle d'une octave. Nous avons vu que, suivant la nature de la gamme, on divise l'octave en un nombre variable de parties.

□ Si l'octave est la base de toutes les musiques européennes, et non européennes, c'est parce que *la fréquence d'un son de même nom à l'octave supérieure est exactement le double du premier.* Ainsi, si nous prenons le La du diapason (dont la fréquence est 440) nous obtenons pour les autres octaves les valeurs suivantes :

□ Ceci est une première justification, mais elle est purement physique. *Une seconde justification nous est donnée par la table des harmoniques.* En effet, si je joue un Do (son fondamental), son premier harmonique (donc le plus puissant) sera le Do de l'octave supérieure. Il y a donc une acclimatisation sonore entre les deux sons.

■ **La quinte**
Ceci est également vrai pour les sons suivants. Ainsi, si on regarde les harmoniques 2 et 3, on voit qu'ils sont séparés par l'intervalle de quinte. Et effectivement, la quinte joue un rôle essentiel en musique européenne.

■ **La quarte**
Entre l'intervalle des harmoniques 3 et 4, il y a une quarte. On sait que quinte et quarte se sont disputé la primauté durant de longs siècles. Et d'ailleurs, la quarte est le renversement de la quinte.

Dès lors, par la simple consultation du tableau des 4 premiers harmoniques nous pouvons déjà justifier les trois intervalles majeurs de la musique : l'octave, la quinte et la quarte.

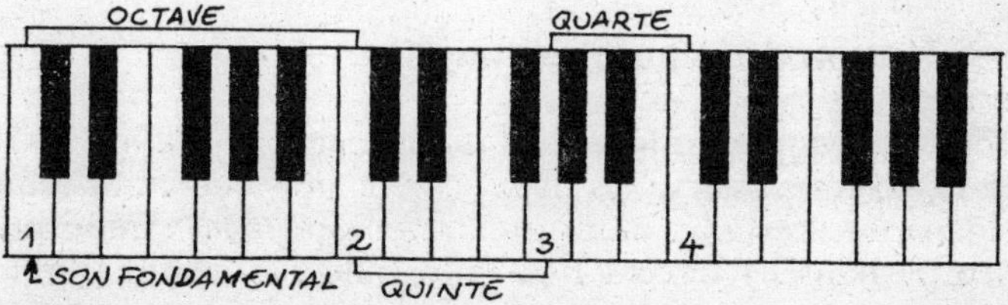

Justification des redoublements

Nous avons vu que les accords de trois sons ne sont généralement pas joués avec seulement trois parties mais qu'on redouble habituellement l'une des notes. Nous avons également montré qu'il n'était pas indifférent de redoubler l'une ou l'autre note. Ceci se justifie par les harmoniques.

■ En effet, rappelons, que nous avons dit que **le redoublement de la basse** est le meilleur qui soit ; et, en effet, dans la progression des harmoniques nous voyons la basse immédiatement redoublée, et de plus dans la seule série des dix premiers harmoniques on voit la basse redoublée quatre fois. En musique (comme en pédagogie) il est nécessaire pour obtenir un résultat durable de répéter plusieurs fois...

■ Ceci est également vrai pour **la quinte, la quarte et la tierce.** Cependant la quinte (et son renversement, la quarte) et la tierce ne sont répétées que deux fois.

Ainsi, le meilleur redoublement possible est celui qui imite la nature : basse surtout mais aussi quinte et tierce.

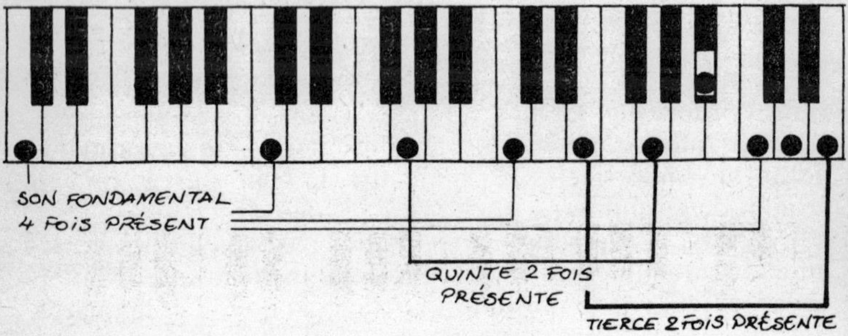

Justification de la gamme majeure

L'octave, la quinte et la quarte représentent, nous venons de le voir, les trois intervalles de base de la musique européenne (et dans une certaine mesure extra-européenne). Cette présence perpétuelle de ces trois intervalles se justifie par les harmoniques naturels d'un son fondamental :

La gamme majeure, elle-aussi, peut-être justifiée par ces harmoniques ; il existe, en effet, des liens entre les degrés de la gamme et la tonique (premier degré). Ces liens s'expriment déjà par le nom des degrés de la gamme (dominante, etc...) et se retrouvent dans la succession des harmoniques naturels.

Prenons pour tonique, pour son fondamental, les trois sons Do, Sol et Fa qui sont dans le rapport de quinte et quarte et recherchons en les cinq premiers harmoniques.

☐ *Harmoniques de Do :*

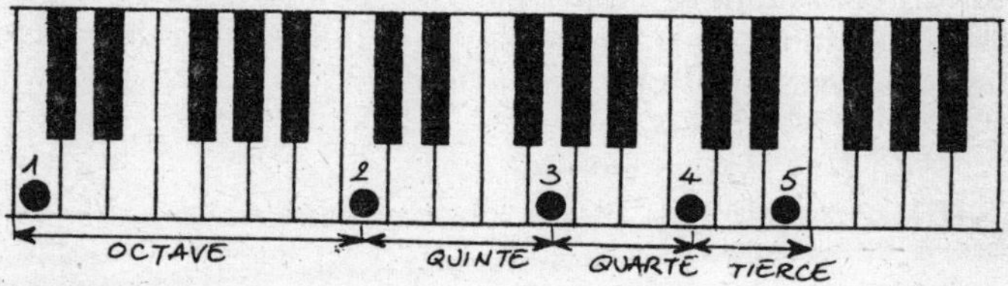

☐ *Harmoniques de Sol :*

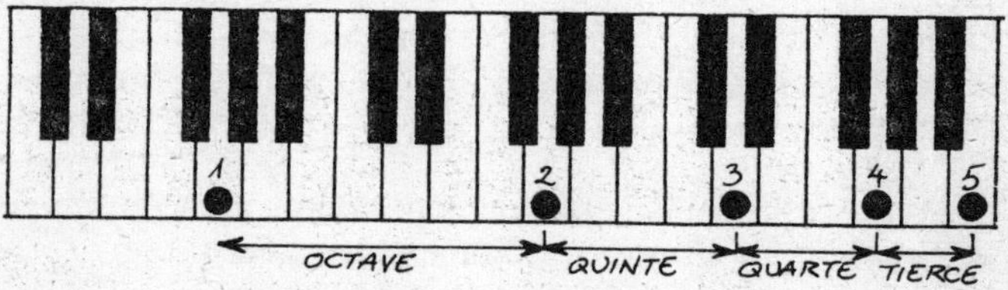

☐ *Harmoniques de Fa :*

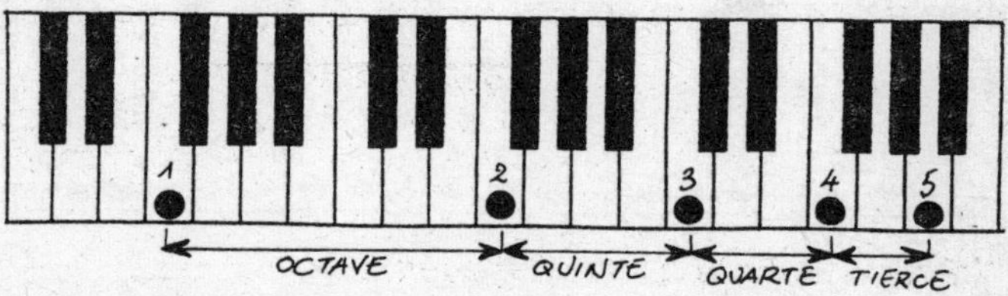

Si nous comptons la représentation de chacune des notes dans l'ensemble des harmoniques nous obtenons :

Do : quatre fois
Sol : quatre fois
Fa : trois fois
Ré : une fois
Mi : une fois
La : une fois
Si : une fois

Les premiers harmoniques de ces trois sons suffisent donc pour obtenir les sons de la gamme entière (nous avons vu que les accords placés sur ces trois sons portent, pour cette raison, le nom d'accords générateurs) et de plus ils sont représentés en fonction de leur importance (la tonique Do et la dominante Sol sont représentées 4 fois).

Ainsi, partant d'un seul son (Do) nous arrivons grâce à ses harmoniques à construire la gamme diatonique majeure. Celle-ci «peut donc être considérée, si l'on veut, comme un produit rationnel de la résonance des corps sonores, et ayant comme origine un son unique qui est la base du système, mais à condition d'admettre que c'est un produit façonné et dont le génie humain a déterminé la forme définitive en raison de ses goûts et de ses aptitudes.» (Lavignac 35-44)

Justification de la gamme chromatique

La gamme chromatique ne peut être justifiée par les harmoniques (pas plus d'ailleurs que la gamme mineure, produit artificiel) mais bien *par la succession des quintes.*

☐ En effet, si nous partons de Do et que nous progressons vers la droite, on produit la série des sons suivants : Do, Sol, Ré, La, Mi, Si

Si nous progressons vers la gauche, on produit (en ne nous intéressant, pour l'instant, qu'aux notes non altérées) : Do, Fa.

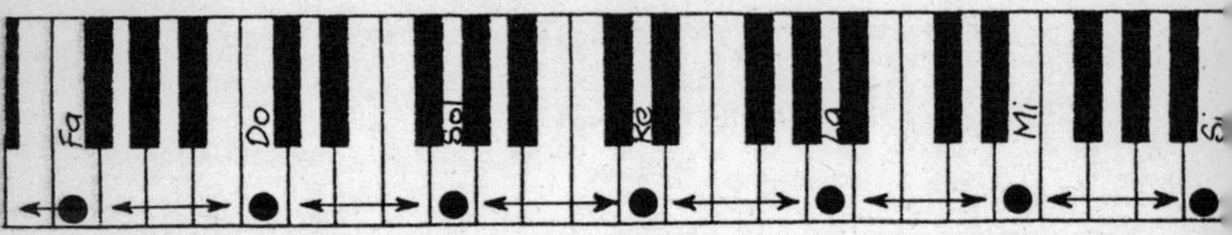

Ceci représente l'*ensemble des notes de la gamme, mais disposées dans l'ordre des quintes.*

☐ Si nous continuons notre progression *vers la droite*, nous obtenons la série suivante : Fa dièse, Do dièse, Sol dièse, Ré dièse, La dièse. Ce qui nous donne la série suivante : Do,

Sol, Ré, La, Mi, Si, Fa dièse, Do dièse, Sol dièse, Ré dièse, La dièse.

En intercalant cette série entre les sons de la gamme diatonique majeure de Do, on obtient : Do, Do dièse, Ré, Ré dièse, Mi, Fa, Fa dièse, Sol, Sol dièse, La, La dièse, Si, ce qui représente *la gamme chromatique ascendante.*

□ Si nous continuons notre progression *vers la gauche*, nous obtenons la série suivante : Do, Fa, Si bémol, Mi bémol, La bémol, Ré bémol, Sol bémol.

En intercalant ces notes entre les notes de la gamme diatonique de Do majeur, on obtient : Do, Ré bémol, Ré, Mi bémol, Mi, Fa, Sol bémol, Sol, La bémol, La, Si bémol, Si, Do, ce qui représente *la gamme chromatique descendante.*

Justification des accords

Les accords classés, répertoriés, nous l'avons vu, sont produits par la superposition de tierces. Jusqu'au XVIe siècle on ne connaissait pas les accords et c'est seulement en voyant régulièrement certaines structures apparaître dans les morceaux en contrepoint qu'on s'est rendu compte qu'il devait y avoir une structure de base qui pouvait se lire verticalement.

Les accords peuvent être justifiés de plusieurs façons différentes. Les mathématiciens (avec Zarlino), les musiciens avec les harmoniques (voir Rameau, plus haut) et les physiciens avec le calcul des fréquences (voir plus haut) ont, chacun, apporté une justification aux accords classés — tels que nous les avons décrits. Il n'est pas inintéressant de nous attarder quelques instants sur ces justifications.

La justification qui nous apportera le plus de satisfactions immédiates est la justification par les harmoniques. Rappelons au lecteur que c'est en se basant sur cette justification que Rameau prônait la suprématie de l'harmonie sur la mélodie. Longue querelle qui l'opposa longtemps à Rousseau pour qui la mélodie seule, étant naturelle, simple, devait primer.

■ **Justification par les harmoniques**

Comme l'écrivent très justement, J. Chailley et H. Challan dans leur ouvrage *Théorie Complète de la Musique*, « Il est impossible d'étudier rationnellement le principe des accords sans tenir compte du phénomène naturel des harmoniques... » (8,II-6).

Nous avons étudié les accords dans un chapitre précédent ; rappelons que les accords de trois sons sont des accords consonants tandis que les accords de quatre sons (ou plus) sont des accords dissonants. Rappelons, encore, qu'est nécessaire, pour qu'il y ait accord, la présence d'un minimum de trois sons ; deux sons sont insuffisants pour caractériser un accord : une pièce de l'édifice est absente et empêche sa reconnaissance.

■ L'accord le plus simple est **l'accord parfait majeur** composé d'une tierce majeure et d'une quinte juste :

□ Si nous regardons *les harmoniques 4-5-6*, nous retrouvons cet accord parfait majeur (notons qu'on retrouve dans ces harmoniques les sons du fondamental et des harmoniques 2 et 3) :

■ Si nous complétons ce tableau en y incluant l'harmonique 7 nous obtenons un **accord de septième**, si nous ajoutons l'harmonique 9, nous obtenons un accord de 5 sons ou **accord de neuvième.**

Tous ces accords ont été étudiés précédemment.

Remarquons que nous avons indiqué le huitième harmonique en pointillé car il ne nous intéresse pas, n'étant qu'un redoublement du son fondamental.

■ Terminons cette petite étude, en signalant que, si le premier intervalle est l'octave, le second la quinte et le troisième la quarte, **le quatrième, le cinquième et le sixième intervalles sont des tierces** (d'abord majeure puis mineure).

On trouve ainsi la justification de la construction des accords qui sont, nous le savons, construits par superposition de tierces.

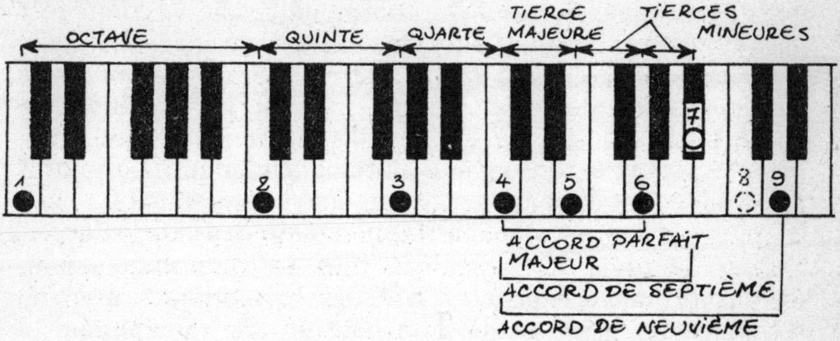

Justification de la primauté de l'accord majeur

L'accord parfait est plus sonore, a plus d'éclat, est plus expressif que l'accord mineur. Ceci, aussi, se justifie par les harmoniques.

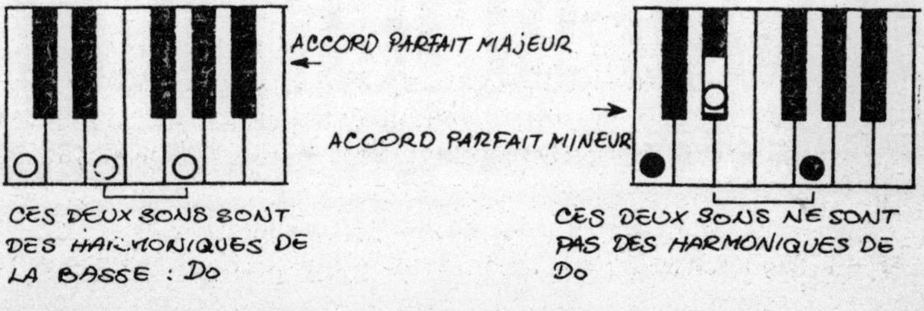

En effet, nous avons vu que *la basse de l'accord parfait majeur contient déjà en elle-même les deux autres sons de l'accord, qui sont ses harmoniques.* Ceci n'est pas vrai pour les accords mineurs dont la basse ne reproduit pas les autres sons de l'accord. L'idée musicale est donc moins pleine, plus fugitive.

Justification de tous les intervalles

Nous avons déjà justifié plusieurs intervalles : octave, quinte, quarte, tierce majeure et, enfin, tierce mineure. Nous savons, d'autre part, pour l'avoir déjà étudié (voir le chapitre sur les intervalles), qu'il existe encore d'autres intervalles. Peut-on également les justifier par la succession des harmoniques? La réponse est oui. Les harmoniques ne se contentent pas de justifier les intervalles, mais elles leur assignent également une place dans la hiérarchie des sons. L'octave est le plus consonant des sons; quinte et quarte le sont aussi. La tierce, jadis considérée comme dissonante est aujourd'hui acceptée comme consonante (l'oreille s'habitue). Les autres intervalles sont dissonants : ce sont aussi les derniers (et donc les plus faibles) produits par la succession des harmoniques.

Pour analyser correctement tous les intervalles, nous devons prolonger notre analyse des harmoniques jusqu'au seizième.* Rappelons que l'on peut prolonger indéfiniment cette série, mais que cela n'aurait aucun sens, car, d'une part, le son produit serait trop faible pour être audible et, d'autre part, il serait en dehors du champ d'audition de l'oreille humaine (30 à 16 000 hz).

Dressons ce tableau :

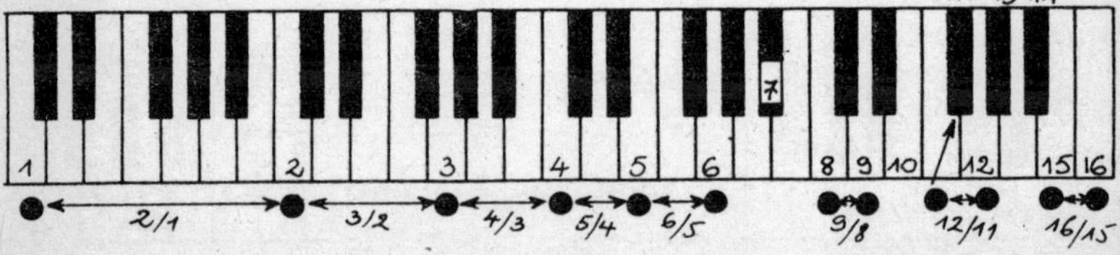

* Rappelons qu'au piano, à partir du 10e harmonique, les sons deviennent inharmoniques.

Relions les notes deux à deux dans l'ordre de succession naturel des intervalles :
— octave : 2/1
— quinte : 3/2
— quarte : 4/3
— tierce majeure : 5/4
— tierce mineure : 6/5 et 7/6
— seconde majeure : 9/8 (ton)
— seconde mineure : 16/15 (demi-ton diatonique) et 12/11 (demi-ton chromatique)

□ On voit donc que *plus le rapport est simple* (2/1, 3/2, 4/3) *et plus l'intervalle est consonant.* Les intervalles à rapport fort complexe (16/15) sont, eux, peu consonants; on parlera d'intervalles dissonants.

□ En reliant les intervalles non plus dans l'ordre de leur succession, mais *en sautant des harmoniques,* on peut ainsi obtenir d'autres rapports comme ceux de la sixte, de la septième, etc ...

□ Il est intéressant de noter que *le rapport établi grâce à la série des harmoniques est identique à la fraction que l'on obtient en comparant les fréquences de vibration des sons* ou en s'aidant des rapports obtenus en divisant une corde vibrante (série mathématique).

Ainsi, nous avons vu (pour ne prendre qu'un seul exemple) que le La du diapason vibre à 440 cycles par seconde, le La de l'octave supérieure vibre à 880; donc leur rapport de fréquences est 880/440 soit 2/1 qui est le rapport d'octave établi grâce aux harmoniques. Pour obtenir un son à l'octave en divisant une corde, je dois la diviser en deux; d'où, à nouveau, le rapport de 2/1.

Ceci peut également être établi pour les autres intervalles.

La cadence

Nous avons déjà eu l'occasion de comparer la musique au langage (prose, vers, etc.). La phrase musicale semblable à la mélodie d'une strophe obéit, elle aussi, à une grammaire précise. Nous avons déjà longuement décrit certains aspects de la grammaire musicale sans cependant nous arrêter au rythme musical et à ce qu'on pourrait appeler, par analogie, la ponctuation musicale.

Pourtant, la musique est née avec la poésie et en Grèce (dont nous sommes, rappelons-le les héritiers directs) le rythme musical était calqué sur le rythme poétique : la musique était la servante de la poésie. Servante qui souvent devenait maîtresse puisque sous le terme de musique (l'art des Muses) les Grecs désignaient non seulement celle-ci mais aussi la poésie et la danse.

Dans ce petit paragraphe nous allons nous occuper, essentiellement, de la ponctuation musicale. Il nous semble intéressant de citer le grammairien Grevisse sur ce qu'il dit de la ponctuation : «c'est l'art d'indiquer dans le discours écrit, par le moyen de signes conventionnels, soit les pauses à faire dans la lecture, soit certaines modifications mélodiques du débit, soit certains changements de registre dans la voix.»* En musique c'est pareil.

Nous allons rapidement passer les signes de ponctuation en revue pour ensuite rechercher des signes identiques en musique.

■ La ponctuation

Deux siècles avant Jésus-Christ, Aristophane de Byzance invente une ponctuation claire et précise ; celle-ci est composée du point parfait, qui correspond à notre point, du point moyen (notre point virgule) et du sous-point (notre double point).

Depuis lors on a imaginé de nombreuses variantes et de multiples perfectionnements à cette première ponctuation.

* Grevisse *Le Bon Usage*. Ed. Duculot. 10e édition, page 1127.

Passons en revue les principaux signes :
☐ *le point :* il indique la fin d'une phrase ;
☐ *le point d'interrogation :* il exprime, comme son nom l'indique, l'interrogation ;
☐ *le point d'exclamation :* indique l'exclamation et se place même en plein milieu de la phrase ;
☐ *la virgule :* marque une pause de peu de durée ;
☐ *le point virgule :* marque une pause de durée moyenne ;
☐ *les deux points :* il annonce une nouvelle phrase, souvent explicative ;
☐ *les points de suspension :* ils indiquent que la phrase doit être complétée. Ceci est soit laissé aux soins du lecteur, soit réalisé dans la phrase suivante.

Recherchons l'équivalent de ces ponctuations dans le langage musical.

La ponctuation musicale : la cadence

Certains sons produits sont comme suspendus en l'air et attendent une résolution, une chute, une conclusion.
☐ *On appelle cadence* (de l'italien « cadere » : tomber) *la succession du son « suspendu » et du son* (mélodique ou harmonique) *qui permet la conclusion.*
☐ Au départ, la cadence était réalisée par une série de sons formant une mélodie et ce n'est qu'avec Rameau que la cadence est réalisée, comme aujourd'hui, *grâce à une succession d'accords.*
☐ Les cadences sont à comparer aux signes de ponctuation : chaque cadence a une fonction bien précise. *L'ordre de succession des accords* — que l'on peut comparer à une suite de mots — *détermine donc la ponctuation de la phrase musicale.*

Il y a plusieurs sortes de cadences et — à un certain moment de l'histoire musicale — on en décrivait jusqu'à vingt. Nous allons décrire les cinq plus importantes.

Remarquons, tout de suite, que pour qu'il y ait cadence nous devons retrouver d'une part une succession d'accords ayant un sens cadentiel (et donc pas n'importe quelle succession d'accords) et d'autre part il est nécessaire qu'il y ait arrêt de la phrase. Nous retrouvons les mêmes impératifs dans le langage écrit ; en effet, on ne peut placer un point, ou un quelconque signe de ponctuation, au hasard dans une phrase : il faut qu'il ait un sens dans le sujet du discours.

☐ *La cadence est donc formée de la succession de deux accords :*

— le premier accord annonce la cadence (il doit être dissonant pour que le son soit « suspendu »)

— le second accord termine la cadence (nous verrons qu'il peut être consonant ou dissonant).

☐ *C'est le mouvement de la basse* (dont nous avons déjà vu maintes fois l'importance) *à la fin de la phrase qui détermine la nature de la cadence et donc le type de ponctuation.*

Signalons que le mouvement de la basse peut être, sans que cela modifie l'impression, ascendant ou descendant.

■ *Le point* = **la cadence parfaite**

Son équivalent dans l'écriture musicale est la cadence parfaite (rappelons le point parfait des Grecs).

☐ *Le premier accord de cette cadence est l'accord de dominante* (avec ou sans septième), *le second accord est l'accord de tonique.* Les deux accords sont à l'état fondamental.

Jouez sur votre piano la succession des deux accords ci-dessous.

Vous venez de jouer une cadence parfaite conclusion fréquente d'une pièce musicale. Remarquons que cette cadence est faite de deux accords (sur les trois) générateurs du ton : le V et le I.

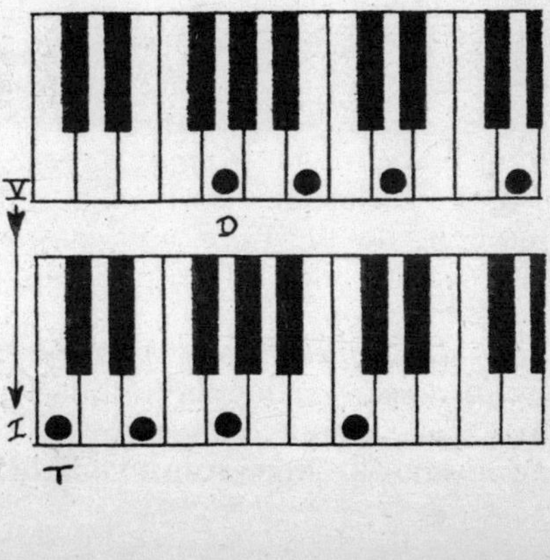

Accord parfait majeur sur dominante (D) : on a redoublé, pour la richesse du son, la fondamentale

Accord parfait majeur sur tonique (T) avec redoublement de la fondamentale

■ *Le point d'exclamation fin de phrase* = **cadence plagale**
C'est ce qu'on appelle en musique la cadence plagale. Elle doit ce nom à son utilisation généreuse dans le plain chant.
□ *Il s'agit de l'enchaînement des accords de sous-dominante* (IV) *et de tonique* (I). Les deux accords sont à l'état fondamental.

Cette cadence est un peu moins conclusive que la cadence parfaite. Cette cadence est, elle aussi, formée par deux accords générateurs du ton : le IV et le I.

Accord parfait majeur, avec redoublement, sur la sous-dominante

Accord parfait majeur, avec redoublement, sur la tonique

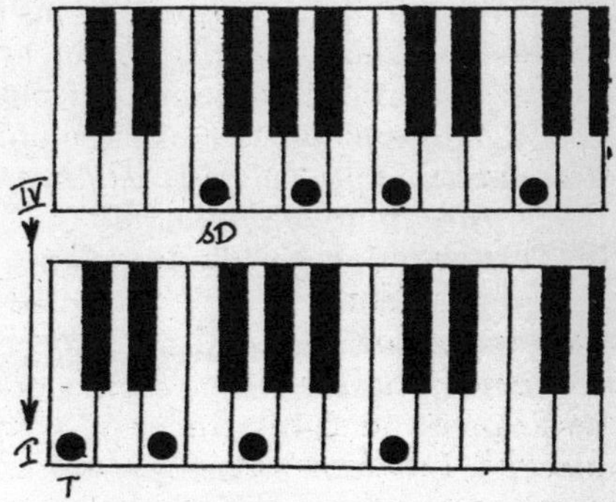

■ *Le point final* = **la cadence complète**

La formule ci-après (IV, I, V, I) est une des nombreuses formules utilisables (par exemple V, I, IV, I ou I, IV, V, I) etc.

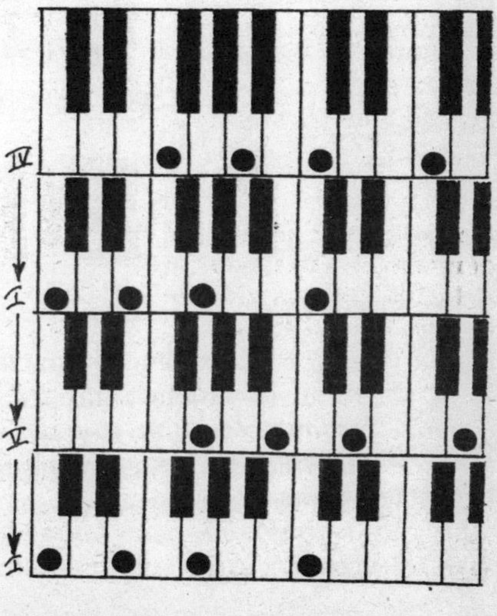

□ *En combinant la cadence parfaite et la cadence plagale* on utilise les trois accords générateurs du ton (I, IV, V). C'est ce qu'on appelle la cadence complète ; en effet, tous les sons de la tonalité y sont représentés en fonction de leur importance, et en les faisant entendre, une dernière fois, tous ensemble, elle résume, en quelque sorte, la pièce musicale.

■ *Le point d'interrogation* = **la cadence à la dominante** ou **la demi-cadence**

Pour produire l'interrogation dans le langage parlé, le moyen le plus simple (et aussi le plus sûr) est d'intervertir l'ordre des mots : « Vous avez du feu » devient : « Avez-vous du feu ? »

□ En musique on fait exactement la même chose : *l'ordre dominante - tonique (V-I) de la cadence parfaite est remplacé par l'ordre tonique-dominante (I-V).*

C'est ce qu'on appelle la cadence à la dominante ou encore la demi-cadence.

Remarquons que le second accord (l'accord de dominante) contient la note sensible : c'est donc lui qui est responsable de l'attente, de l'interrogation et on pourrait fort bien remplacer le premier accord par un accord différent de l'accord de tonique.

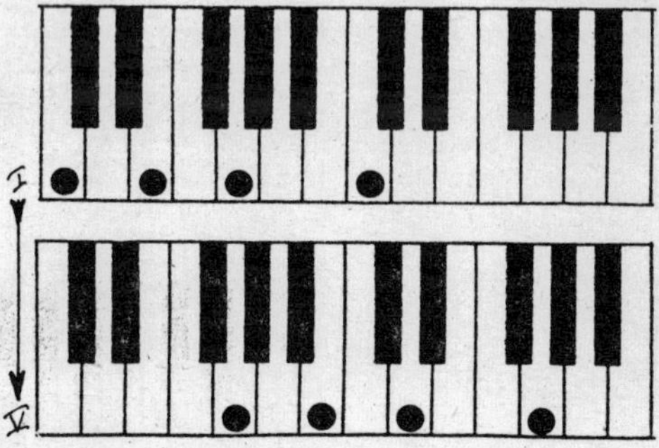

■ *La virgule* = **la cadence imparfaite**

□ Il s'agit de la cadence imparfaite qui n'est autre que *la cadence parfaite mais dont l'un des accords n'est pas à son état fondamental mais présente son premier renversement.*

Il s'agit donc de la marche de la dominante vers la tonique mais tout se passe un peu comme si la basse dans sa progression (V vers I) s'arrête en mi-chemin (par exemple III) .

Cette cadence est incapable de terminer un morceau : comme la virgule, elle indique une suspension mais non une conclusion.

On peut rendre toutes les cadences imparfaites en utilisant un des renversements.

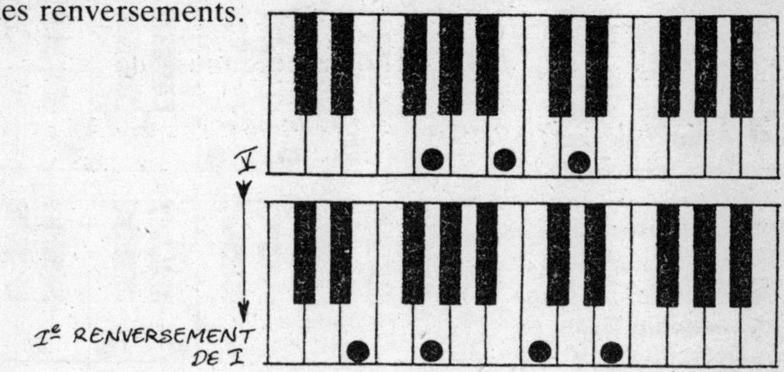

■ *Le point virgule* = **la cadence rompue** et **la cadence évitée**
Le point virgule marque une pause de moyenne durée, il brise, en quelque sorte, la phrase.

□ En musique le point virgule porte le nom de *cadence rompue. Il s'agit du déplacement de l'accord de la dominante sur un quelconque degré de la gamme; généralement le sixième.*

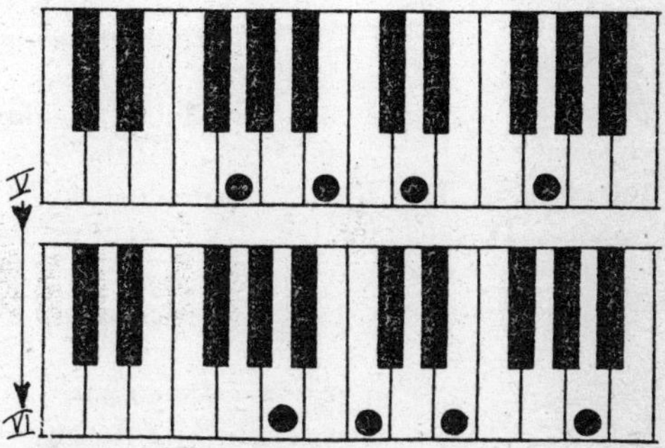

□ Notons, au passage (nous y reviendrons plus tard), que *la cadence rompue est quelquefois utilisée pour passer d'un ton dans un autre ton.* C'est ce qu'on appelle (bien incorrectement d'ailleurs) une modulation. Dans ce cas, la cadence rompue porte le nom de *cadence évitée.*

Dans la cadence évitée *on ajoute à l'accord parfait de tonique une septième mineure.* Ainsi en partant de cette tonique vers la dominante on réalise non seulement une cadence mais surtout un changement de tonalité.

Accord de septième de dominante en Do majeur (degré V)

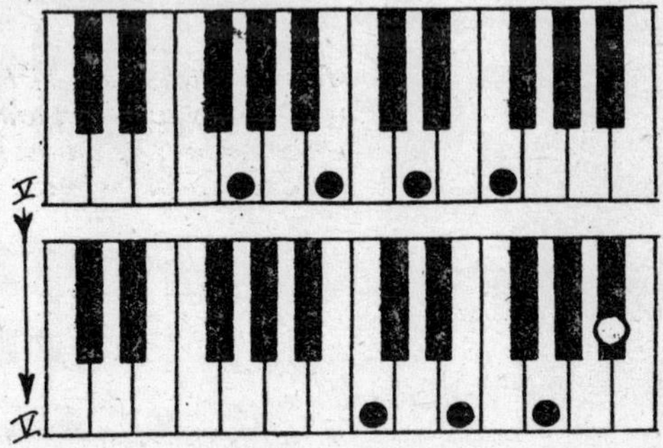

Accord de septième de dominante en Fa majeur (degré V)

Tableau résumé des cadences

Succession des accords	*équivalent grammatical*	*Etats des accords :* *fondamental*	*l'un au moins est renversé*
V→ I	(.)	Cadence parfaite	Cadence imparfaite
IV → I	(!)	Cadence plagale	Cadence plagale imparfaite
IV → V → I ou V → IV → I	(.)	Cadence complète	Cadence complète imparfaite
V → VI*	(;)	Cadence rompue	Cadence rompue renversée
I** → V	(?)	Cadence à la dominante ou demi-cadence	Demi-cadence imparfaite
V → V		Cadence évitée	

□ *Note :* les cadences imparfaites ont la valeur d'une virgule.

* : il peut s'agir de n'importe quel autre degré que VI, sauf I.

** : il peut s'agir de n'importe quel autre degré que I.

Tableaux des principaux accords

Mais le plus beau de tout, c'est quand on met deux doigts sur deux touches à la fois. Jamais on ne sait au juste ce qui va se passer. Quelquefois les deux esprits sont ennemis, ils s'irritent, ils se frappent, ils se haïssent, ils bourdonnent d'un air vexé; leur voix s'enfle; elle crie, tantôt avec colère, tantôt avec douceur (...). D'autres vous flattent : ils tâchent de vous enjoler; mais ils ne demandent qu'à mordre et ils ont la fièvre. (...) Et d'autres fois encore, il y a des notes qui s'aiment : les sons s'enlacent, comme on fait avec les bras, quand on se baise, ils sont gracieux et doux. Ce sont les bons esprits.

R. Rolland. Jean-Christophe

Remarques préliminaires

□ *Les degrés de la gamme* sont donnés pour toutes les tonalités (chiffres). Il est, ainsi, facile de trouver immédiatement l'accord se plaçant sur la sensible (7e degré) ou sur la dominante (5e degré).

□ *Chaque degré reçoit deux accords*, à l'exception du 7e qui n'en reçoit qu'un seul (accord de septième mineure avec quinte diminuée) et le 5e (dominante) qui en reçoit trois. L'importance de ce 5e degré est ainsi, une fois encore, rappelée.

□ *1er degré, 4e degré, 5e degré :* accord parfait majeur + accord de sixte

□ *5e degré :* + accord de septième de dominante

□ *2e degré, 3e et 6e degrés :* accord parfait mineur + accord de septième mineure

□ *7e degré :* accord de septième mineure quinte diminuée

Il s'agit naturellement d'un choix... parmi les accords les plus faciles et les plus usités.

Principaux accords dans la gamme de Do majeur

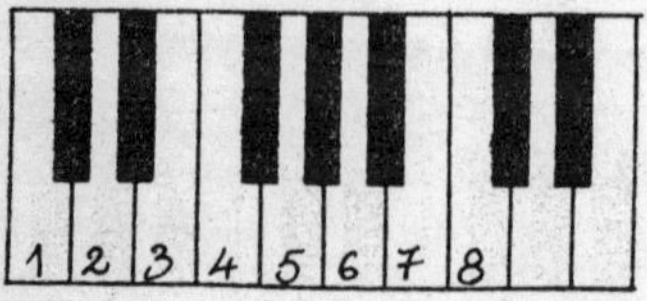

- *tonique :* Do
- *mode :* majeur
- *altérations :* 0
- *enharmonique* de : -
- *relative de :* **La mineur**

La gamme (les chiffres indiquent les degrés)

Accords de quinte majeurs (tierce majeure)

Do majeur (degré 1)

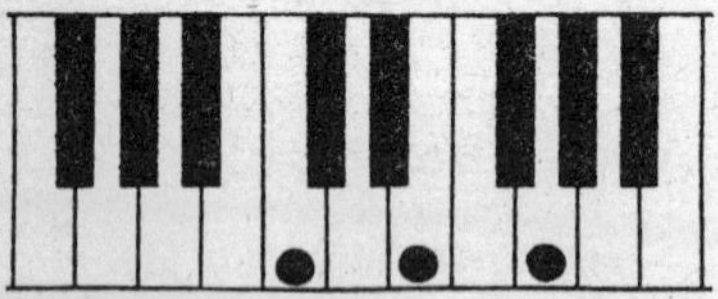

Fa majeur (degré 4)

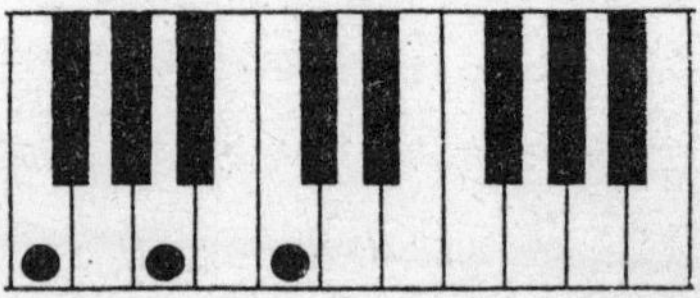

Sol majeur (degré 5)

Accords de quinte mineurs (tierce mineure)

Ré mineur (degré 2)

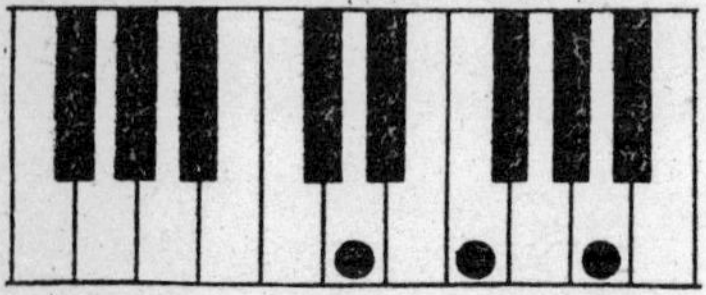

Mi mineur (degré 3)

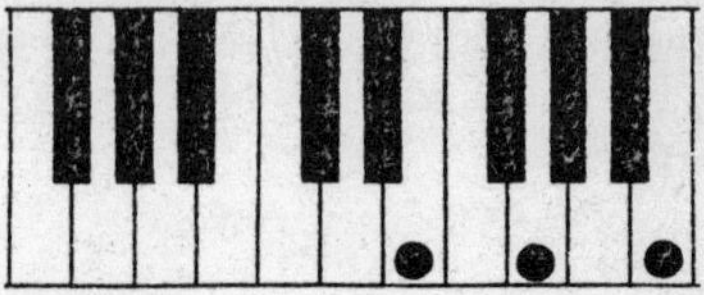

La mineur (degré 6)

Accords de septième

Accord mineur septième quinte diminuée (degré 7)

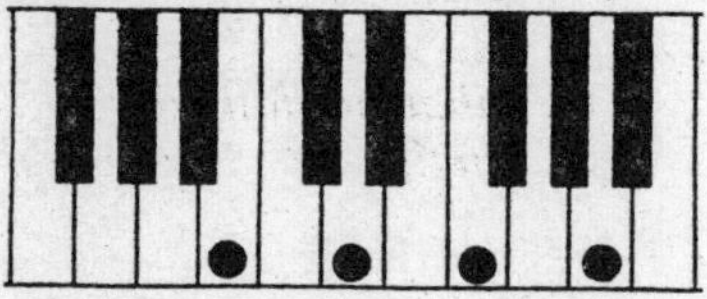

Septième de dominante

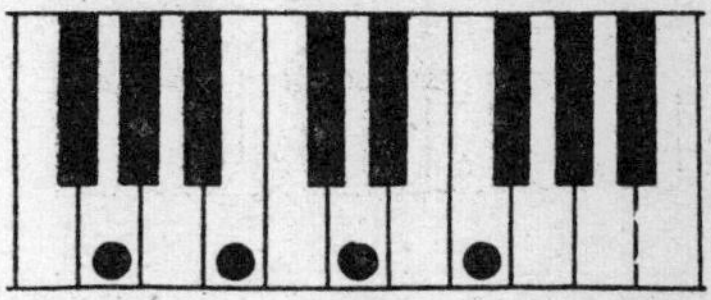

Mineur septième sur Ré

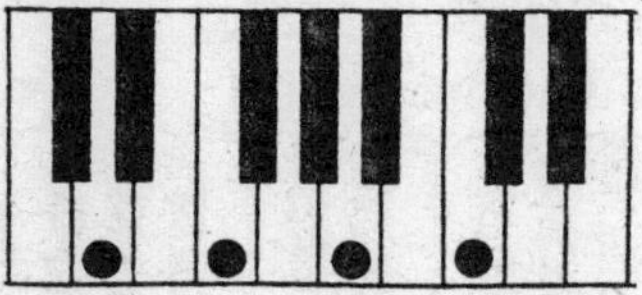

Mineur septième sur Mi

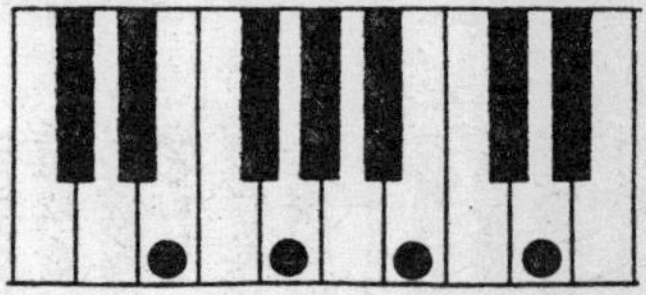

Mineur septième sur La

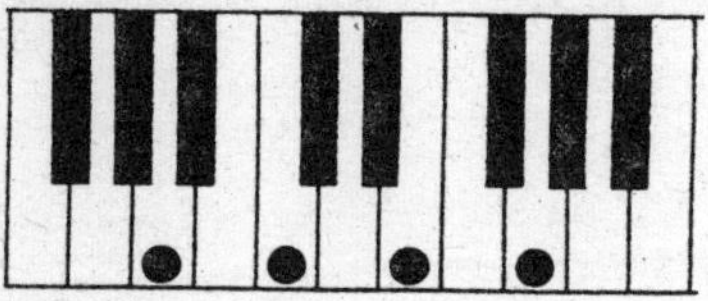

Septième majeur sur Do

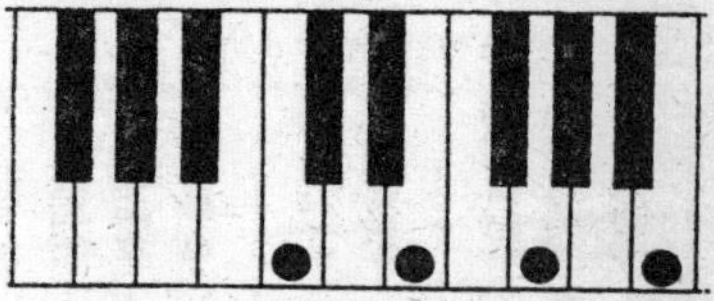

Accords de sixte

Sixte sur Do majeur

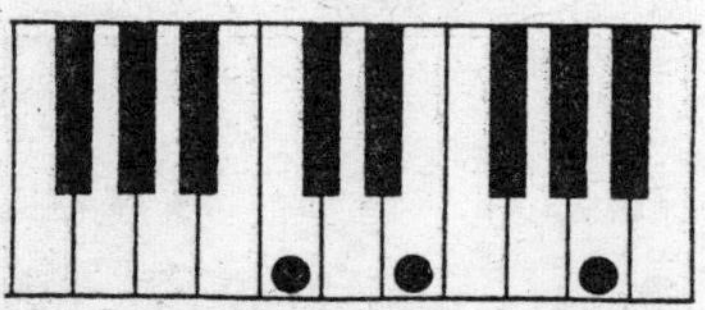

Sixte sur Fa majeur

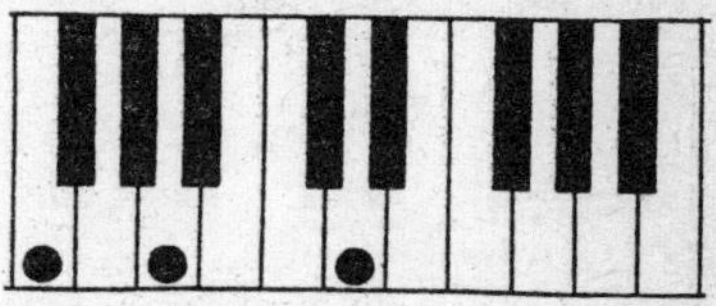

Sixte sur Sol majeur

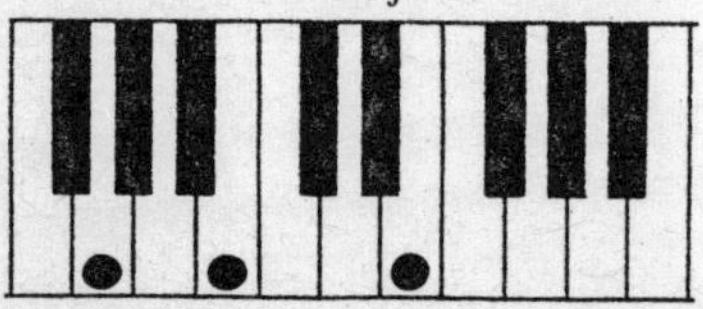

Principaux accords dans la gamme de Do dièse majeur

- ☐ *tonique :* Do dièse
- ☐ *mode :* majeur
- ☐ *altérations :* 7 dièses
- ☐ *enharmonique de :*
Ré bémol majeur (5 bémols)
- ☐ *relative de :*
La dièse mineur

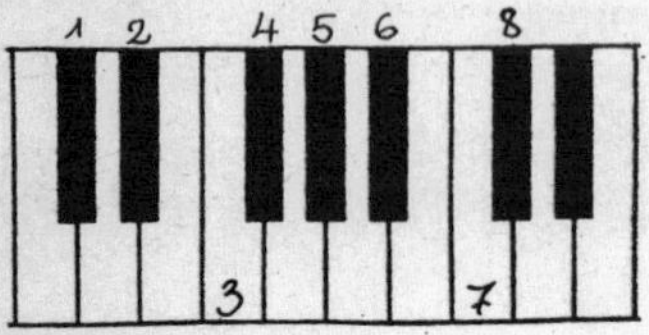

La gamme

Accords de quinte majeurs (tierce majeure)

Do dièse majeur (1)

Fa dièse majeur (4)

Sol dièse majeur (5)

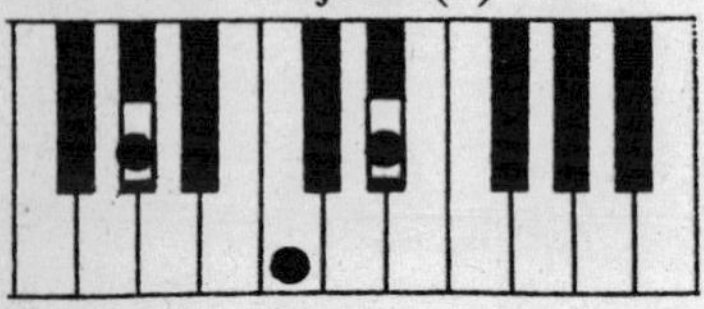

Accords de quinte mineurs (tierce mineure)

Ré dièse mineur (2)

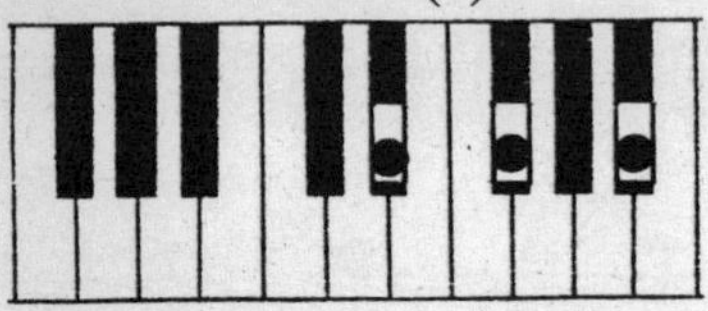

Mi dièse mineur (3)

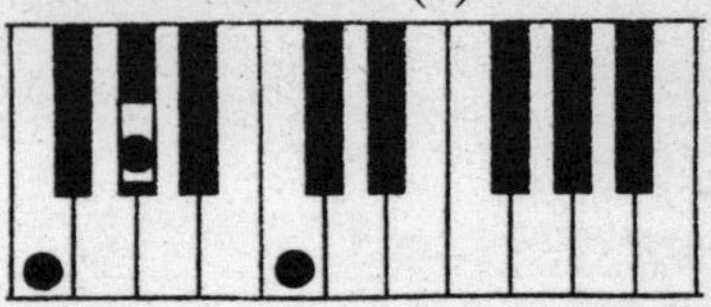

La dièse mineur (6)

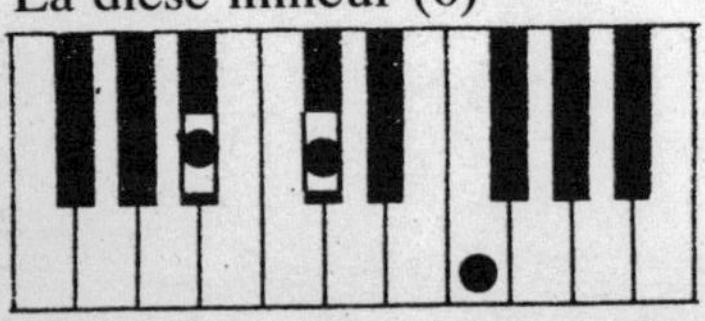

Accords de septième

Accord mineur septième quinte diminuée (7)

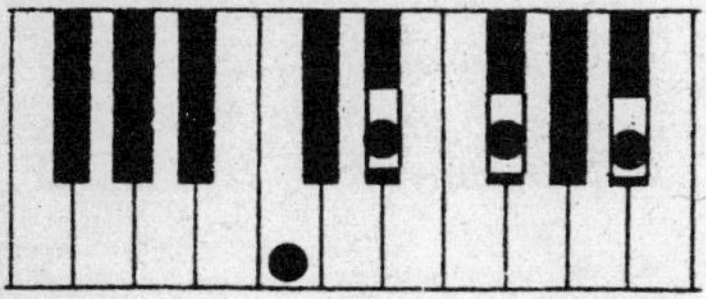

Septième de dominante

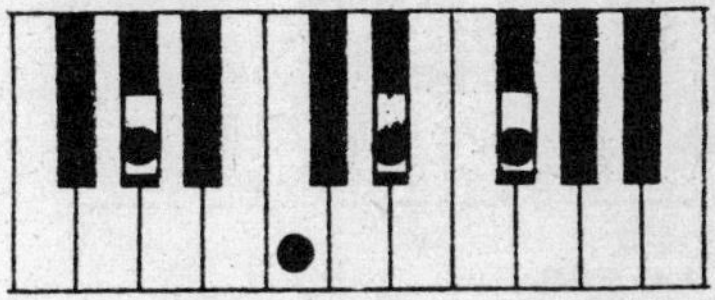

Mineur septième sur Ré dièse

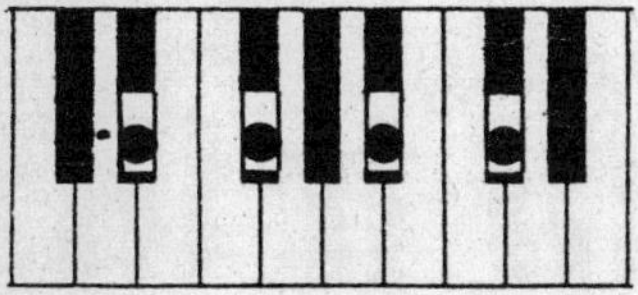

Mineur septième sur Mi dièse

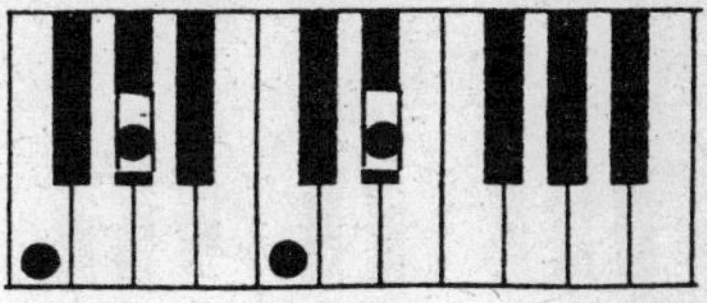

Mineur septième sur La dièse

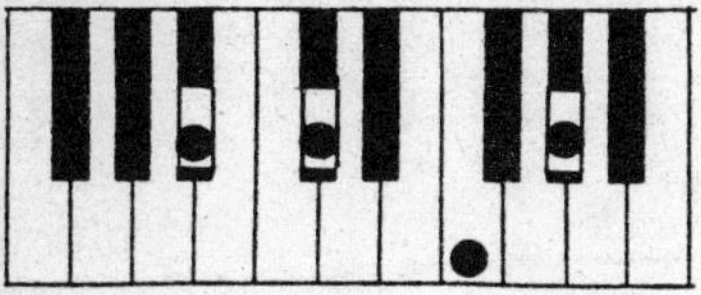

Accords de sixte

Sixte sur Do dièse majeur

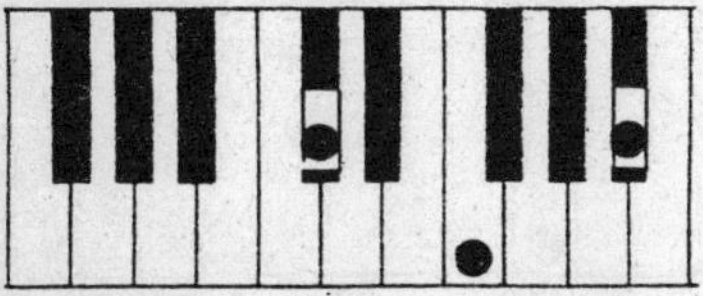

Sixte sur Fa dièse majeur

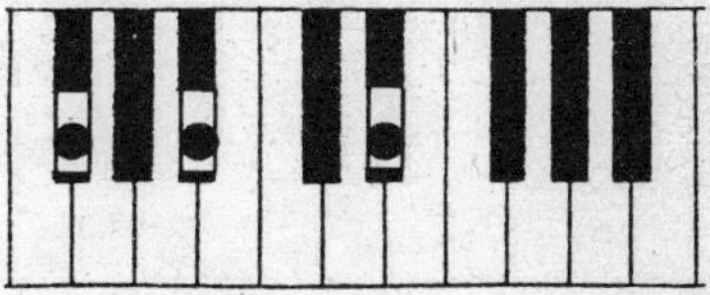

Sixte sur Sol dièse majeur

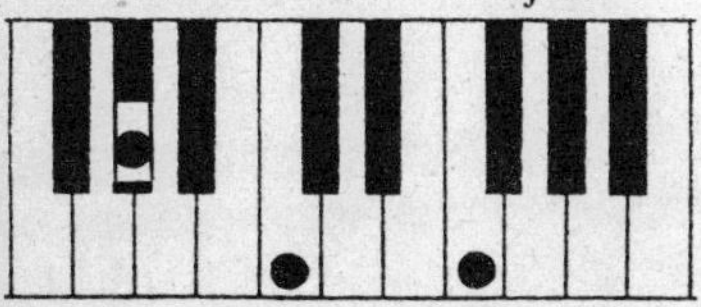

Principaux accords dans la gamme de Ré majeur

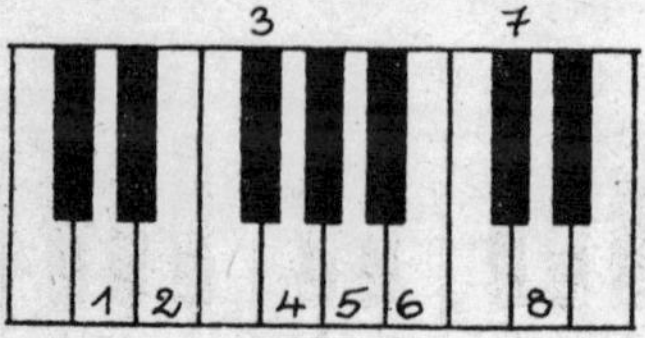

- *tonique :* Ré
- *mode :* majeur
- *altérations :* 2 dièses
- *enharmonique* de : -
- *relative de :* **Si mineur**

La gamme

Accords de quinte majeurs (tierce majeur)

Ré majeur (1)

Sol majeur (4)

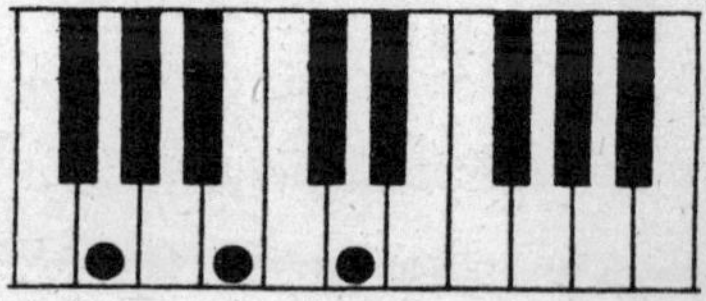

La majeur (5)

Accords de quinte mineurs (tierce mineure)

Mi mineur (2)

Fa dièse mineur (3)

Si mineur (6)

Accords de septième

Accord de septième mineur quinte diminuée (7)

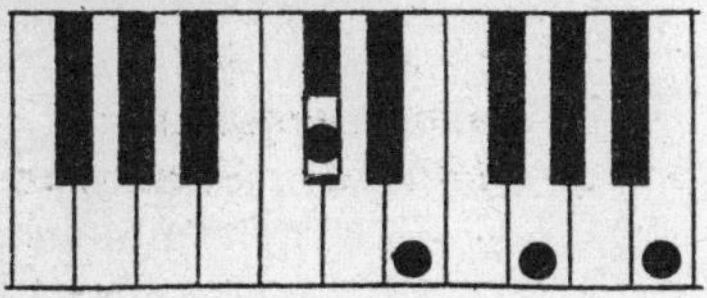

Septième de dominante

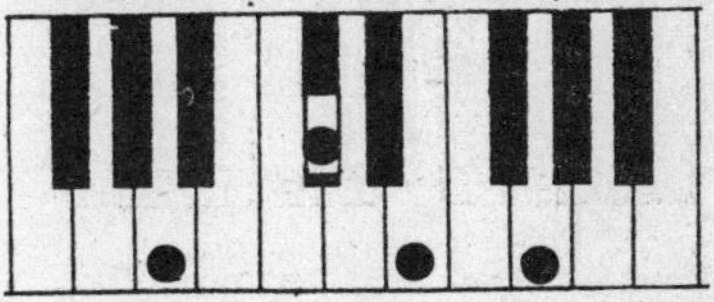

Mineur septième sur Mi

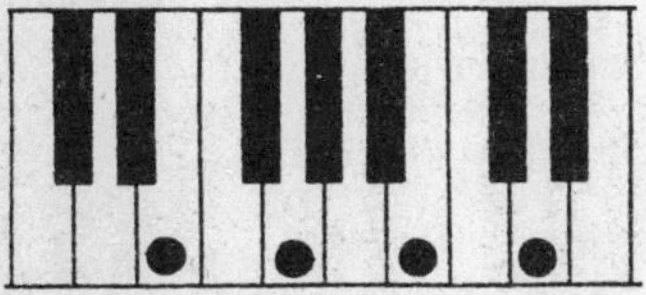

Mineur septième sur Fa dièse

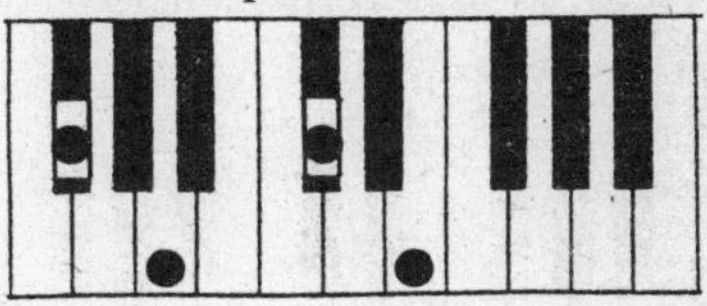

Mineur septième sur Si

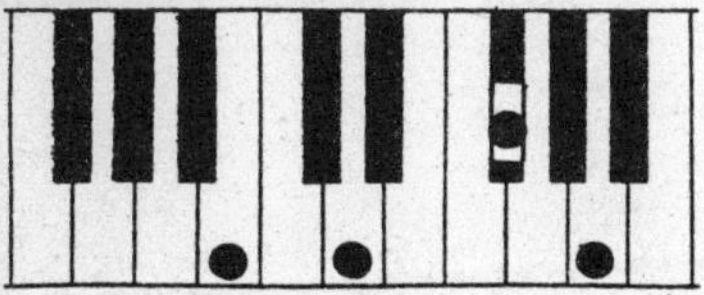

Accords de sixte

Sixte sur Ré majeur

Sixte sur Sol majeur

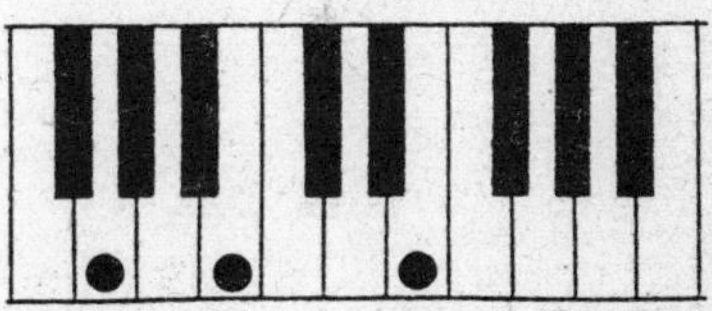

Sixte sur La majeur

Principaux accords de la gamme de Mi bémol majeur

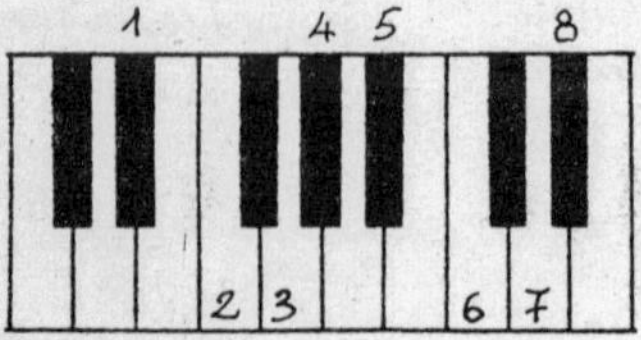

- *tonique :* Mi bémol
- *mode :* majeur
- *altérations :* 3 bémols
- *enharmonique* de : -
- *relative de :* **Do mineur**

La gamme

Accords de quinte majeurs (tierce majeure)

Mi bémol majeur (1)

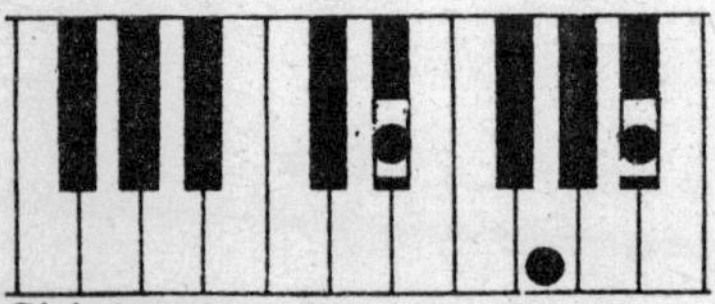

La bémol majeur (4)

Si bémol majeur (5)

Accords de quinte mineurs (tierce mineure)

Fa mineur (2)

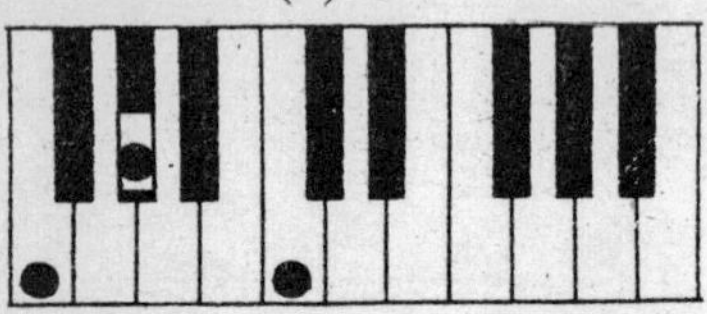

Sol mineur (3)

Do mineur (6)

Accords de septième

Accord de septième mineur quinte diminuée (7)

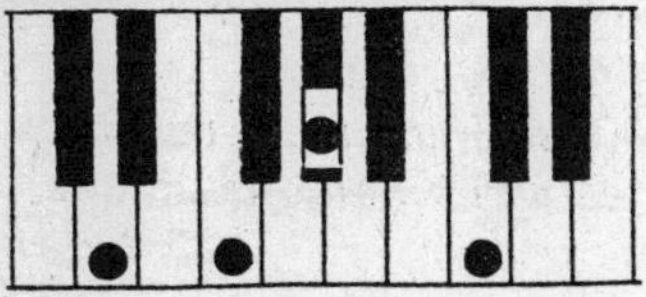

Septième de dominante

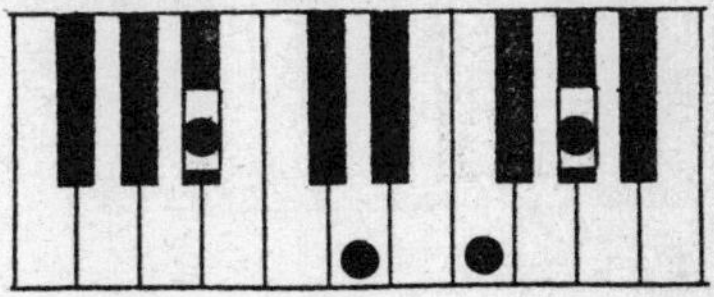

Mineur septième sur Fa

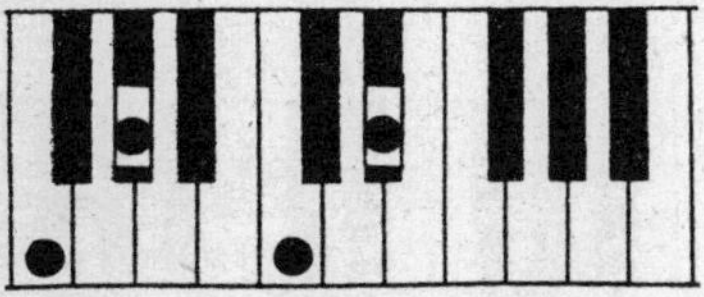

Mineur septième sur Sol

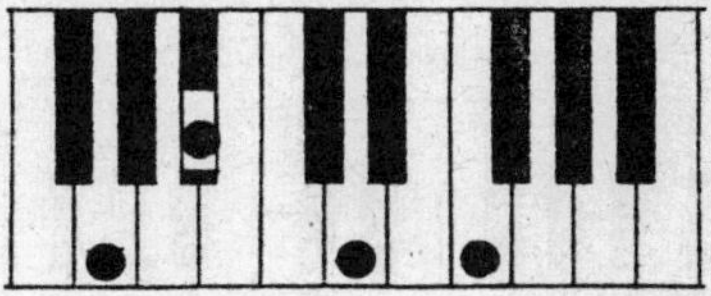

Mineur septième sur Do

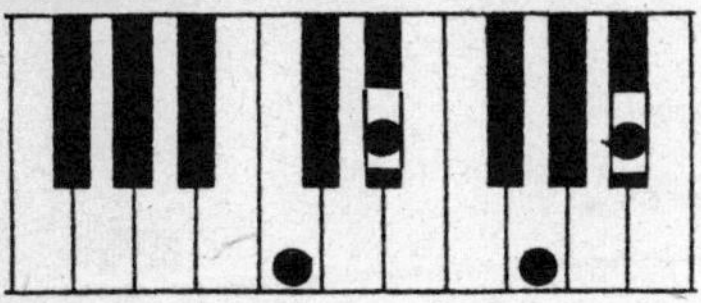

Accords de sixte

Sixte sur Mi bémol majeur

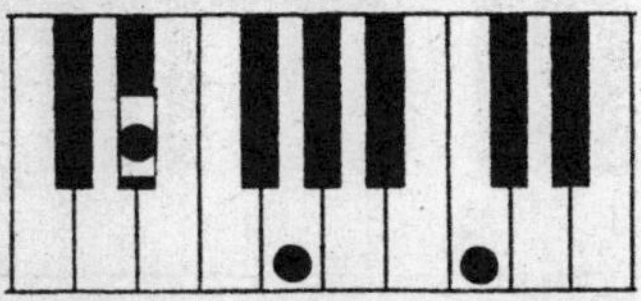

Sixte sur La bémol majeur

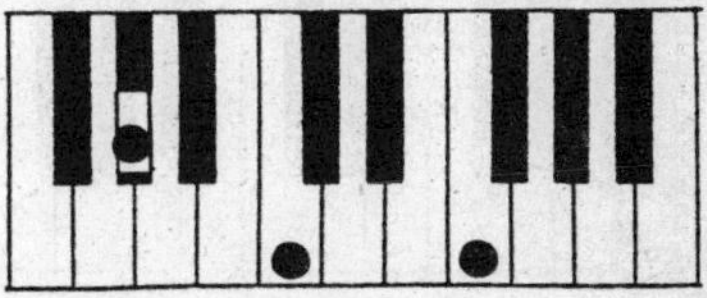

Sixte sur Si bémol majeur

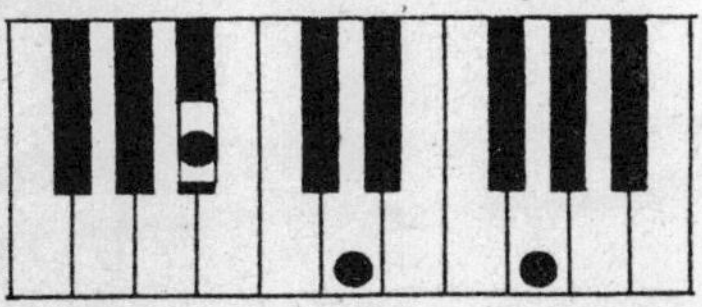

Principaux accords de la gamme de Mi majeur

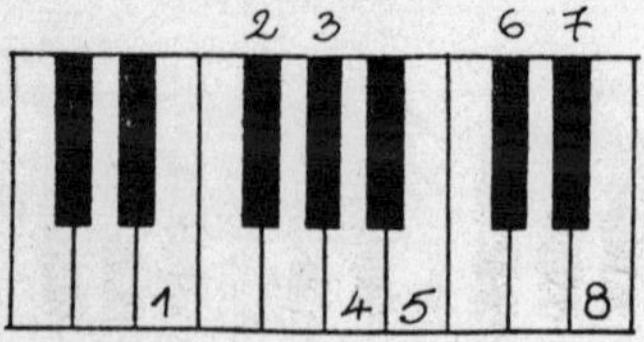

La gamme

- ☐ *tonique :* Mi
- ☐ *mode :* majeur
- ☐ *altérations :* 4 dièses
- ☐ *enharmonique de :* —
- ☐ *relative de :* **Do dièse mineur**

Accords de quinte majeurs (tierce majeur)

Mi majeur (1)

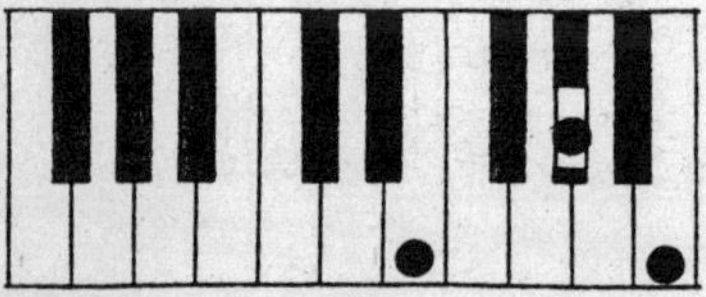

La majeur (4)

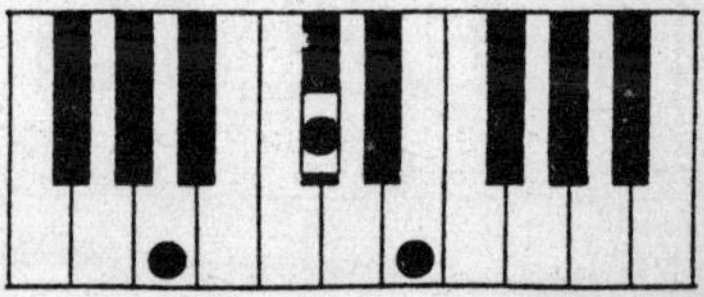

Si majeur (5)

Accords de quinte mineurs (tierce mineure)

Fa dièse mineur (2)

Sol dièse mineur (3)

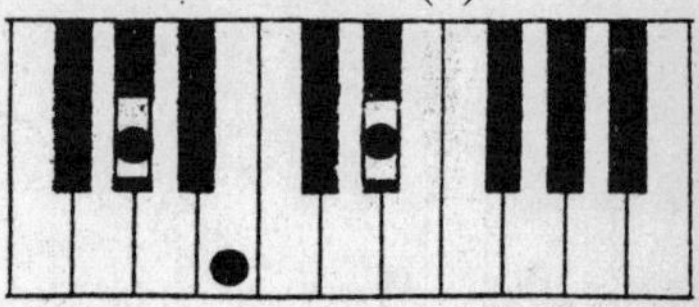

Do dièse mineur (6)

Accords de septième

Accord de septième mineur quinte diminuée (7)

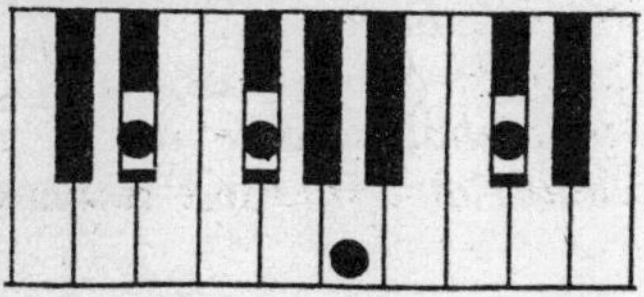

Septième de dominante

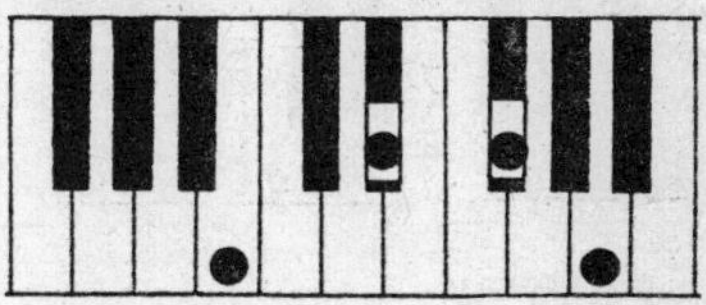

7e mineure sur Fa dièse

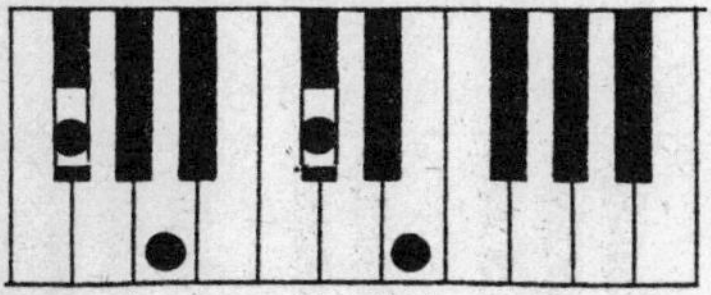

7e mineure sur Sol dièse

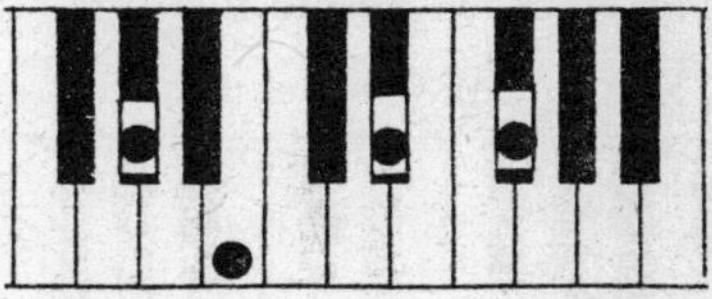

7e mineure sur Do dièse

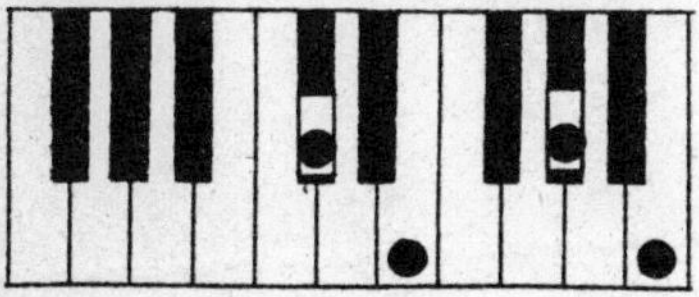

Accords de sixte

Sixte sur Mi majeur

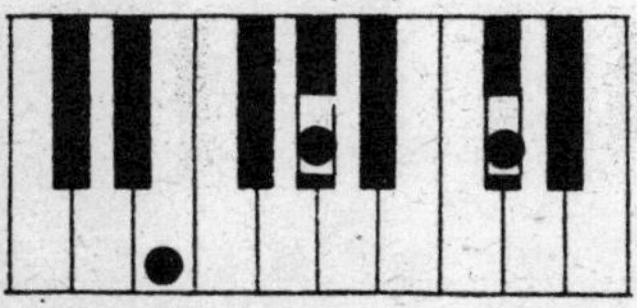

Sixte sur La majeur

Sixte sur Si majeur

Principaux accords de la gamme Fa majeur

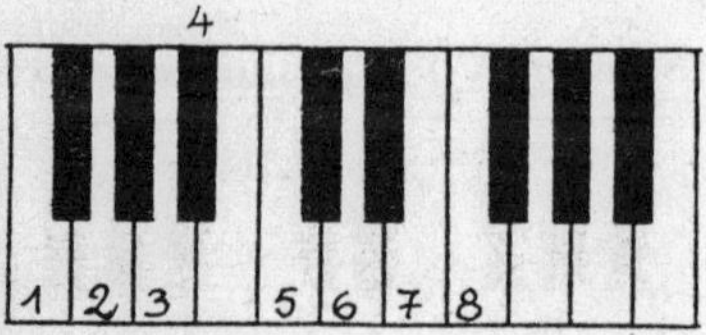

- *tonique :* Fa
- *mode :* majeur
- *altérations :* 1 bémol
- *enharmonique de :* -
- *relative de :* **Ré mineur**

La gamme

Accords de quinte majeurs (tierce majeure)

Fa majeur (1)

Si bémol majeur (4)

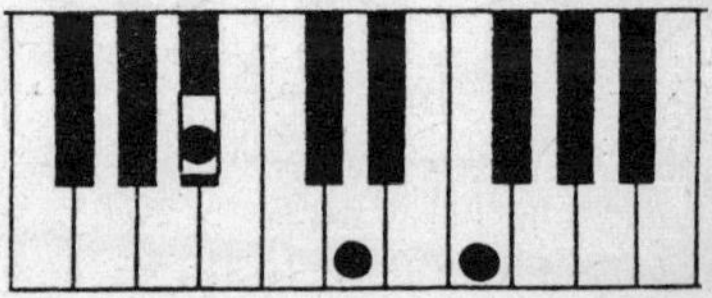

Do majeur (5)

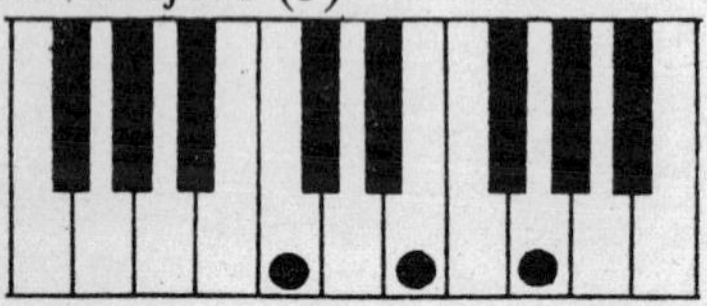

Accords de quinte mineurs (tierce mineure)

Sol mineur (2)

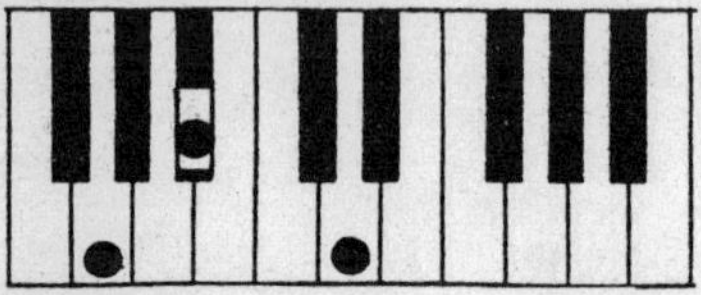

La mineur (3)

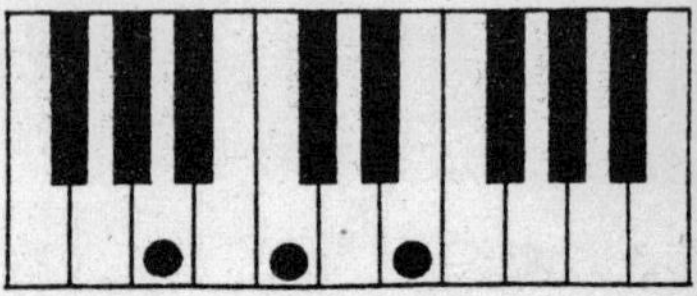

Ré mineur (6)

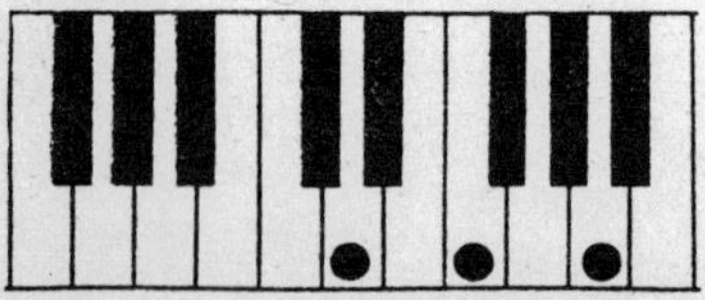

Accords de septième

Accord de septième mineur quinte diminuée

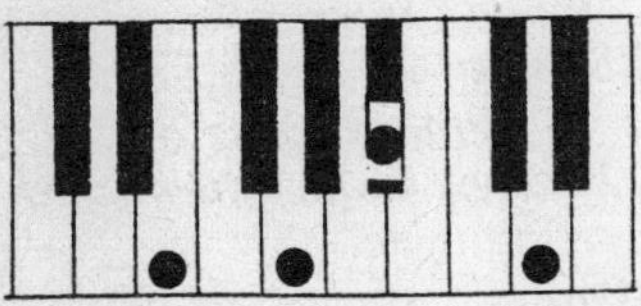

Septième de dominante

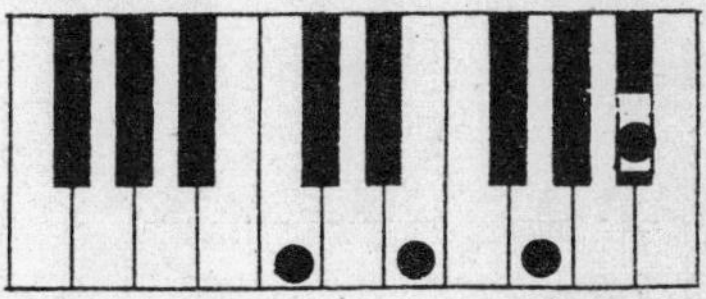

Septième mineure sur Sol

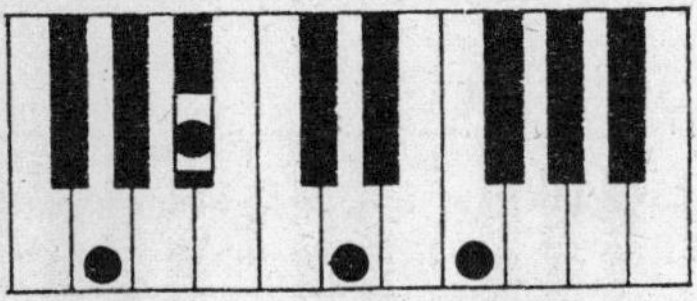

Septième mineure sur La

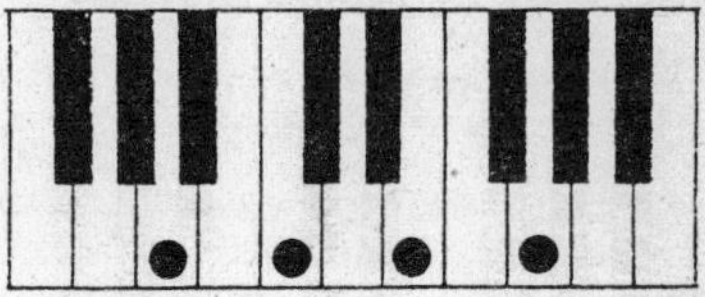

Septième mineure sur Ré

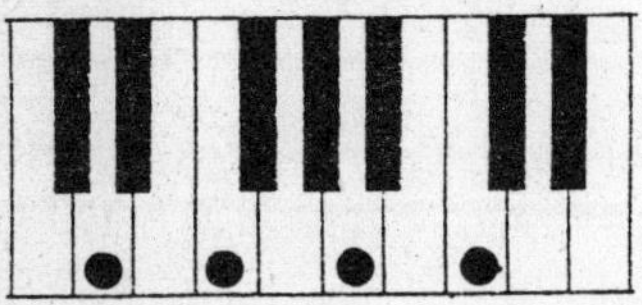

Accords de sixte

Sixte sur Fa

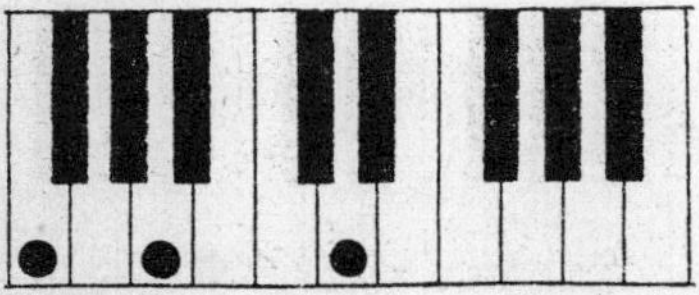

Sixte sur Si bémol

Sixte sur Do

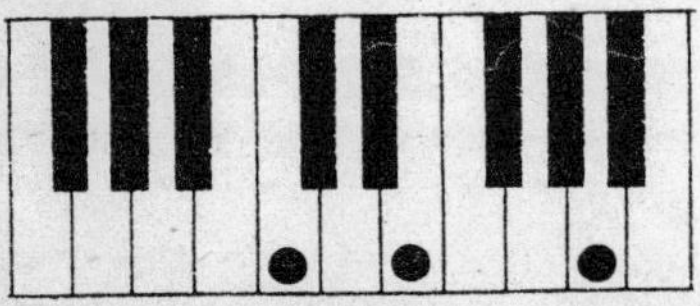

Principaux accords de la gamme de Fa dièse majeur

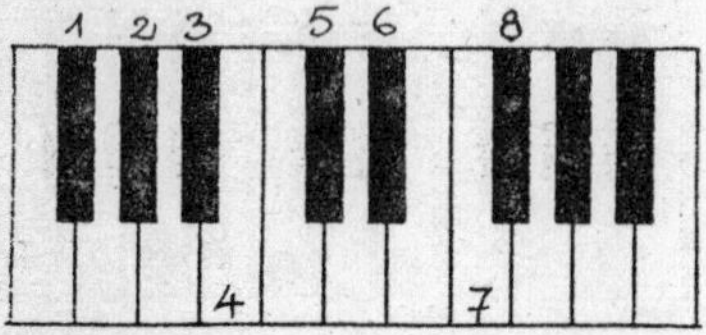

La gamme

- *tonique :* Fa dièse
- *mode :* majeur
- *altérations :* 6 dièses
- *enharmonique de :*
Sol bémol majeur (6 bémols)
- *relative de :*
Ré dièse mineur

Accords de quinte majeurs (tierce majeure)

Fa dièse majeur (1)

Si majeur (4)

Do dièse majeur (5)

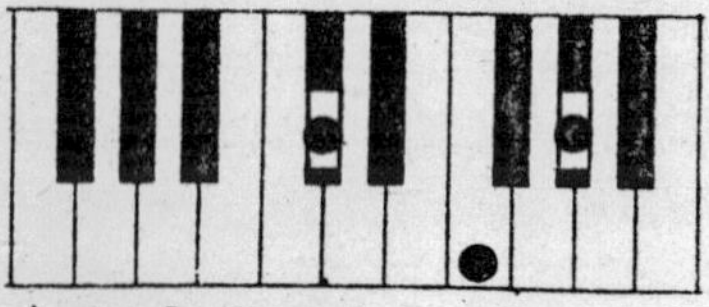

Accords de quinte mineurs (tierce mineure)

Sol dièse mineur (2)

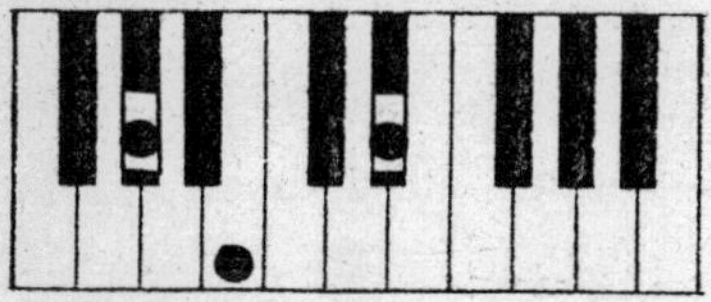

La dièse mineur (3)

Ré dièse mineur (6)

Accords de septième

Accord de septième mineure quinte diminuée (7)

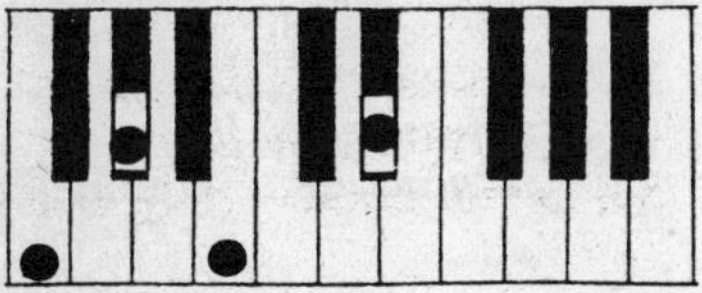

Septième de dominante

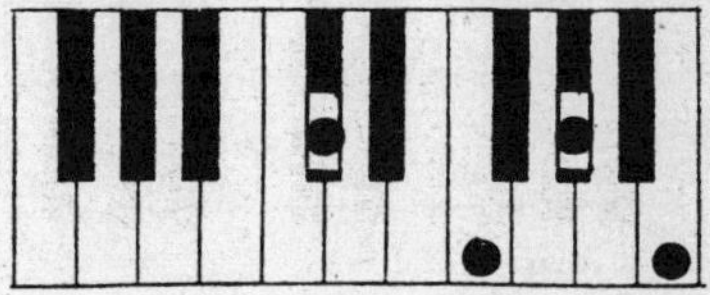

7e mineure sur Sol dièse

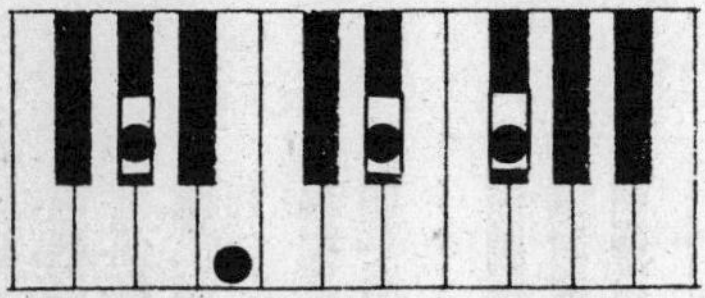

7e mineure sur La dièse

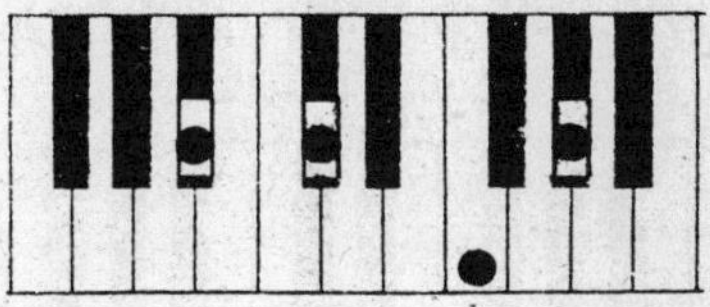

7e mineure sur Ré dièse

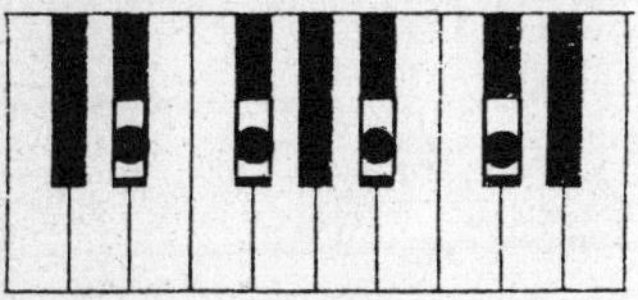

Accords de sixte

Sixte sur Fa dièse

Sixte sur Si

Sixte sur Do dièse

Principaux accords de la gamme de Sol majeur

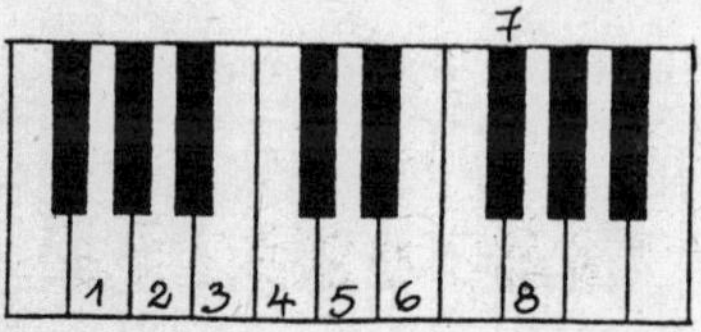

- ☐ *tonique :* Sol
- ☐ *mode :* majeur
- ☐ *altérations :* 1 dièse
- ☐ *enharmonique* de : -
- ☐ *relative de :* **Mi mineur**

La gamme

Accords de quinte majeurs (tierce majeure)

Sol majeur (1)

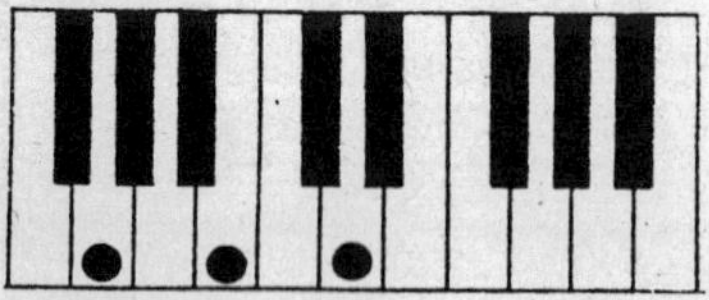

Do majeur (4)

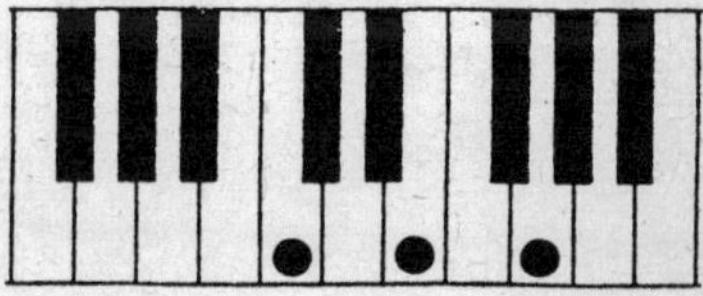

Ré majeur (5)

Accords de quinte mineurs (tierce mineure)

La mineur (2)

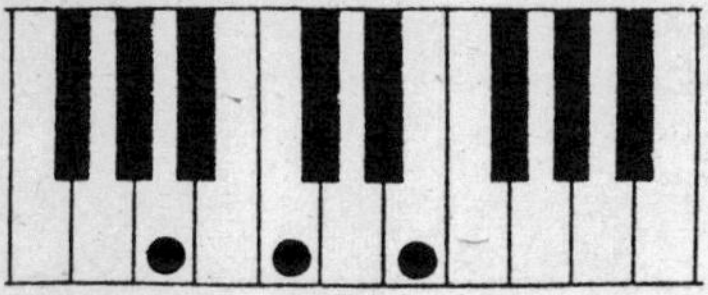

Si mineur (3)

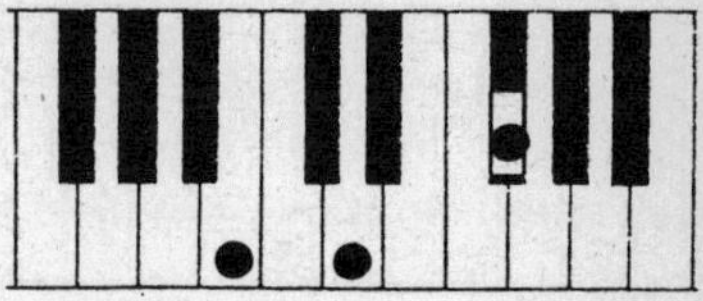

Mi mineur (6)

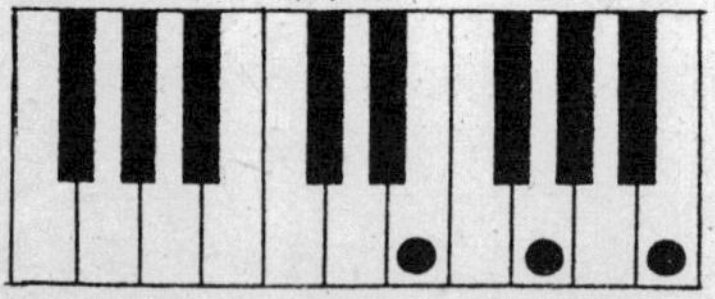

Accords de septième

Accord de septième mineure quinte diminuée (7)

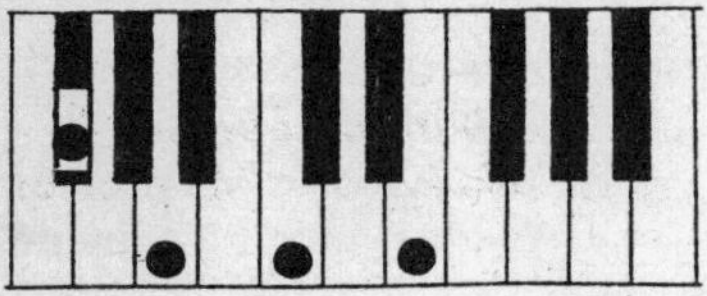

Septième de dominante

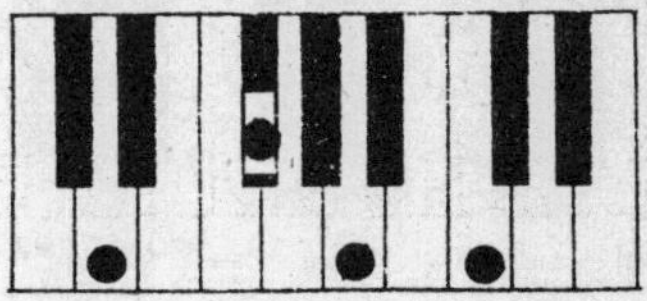

Septième mineure sur La

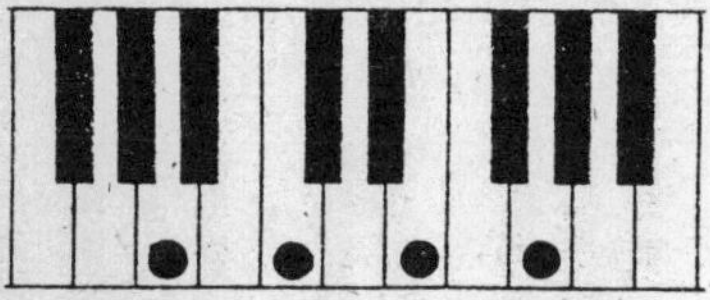

Septième mineure sur Si

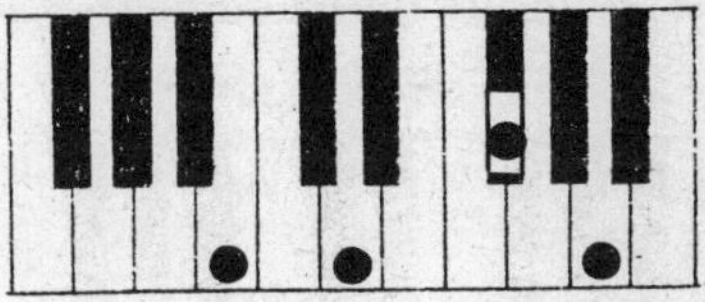

Septième mineure sur Mi

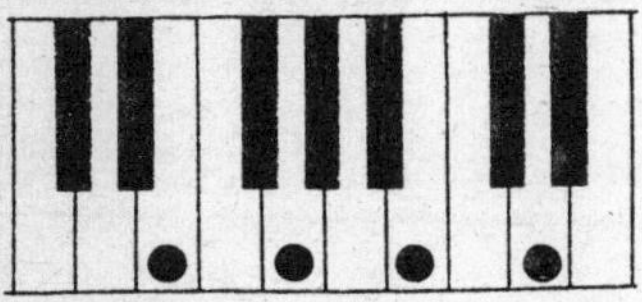

Accords de sixte

Sixte sur Sol

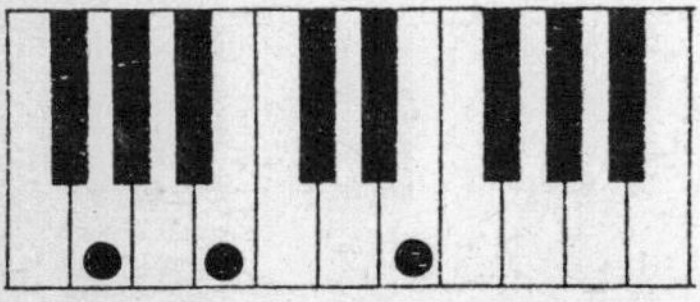

Sixte sur Do

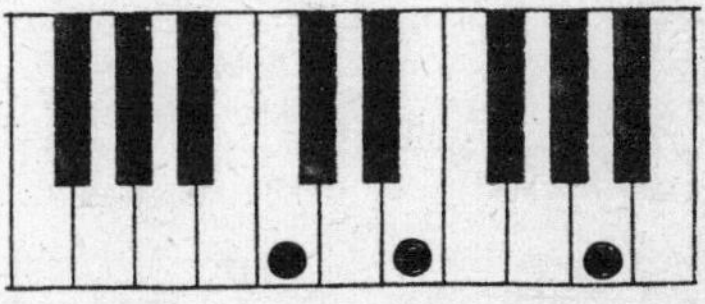

Sixte sur Ré

Principaux accords de la gamme de La bémol majeur

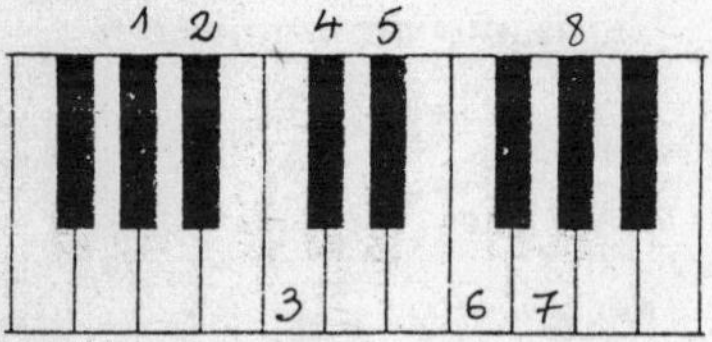

- □ *tonique :* La bémol
- □ *mode :* majeur
- □ *altérations :* 4 bémols
- □ *enharmonique de :* -
- □ *relative de :* **Fa mineur**

La gamme

Accords de quinte majeurs (tierce majeure)

La bémol majeur (1)

Ré bémol majeur (4)

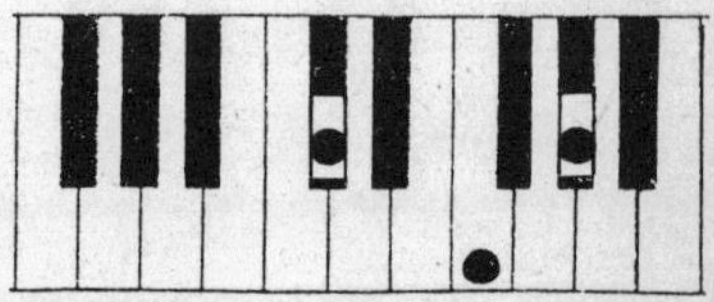

Mi bémol majeur (5)

Accords de quinte mineurs (tierce mineure)

Si bémol majeur (2)

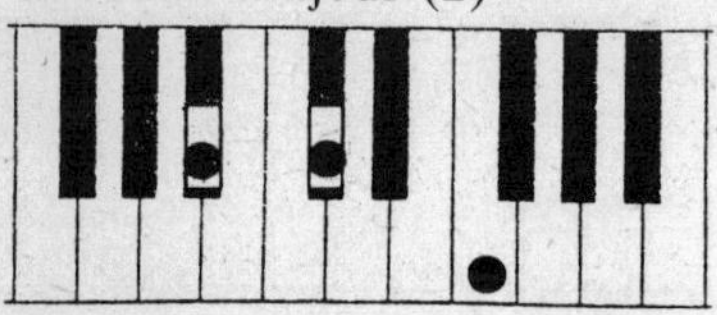

Do mineur (3)

Fa mineur (6)

Accords de septième

Accord de septième mineure quinte diminuée (7)

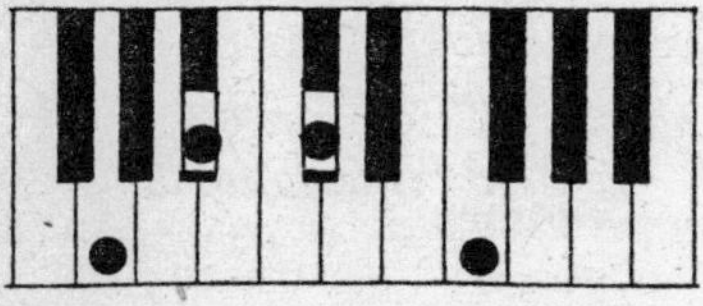

Septième de dominante

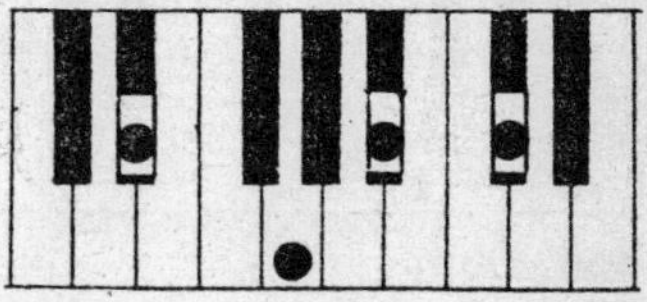

7e mineure sur Si bémol

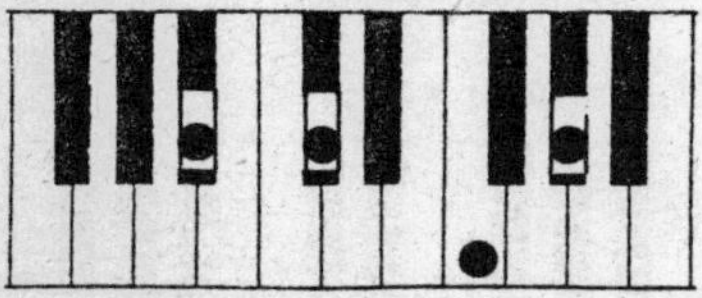

7e mineure sur Do

7e mineure sur Fa

Accords de sixte

Sixte sur La bémol

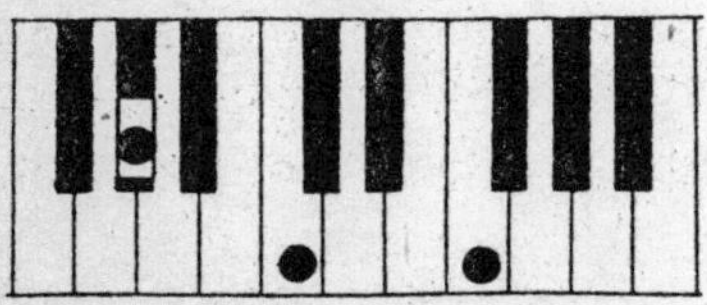

Sixte sur Ré bémol

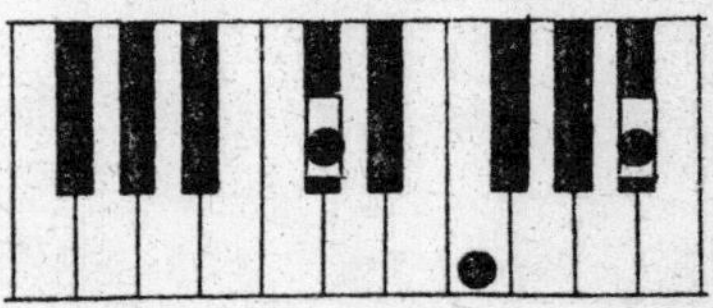

Sixte sur Mi bémol

Principaux accords de la gamme de La majeur

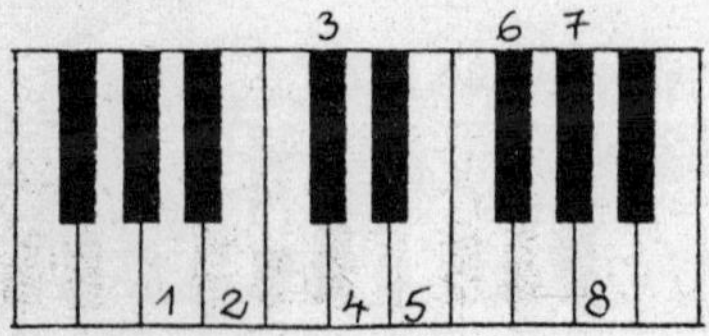

La gamme

- *tonique :* La
- *mode :* majeur
- *altérations :* 3 dièses
- *enharmonique de :* -
- *relative de :* **Fa dièse mineur**

Accords de quinte majeurs (tierce majeure)

La majeur (1)

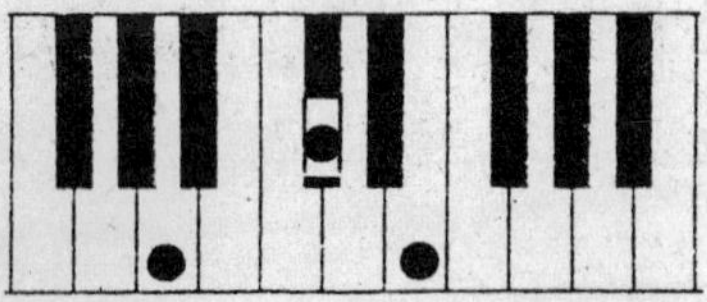

Ré majeur (4)

Mi majeur (5)

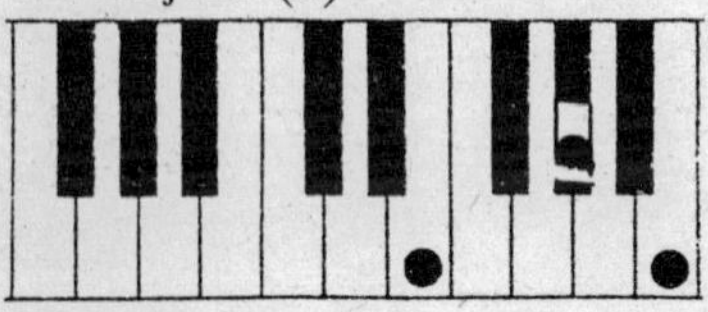

Accords de quinte mineurs (tierce mineure)

Si mineur (2)

Do dièse mineur (3)

Fa dièse mineur (6)

Accords de septième

Accord de septième mineur quinte diminuée (7)

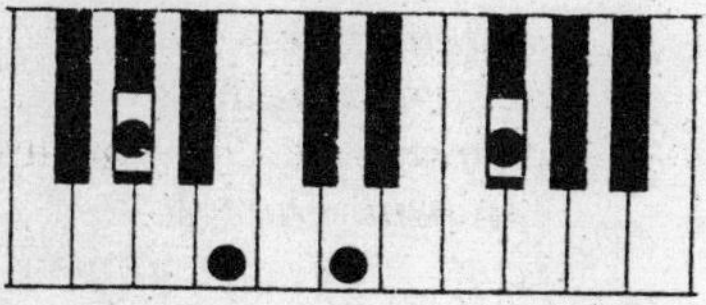

Septième de dominante

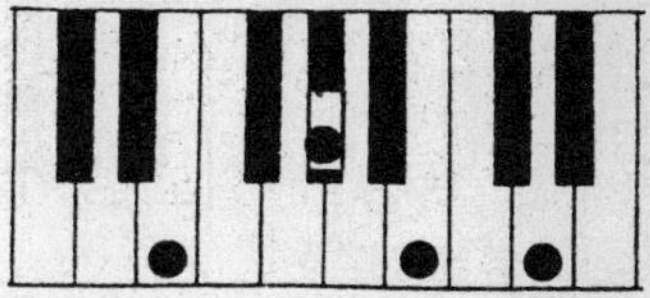

Septième mineure sur Si

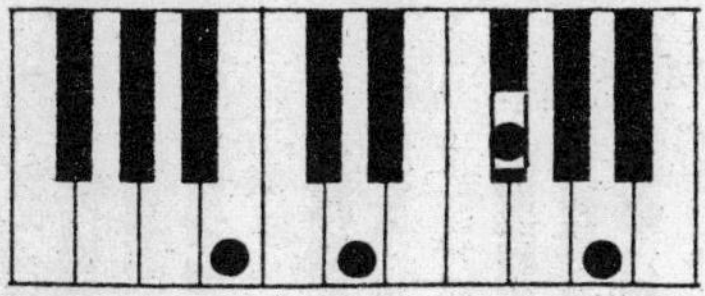

7e mineure sur Do dièse

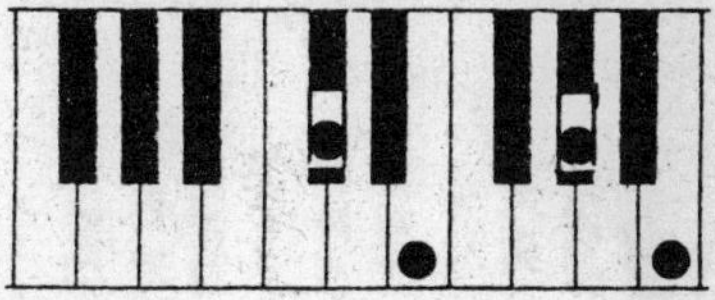

7e mineure sur Fa dièse

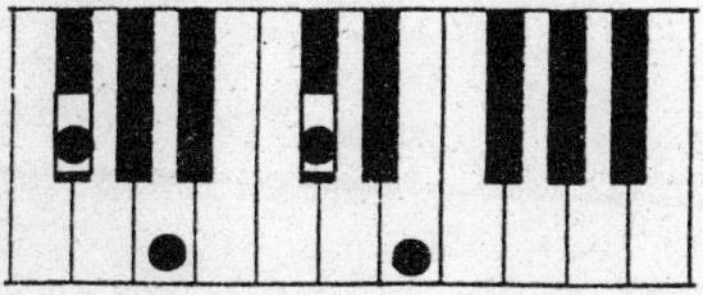

Accords de sixte

Sixte sur La

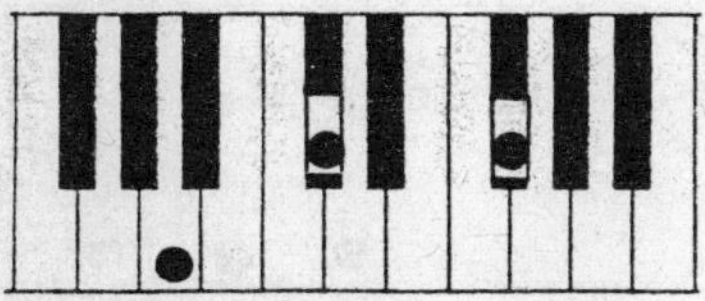

Sixte sur Ré

Sixte sur Mi

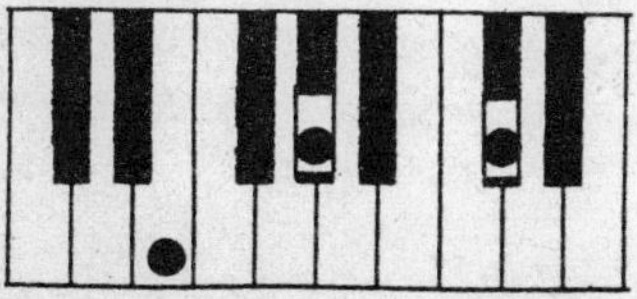

Principaux accords de la gamme de Si bémol majeur

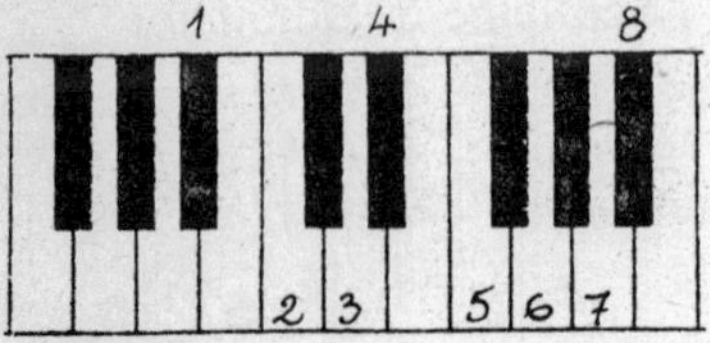

- *tonique :* Si bémol
- *mode :* majeur
- *altérations :* 2 bémols
- *enharmonique* de : -
- *relative de :* **Sol mineur**

La gamme

Accords de quinte majeurs (tierce majeure)

Si bémol majeur (1)

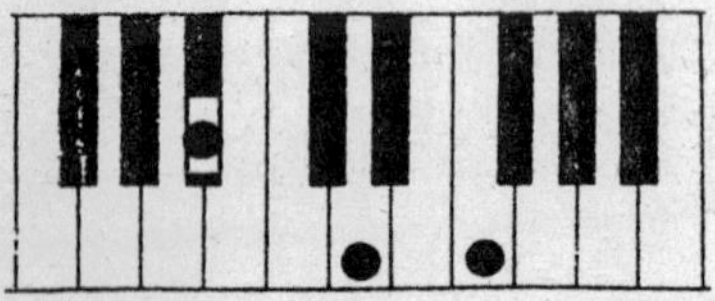

Mi bémol majeur (4)

Fa majeur (5)

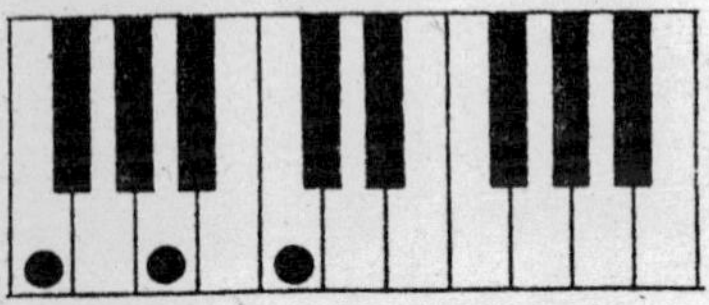

Accords de quinte mineurs (tierce mineure)

Do mineur (2)

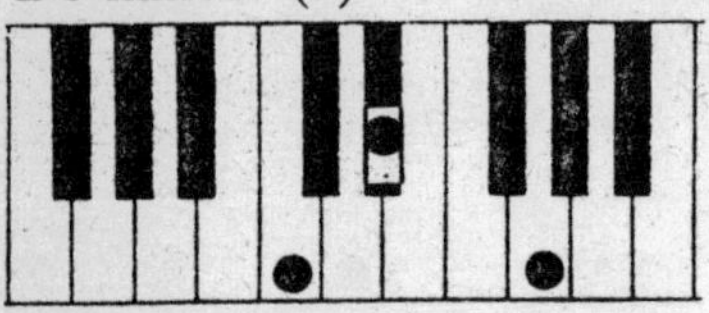

Ré mineur (3)

Sol mineur (6)

Accords de septième

Accord de septième mineure quinte diminuée (7)

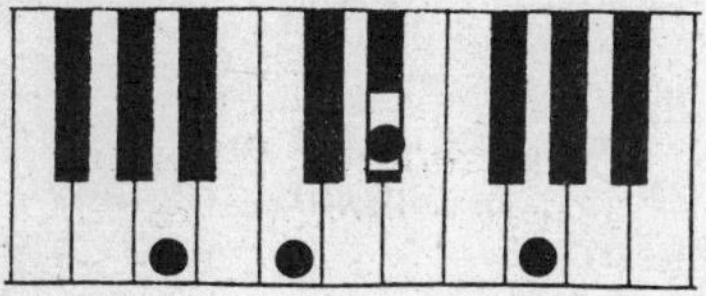

Septième de dominante

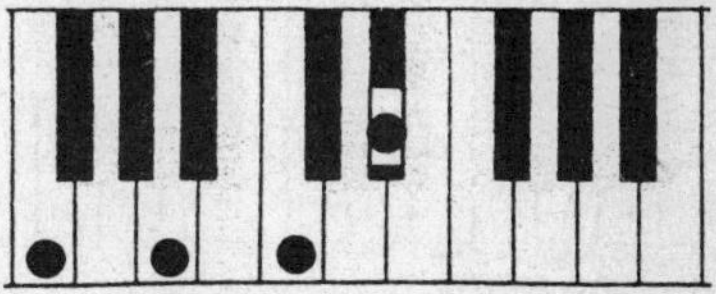

Septième mineure sur Do

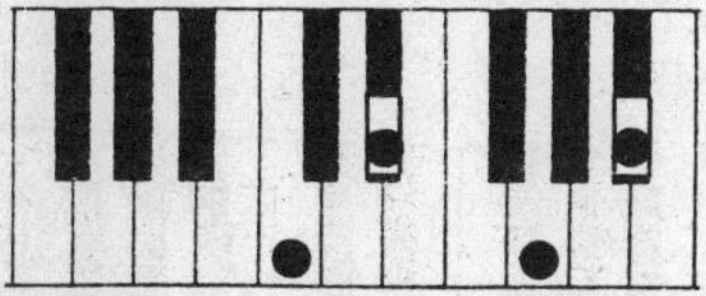

Septième mineure sur Ré

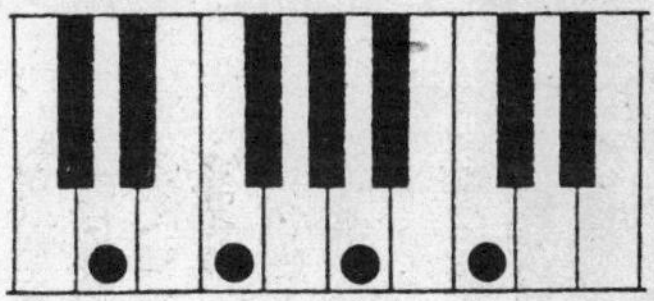

Septième mineure sur Sol

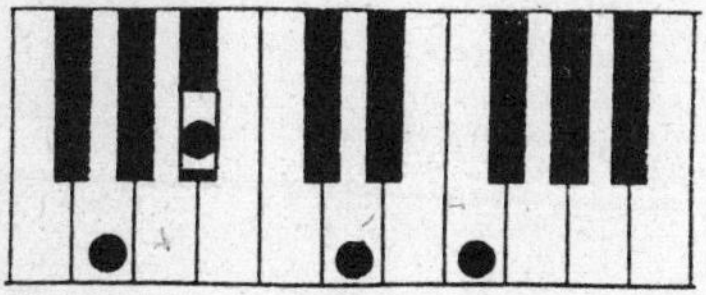

Accords de sixte

Sixte sur Si bémol

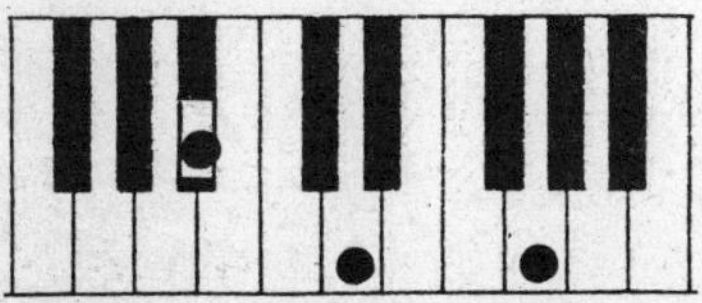

Sixte sur Mi bémol

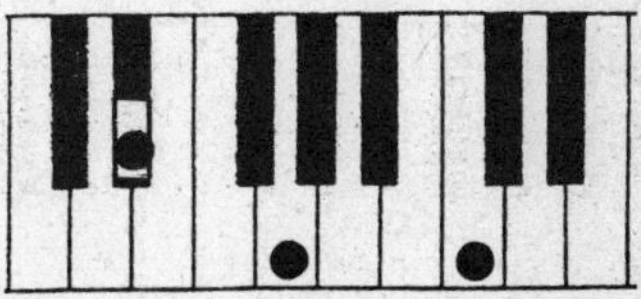

Sixte sur Fa

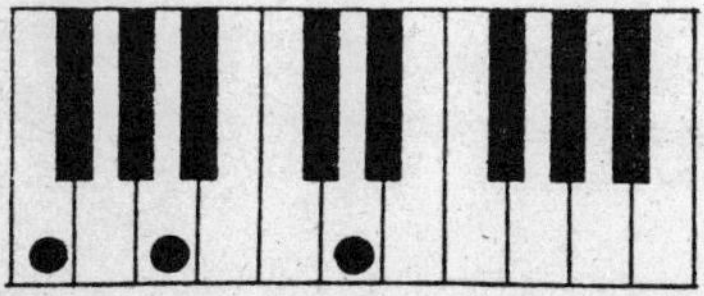

Principaux accords de la gamme de Si majeur

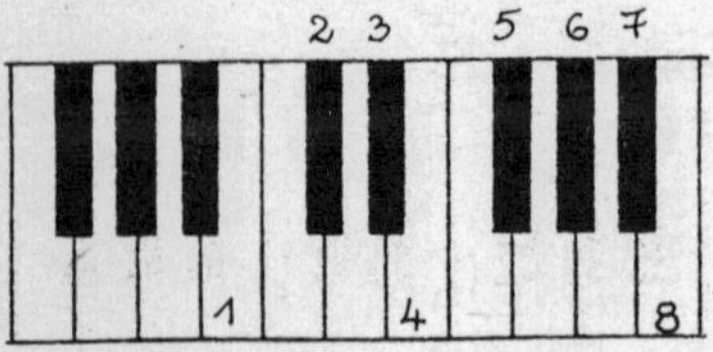

La gamme

- *tonique :* Si
- *mode :* majeur
- *altérations :* 5 dièses
- *enharmonique de :*
Do bémol majeur (7 bémols)
- *relative de :*
Sol dièse mineur

Accords de quinte majeurs (tierce majeure)

Si majeur (1)

Mi majeur (4)

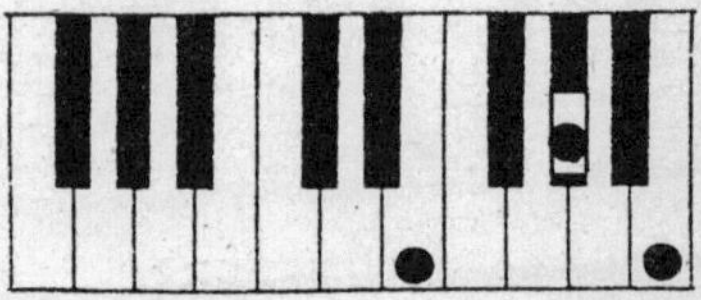

Fa dièse majeur (5)

Accords de quinte mineurs (tierce mineure)

Do dièse mineur (2)

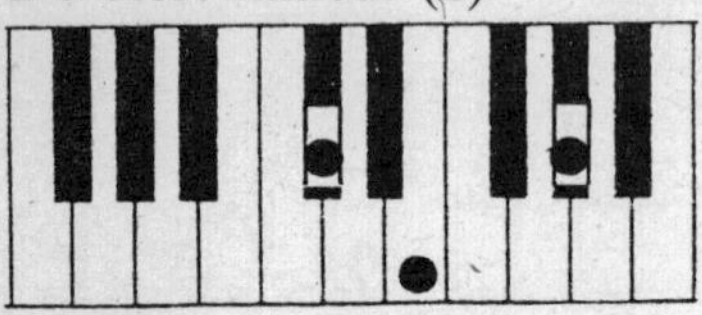

Ré dièse mineur (3)

Sol dièse mineur (6)

Accord de septième

Accord de septième mineure quinte diminuée (7)

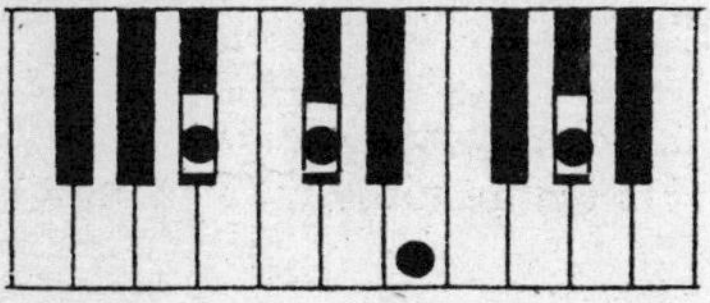

Septième de dominante

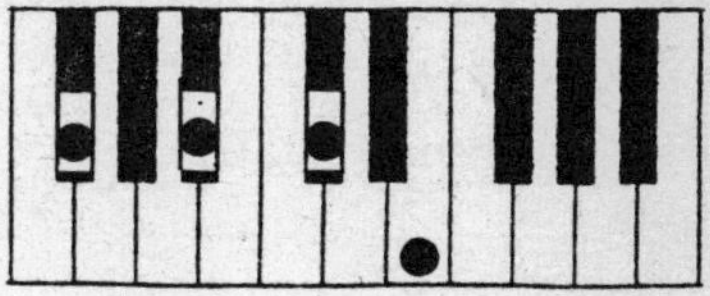

7e mineure sur Do dièse

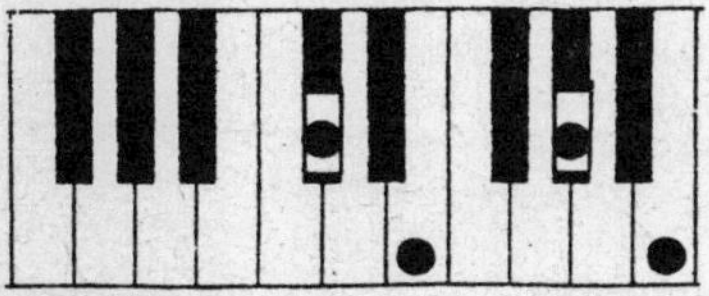

7e mineure sur Ré dièse

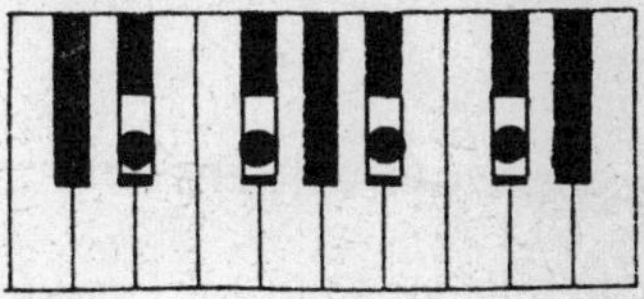

7e mineure sur Sol dièse

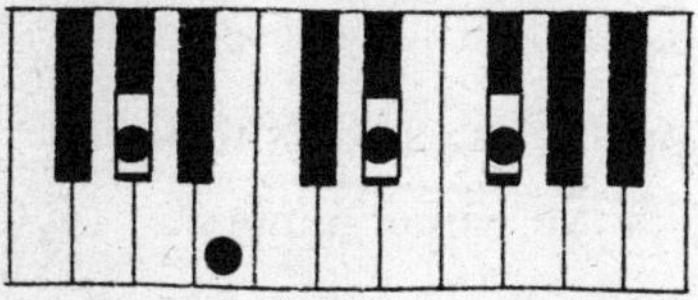

Accords de sixte

Sixte sur Si

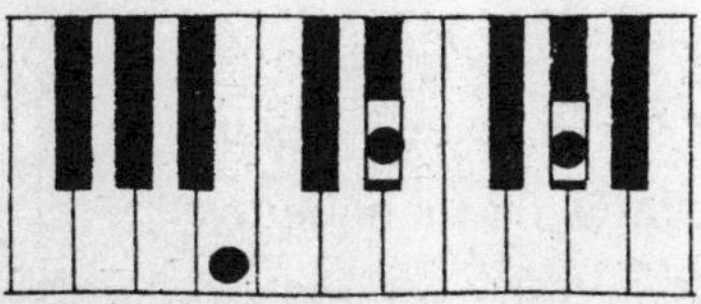

Sixte sur Mi

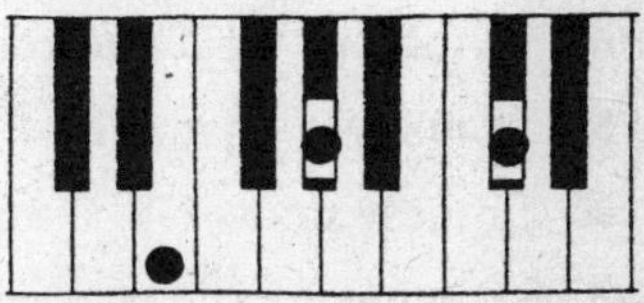

Sixte sur Fa dièse

Autres accords majeurs

- **Do bémol majeur,** voir son enharmonique : Si majeur
- **Ré bémol majeur**, voir son enharmonique : Do dièse majeur
- **Sol bémol majeur,** voir son enharmonique : Fa dièse majeur.

Gammes mineures

Les accords utilisés pour les gammes mineures sont identiques aux accords utilisés en mode majeur pour leurs gammes relatives. Bien entendu, les degrés de la gamme ne sont pas identiques... le lecteur en sait assez pour ne pas se tromper !

Le petit tableau, ci-après, rappelle les gammes relatives :

- **Do mineur** : gamme relative de Mi bémol majeur
- **Do dièse mineur** : gamme relative de Mi majeur
- **Ré mineur** : gamme relative de Fa majeur
- **Ré dièse mineur** : gamme relative de Fa dièse majeur
- **Mi mineur** : gamme relative de Sol majeur
- **Fa mineur** : gamme relative de La bémol majeur
- **Fa dièse mineur** : gamme relative de La majeur
- **Sol mineur** : gamme relative de Si bémol majeur
- **Sol dièse mineur** : gamme relative de Si majeur
- **La mineur** : gamme relative de Do majeur
- **La dièse mineur** : gamme relative de Do dièse majeur
- **Si mineur** : gamme relative de Ré majeur

Gammes mineures enharmoniques

- **Mi bémol mineur** : enharmonique de Ré dièse mineur
- **La bémol mineur** : enharmonique de Sol dièse mineur
- **Si bémol mineur** : enharmonique de La dièse mineur

L'accompagnement

Par accompagnement on entend l'« ensemble de sons subordonnés à une ou plusieurs parties prédominantes, vocales ou instrumentales (la partie d'orchestre d'un opéra ou d'un concerto de soliste, ou la partie de piano d'une mélodie par exemple), qui joue le rôle de soutien harmonique et rythmique. » (D2-7)

Arrivé au terme de ce volume il est vraisemblable qu'il vous plaira d'accompagner au piano une chanson ou une mélodie. L'accompagnement d'une chanson demande naturellement une bonne oreille... ce que tout le monde ne possède pas ! Par contre — le piano étant un orchestre à lui tout seul — vous pouvez accompagner une mélodie en jouant avec la main gauche différents accords.

Les tableaux ci-après vous donnent les principaux accords pour les sept degrés des différentes tonalités. En présence d'une mélodie (ou d'une chanson) la première chose à faire est donc de déterminer sa tonalité ; ensuite vous placez les accords qui vous plaisent sur les différents degrés. Vous pouvez également — plus simplement — trouver une seconde voix à la mélodie (en utilisant des tierces ou leur renversement, des sixtes).

Le choix des possibilités est énorme et seuls votre invention, les règles élémentaires de l'harmonie et le bon goût sont une limite à la créativité.

Bibliographie

Il serait injuste de ne pas signaler d'une quelconque façon les ouvrages clé de cette bibliographie. C'est ce que nous avons fait en utilisant des caractères gras.

1. Anfilov G. *Physique et Musique*. Editions Mir. Moscou. 1969. 262 pages.
2. Baron M. *Précis Pratique d'Harmonie*. Brault et Bouthillier. Montréal. 1973. 51 pages.
3. Barraud H. *Pour comprendre les Musiques d'Aujourd'hui*. Seuil. 1968. 237 pages. (contient un disque).
4. Bitsch M. et Holstein J.P. *Aide mémoire musical*. Editions Durand et Cie. 1972. N.P.
5. Blackham E. *Le piano* in Sons et Musique. Pour la Science. Diffusion Bellin. 1980. pages 29-38.
6. Brill *A cordes et à cris*. 1980.
6b. Calvet *Chanson et Société* Payot 1981. 153 pages
7. **Chailley J.** *La musique et le signe*. Editions Rencontre.
8. **Chailley J. et Challan H.** *Théorie Complète de la Musique*. Alphonse Leduc. 1947. Deux volumes (I, 98 pages, II, 77 pages) Lausanne. 1967. 128 pages.
8b. Chaillеy Jacques. *La musique*. Editions Van de Velde. 1975. 79 pages.
9. Collectif. *Le guide du Piano*. Mazarine. 1979. 174 pages.
10. Collectif. *Le Pouvoir des Sons*. Cahiers Recherche/Musique. 1978. 283 pages.
11. **Collectif**. *La musique à travers ses instruments*. Encyclopoche Larousse. 1978. 127 pages.
12. Cortot A. *Principes rationnels de la technique pianistique*. Editions Salabert. 1928. 102 pages.
13. Costère E. *Mort ou Transfiguration de l'harmonie*. P.U.F. 1962. 216 pages.
14. Danion L. *La Musique et l'Oreille*. Paris Fischbacher. 1907. 429 pages.
15. Darde J.N. *Guide Pratique de la Musique*. Seghers. 1977. 442 pages.
16. Dauven J. *La gamme mystique de Richard Wagner* suivi de *Couleur et Musique*. Nouvelles Editions Latines. 1961. 125 pages.
17. Davenson H. *Traité de la Musique Selon l'esprit de Saint Augustin*. Cahiers du Rhône. Editions de la Baconnière. 1942. 189 pages.
18. Durand E. *Traité d'Accompagnement au piano*. Alphonse Leduc. S.D. 291 pages.
19. Emery W. *Les ornements dans l'œuvre de Bach*. Editions Van de Velde. Tours. 1971. 184 pages.
20. Enoch Y. *Play the Piano. A tutor for adults and late beginners*. Faber Music Limited. London. 1978. 52 pages.
21. Fontaine F. *Traité de la Théorie Musicale*. H. Lemoine. 1952. 265 pages.
22. Gabeaud A. *Guide Pratique d'analyse musicale*. Durant et Cie. 1940. 121 pages.
23. Gabry G. *Anciens instruments de musique*. Editions Corvina. Budapest. 1969. 42 pages + ill.
24. Gagnard M. *L'initiation musicale des jeunes*. Casterman/Poche. 1971. 139 pages.

25. Galas P. et Cammas P. *La musique moderne. Méthode de piano et d'Orgue*. Chez les auteurs. 1978. 6 volumes.
26. Goleminov M. *Problèmes d'orchestration*. Editions d'Etat «Science et Arts». Sofia. 1966. 519 pages. (édition bilingue bulgare/français).
27. Grigorieff G. (Dr) *Guide pratique de l'Acupuncture à l'Acupressing*. Marabout. 1980. 247 pages.
28. Guilhot J. et M.A., Jost J. et Lecourt E. *La musicothérapie et les méthodes nouvelles d'association des techniques*. Editions E.S.F. 1979. 237 pages.
29. Hodeir A. *Les formes de la musique*. P.U.F. Que sais-je. 1978. 124 pages.
30. Jaell M. *Le Mécanisme du toucher*. Paris Colin. 1897. 146 pages.
31. Jamin J. *De la lyre d'Orphée à la Musique électronique*. Alphonse Leduc. 1961. 206 pages.
32. **Kentner L.** *Piano*. Hatier. 1978. 189 pages.
33. Köchel L. von. *Le Petit Köchel*. Alphonse Leduc. 1969. 141 pages.
34. Kop G.C (Dr). *Entraînement physique pour pianistes et autres instrumentalistes*. Broekmans et Van Poppel, Amsterdam. 1973. 20 pages. (en Néerlandais).
35. **Lavignac A.** *La musique et les musiciens*. Librairie Billaudot. 1950. 430 pages.
36. **Leipp E.** *Acoustique et Musique*. Masson. 1976. 344 pages.
37. Locard P. et Sticker R. *Le Piano*. P.U.F. Que sais-je? 1974. 127 pages.
38. **Magne D.** *Guide pratique du piano*. Editions Francis Van de Velde. 1978. 122 pages.
39. **Machabey A.** *La notation musicale*. P.U.F. Que sais-je? 1952. 127 pages.
40. Matras J.J. *Le Son*. P.U.F. Que sais-je? 1977. 126 pages.
41. Meilich E. *Cours de piano pour débutants adultes*. Editions musicales. Leningrad. 1980. (en russe)
42. **Neuhaus H.** *L'art du Piano*. Editions van de Velde. 1971. 239 pages.
43. Pessard J. *Le piano*. Editions Fischbacher. 1958. 117 pages.
44. Pinchard M. *A la recherche de la Musique vivante*. Epoque Classique. Les éditions ouvrières. 1967. 169 pages.
45. Pittion P. *L'art d'apprendre, d'enseigner, de conduire la musique*. Les éditions ouvrières. 1969. 190 pages.
46. Platon. *Timée*. Garnier-Flammarion. 1969. 511 pages.
47. **Rameau J.P.** *Musique Raisonnée*. Stock Plus. 1980. 214 pages.
48. Reinach T. *La musique grecque*. Editions d'Aujourd'hui. 1979. 208 pages.
49. Ricquier M. *Traité méthodique de pédagogie instrumentale*. T.M.P.I. 1976. 134 pages.
50. **Rosecrans G.** *Studen guide to writing music notation*. Wise Publications. London. 1980. 40 pages.
51. Rousseau J.J. *Ecrits sur la Musique*. Stock Musique. 1979. 451 pages.
52. Saunders F. *Physique et Musique* in Sons et Musique. Pour La Science. Diffusion Bellin. 1980. pages 7-18.
53. Schafer R.M. *Le paysage sonore*. J.C. Lattès. 1979. 388 pages.
54. Schaeffer P. *Traité des objets musicaux*. Seuil 1966. 711 pages.
55. Schaum J.W. *Adult Piano Course*. Belwin Mills Music Ltd. 1946. (3 volumes, 47 pages chacun).

56. Schuré Ed. *Histoire du drame musical*. Perrin et Cie. 1911. 274 pages.
57. Soulage M. *Le Solfège*. P.U.F. Que sais-je? 1977. 126 pages.
58. Steinhaus H. *Mathématiques en instantanés*. Flammarion. 1964. 312 pages.
59. Stevens S.S. et coll. *Le Son et l'Audition*. Life 1966. 200 pages.
60. Stievenart E. *Philosophie de l'expression musicale*. Editions Schott Frères. Bruxelles. S.D. 67 pages.
61. Sumner W.L. *The pianoforte*. Macdonald and Janes's. London. 1966. 223 pages.
62. Tappolet W. *La notation musicale et son influence*. A la Baconnière. 1947. 112 pages.
63. Tchen Ysia. *La musique chinoise en France au XVIIIe siècle*. Publications Orientalistes de France. 1974. 287 pages.
64. Tomatis A. *L'Oreille et le Langage*. Points-Sciences. 1978. 187 pages.
65. Tournier Fr. *L'Etude du Clavier*. Ed. Bornemann 1980. 47 pages.
66. **Tranchefort F.R.** *Les instruments de musique dans le monde*. Seuil. Points Musique. 1980. Tome I (287 pages), tome II (254 pages).
67. Weinreich G. *Comment vibrent les cordes d'un piano* in Sons et Musique. Pour la Science. Diffusion Bellin. 1980. pages 39-48.
68. Widor C.M. *Initiation musicale*. Hachette. 1923, 159 pages.
69. Wiora W. *Les quatre âges de la musique*. Petite Bibliothèque Payot. 1961. 222 pages.
70. **Wolters K**. *Le Piano*. Payot Lausanne. 1976. 91 pages.
71. Zwang G. *A Contre-bruit*. J.C. Simoen. 1977. 167 pages.

Dictionnaires

Il existe de nombreux dictionnaires en langue française. Tous ne sont pas d'égale valeur. Le meilleur d'entre-eux, prestige de l'édition musicologique française, est l'ouvrage publié sous la direction de **Marc Honegger**, aux éditions Bordas. Deux volumes sont consacrés aux *Sciences de la Musique* (il est rare de n'y pas trouver un mot ou une définition) et deux autres sont consacrés aux *Hommes et à leurs Œuvres*.

Sous une présentation plus réduite, et pour une somme modique, le lecteur pourra également se procurer le *Dictionnaire de Musique* de **R. De Candé**, publié aux éditions du Seuil. L'auteur réussit le tour de force d'assembler, dans ce petit volume, l'essentiel de ce qu'un musicien doit connaître. De plus, les principales définitions sont complétées par une musicographie (avec minutage des plages!) : le lecteur un peu curieux trouvera, dès lors, facilement l'illustration sonore du texte.

Ceux qui s'intéressent à l'histoire de la Musique consulteront avec plaisir et profit le *Dictionnaire de Musique* de **J.J. Rousseau**, dont on trouve depuis peu une réédition peu coûteuse.

1. Arnaudon J.C. *Dictionnaire du Blues*. Filipacchi. 1977. 291 pages.
2. Bitsch M. et Hostein J.P. *Aide Mémoire Musical*. Editions Durand et Cie. 1972. N.P.
3. De Candé R. *Dictionnaire de Musique*. Seuil Microcosme. 1961. 283 pages.
4. Honegger M. et coll. *Dictionnaire de la Musique. Les Hommes et leurs*

Œuvres. Bordas. 1970. Deux tomes. 1200 pages.
5. Honegger M. et coll. *Dictionnaire de la Musique. Sciences de la Musique*. Bordas. 1976. Deux tomes. 1107 pages.
6. Pincherle M. *Petit Lexique des Termes musicaux*. Ed. Choudens. 1973. 55 pages.
7. Rostand C. *Dictionnaire de la Musique Contemporaine*. Larousse 1970. 255 pages.
8. Rousseau J.J. *Dictionnaire de Musique*. Paris. Art et Culture 1977 (réédition). Deux tomes (I. 442 pages ; II. 490 pages).

Pour les lecteurs qui connaissent un minimum d'allemand, nous recommandons chaudement le petit volume paru dans la célèbre collection de poche rororo (6167) : *Musikhandbuch*. Le tome un est consacré à la musique sous toutes ses formes (du baroque à Edith Piaf) : c'est certainement le meilleur ouvrage de vulgarisation intelligente que l'on puisse imaginer ; et ce qui ne gâche rien... c'est aussi le plus complet. Le tome deux est consacré aux musiciens.

Divers

Le lecteur passionné par la musique consultera également avec beaucoup d'intérêt les articles qui lui sont consacrés dans l'*Encyclopedia Universalis*. Ecrits par d'éminents spécialistes, ils résument, souvent en quelques dizaines de lignes, l'essentiel sur la question.

Le *Magazine Son Hi-fi Vidéo* a consacré un numéro hors série (Numéro 2, septembre 1980) aux Claviers. On trouvera dans ce numéro une étude comparative des qualités (et du rapport qualité/prix) de 112 pianos. Cette étude, la plus complète à l'heure actuelle, est certainement à consulter avant l'achat d'un instrument.

La musique intéresse tous les éditeurs. A côté des maisons spécialisées, presque tous les éditeurs ont dans leur catalogue un ou plusieurs ouvrages qui méritent d'être retenus. D'autre part, certaines maisons, tout en publiant (ou en rééditant) des ouvrages de grande qualité, ont une diffusion assez confidentielle. Faute d'un catalogue spécialisé, il est impossible d'être au courant de toutes les publications... et ainsi on perd le bénéfice de merveilleuses lectures. Heureusement, un musicologue-libraire édite un catalogue des principaux ouvrages. Trop rarement on rend hommage à son travail, et pourtant nous pensons qu'il a rendu de nombreux services et procuré beaucoup de plaisir aux musicologues, musiciens en herbe, artistes ou simplement curieux. Il s'agit du *Répertoire Bibliographique des ouvrages en français sur la Musique* (1975) et son supplément (1978) dont l'auteur est **Jean Leguy.** Le lecteur pourra se procurer le répertoire et son supplément (pour le prix d'un bon long playing) en écrivant à : *Librairie Musicale Ars Musicae*, 21, rue de l'Ermitage ; 37100 Tours.

Pour terminer, il convient de signaler la revue *Claviers* qui paraît mensuellement depuis fin 1981.

Table des matières

Préface 5
Avertissement 7
Présentation de l'ouvrage 8
Pédagogie de l'enseignement du piano 9

Première partie : le piano, anatomie, achat, location, entretien

Les ancêtres du piano 12
Anatomie et physiologie du piano 27
Le meuble, le barrage, le clavier, la table d'harmonie, le sommier, le chevalet, le châssis, les cordes, la mécanique, les pédales 27
Le choix et l'entretien d'un piano 33
L'achat d'un piano neuf : le pays d'origine, la marque, le service après vente, les matériaux 34
La préparation d'un piano neuf : l'enfoncement des touches, l'harmonisation 38
L'achat d'un piano d'occasion 40
La location d'un piano 44
Où placer un piano : les exigences climatiques et acoustiques 45
L'entretien d'un piano : l'accordage, le nettoyage, conseils 47
Quelques questions que l'on se pose : cadre métallique et cordes croisées, dimension et nombre des cordes, le bois et le timbre, piano d'étude 50
Les accessoires du piano : métronome, enregistreur, tabouret 53

Deuxième partie : solfège élémentaire

Le clavier : les touches noires et blanches, repérer l'octave, l'ambitus, la tessiture, définition d'un son, les notes 56
De demi-tons en demi-tons : *les dièses, les bémols* 60
L'intervalle et l'accord, l'harmonie et la mélodie 62
Notes conjointes et notes disjointes 64
Les gammes et les modes majeurs et mineurs 65
Les pédales 67
L'alphabet musical 68
La portée et les notes 70
Les clés 72
La clé de Sol 72
La clé de Fa 72
Les clés de Sol et de Fa dans les partitions pour piano 73
Les autres clés 74
Octavier ou comment modifier l'effet d'une clé (8^a, 8^b, 15^a, 15^b, con 8^a, loco) 75
Le rythme 76
La durée des notes : la ronde, la blanche, la noire, la croche, la double croche, la triple croche, la quadruple croche 79
Le point d'augmentation : les notes pointées 80
La mesure 81
Indiquer la mesure au moyen de chiffres 82
Le numérateur, le dénominateur, les conventions 83
Temps forts, temps faibles 85
Syncope et contretemps 86

La mesure binaire ou mesure simple, *la mesure ternaire* ou mesure composée 87
Anacrouse 90
Les divisions irrégulières : les triolets, duolets, sextolets, etc. 90
Les altérations : les dièse, double dièse, bémol, double bémol, bécarre 92
Altérations en armature 93
Altérations accidentelles 93
Altérations de précaution 94
Le bécarre 95
Les repos : la pause, demi-pause, soupir, demi-soupir, quart de soupir, huitième de soupir, seizième de soupir 95
Quelques signes de durée et de reprise 96
Les signes de durée : la liaison, le point d'orgue, le point d'augmentation 96
Les signes de reprise : la double barre de mesure, le 1ª, 2ª, les barres d'encadrement, le Da Capo (DC), le Al Segno 98
Les signes de fin de morceau : le coda, la double barre 99
Les mesures semblables 100
Nomenclature des notes : notation anglo-saxonne, boécienne, allemande 100
Le tempo et le métronome 102
Le tempo : la durée réelle des notes 102
La mesure métronomique 102
Les indications de tempo les plus fréquentes 105
La nuance, l'intensité des sons 107
D'autres signes musicaux 109
Les signes d'attaque : le staccato, le point piqué, le tiret, le chevron 110
Quelques signes d'abréviation : l'arpège, le trémolo, le glissando 110
Les notes d'agrément : l'appogiature, le grupetto, le trille, le mordant, la fioriture 111
Synthèse 111

Troisième partie : le piano par la pratique

Introduction 116
La décontraction 117
Le doigté 117
De la partition au clavier 118
Comment se tenir devant le clavier 118
Quelques morceaux 119
Les pédales : emploi et mécanisme 135
Le trac 137
Conclusion 139

Quatrième partie : l'espace musical

LES GAMMES 143
La gamme diatonique 144
Place des tons et demi-tons dans la gamme diatonique 145
Les degrés de la gamme 146
— nom des degrés : tonique, sus-tonique, médiante, sous-dominante, dominante, sus-dominante, sensible 148
— définition de : l'intervalle, la tierce, la quarte, la quinte 148
— fonction des degrés 150
Les modes 153

— déterminer le mode : majeur, mineur 154
Les gammes relatives 157
Le diatonisme 158
La gamme chromatique : le demi-ton chromatique et le demi-ton diatonique 158
Comprendre les gammes 160
Les gammes diatoniques majeures 161
— l'octave 161
— le cycle des quintes 162-166
— progression par quintes ascendantes : *l'ordre des dièses* 163
— progression par quintes descendantes : *l'ordre des bémols* 165
Gammes enharmoniques et gammes relatives 168
Reconnaître le ton : sans altérations, des dièses ou des bémols en armature 169
Les gammes mineures : mineure antique, mineure harmonique, mineure mélodique 170
— les altérations 172
— les gammes de Rameau 173
Les gammes non classiques : gamme chromatique, gamme par ton, gamme pentatonique 174
Le jazz 179
Les gammes majeures : de Do, de Do dièse, de Ré bémol, de Ré, de Mi bémol, de Mi, de Fa, de Fa dièse, de Sol bémol, de Sol, de La bémol, de La, de Si bémol, de Si, de Do bémol 184
Les gammes mineures (types antique, harmonique, mélodique) : de Do, de Do dièse, de Ré, de Ré dièse, de Mi bémol, de Mi, de Fa, de Fa dièse, de Sol, de Sol dièse, de La bémol, de La, de La dièse, de Si bémol, de Si 189
Les gammes de Rameau : de Do, de Do dièse, de Ré, de Ré dièse, de Mi bémol, de Mi, de Fa, de Fa dièse, de Sol, de Sol dièse, de La bémol, de La, de La dièse, de Si bémol, de Si 200

LES INTERVALLES 204
Généralités : *intervalle harmonique, intervalle mélodique* 204
Qualification des intervalles : de seconde, de tierce, de quarte, de quinte, de sixte, de septième, l'octave, de neuvième, de dixième, de onzième, de douzième 205
Renversement des intervalles 207
Etat et nature des intervalles : normal (mineur, majeur, juste) ou déformé (augmenté, sur-augmenté, diminué, sur-diminué) 208

LES ACCORDS 213
Quelques définitions : la mélodie, l'harmonie, le contrepoint, la fugue 215
Qu'est-ce qu'un accord ? 218
Les accords de trois sons 219
Les accords parfaits (majeurs et mineurs) en mode majeur 219
Les accords parfaits (majeurs et mineurs) en mode mineur 220
Les accords de quinte diminuée en mode majeur et en mode mineur 222
Les degrés de la gamme et les accords 222
Accords consonants et accords dissonants 223
Accords générateurs et notes génératrices 225
Les modifications de l'accord 226
Etat fondamental et renversements : accord de sixte et accord de quarte-et-sixte 227

La basse continue 229
Agrégat et grappe sonore (cluster) 230
Les accords de quatre sons : les accords de septième 231
Les accords de septième majeure en mode majeur, en mode mineur 232
Les accords de septième mineure en mode majeur, en mode mineur 233
L'accord de septième de dominante 233
Les renversements de l'accord de septième : l'accord de quinte et sixte, accord de tierce et quarte, accord de seconde 236
Dissonance des accords de 3 et 4 sons 237
Les accords de cinq sons 238
Accords de neuvième de dominante en mode majeur, en mode mineur 239
Les accords de six et sept sons 241
Les accords brisés et l'arpège 241
Les positions de l'accord 242
Les modifications de l'accord 243
Le redoublement 243
Modification des accords dissonants 245
La modulation, les tons voisins 246
Le chiffrage des accords : le chiffrage harmonique français, le chiffrage harmonique international 248

LES CARACTERISTIQUES D'UN SON ET LES HARMONIQUES 254
Le tempérament 254
Définition d'un son 255
Pianissimo et fortissimo 256
Ton, demi-ton, quart de ton 257
Le timbre : les harmoniques, tableau des fréquences 258
La « grimace » du pianiste et l'acoustique 265
Justification par les harmoniques 266
Tableau des harmoniques 267
Justification de l'octave, de la quinte, de la quarte 268
Justification des redoublements 270
Justification de la gamme majeure 270
Justification de la gamme chromatique 272
Justification des accords 273
Justification de la primauté de l'accord majeur 275
Justification de tous les intervalles 276

LA CADENCE 278
La ponctuation musicale : la cadence parfaite, la cadence plagale, la cadence complète, la cadence à la dominante ou demi-cadence, la cadence imparfaite, la cadence rompue et la cadence évitée 279

TABLEAU DES PRINCIPAUX ACCORDS 285
Accords de quinte majeurs, accords de quinte mineurs, accords de septième et accords de sixte des gammes de : Do majeur, Do dièse majeur, Ré majeur, Mi bémol majeur, Mi majeur, Fa majeur, Fa dièse majeur, Sol majeur, La bémol majeur, La majeur, Si bémol majeur, Si majeur 286
Autres accords majeurs 310
Accords en gammes mineures 310
Les gammes mineures enharmoniques 311
L'accompagnement 311

Achevé d'imprimer sur les presses de **Scorpion**,
à Verviers pour le compte des éditions **Marabout**.
D.L. mai 1987/0099/105
ISBN 2-501-00932-0